AF355926

RECUEIL

D'ARRÊTS, ORDONNANCES,

STATUTS

ET REGLEMENS,

CONCERNANT LA COMMUNAUTÉ

DES MAITRES QUEULX

CUISINIERS - TRAITEURS

DE LA VILLE, FAUBOURGS ET BANLIEUE DE PARIS;

FAIT en Octobre 1761, par les soins, la diligence & pendant la Comptabilité du Sieur MARCILLE, & des Sieurs ROUARD, LEPRETRE & COQUIN, Jurés en Charge.

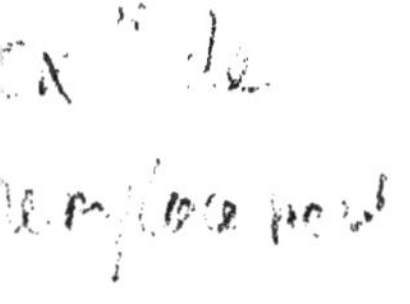

A PARIS,

DE l'Imprimerie de LE BRETON, premier Imprimeur ordinaire du ROI, & de la Communauté.

M. DCC. LXI.

TABLE

PAR ORDRE DE DATE,

Des Pieces contenues dans ce Recueil, avec le Sommaire de leurs principales difpofitions, arrangées fuivant les Communautés contre lefquelles les Jugemens & Réglemens font intervenus.

RÉGLEMENS généraux en faveur de la Communauté des Maîtres Traiteurs.

le Duc de Berry, ni à leur prife de fait & caufe ; confirme les condamnations prononcées par Sentence de Police contre Charles Ville-
menot, Fermier du privilege d'un Suiffe, pour avoir reçu en fa maifon des compagnies de nôces, & entrepris fur la profeffion des Traiteurs. *Page* 78

*Arrêts, Sentences & Réglemens rendus contre le Corps
des Marchands de vin à Paris.*

Arrêts, Réglemens & Sentences rendus contre la Communauté des Rôtiſſeurs.

Arréts & Réglemens rendus contre la Communauté des Maîtres Chaircuitiers.

avec les Maîtres Chaircuitiers , les pieds à la Sainte Menehoud , &c. & d'acheter chez les Epiciers des jambons de Bayonne & Mayence , pour employer dans les repas feulement , fans qu'ils puiffent en vendre en gros ni en détail.

Arrêt & Réglement contre la Communauté des Pâtiffiers.

ARTICLES, STATUTS,

ORDONNANCES ET REGLEMENS

des Jurés, anciens Bacheliers, Maîtres Queux, Cuisiniers, Porte-Chappes & Traiteurs de la Ville, Fauxbourgs, Banlieue, Prévôté & Vicomté de Paris.

Tirés des Statuts à eux accordés par le feu Roi Henri le Grand, suivant les Lettres Patentes du mois de Mars 1599, registrées pardevant le Prévôt de Paris, ou son Lieutenant Civil, sur les Conclusions du Procureur de Sa Majesté au Châtelet le 29 dudit mois, confirmés par le feu Roi Louis XIII. de glorieuse mémoire, au mois de Décembre 1612, & par Sa Majesté à présent regnante, au mois de Juin 1645.

ARTICLE PREMIER.

'EXPERIENCE que les Jurés, anciens Bacheliers, Maîtres Queux, Cuisiniers - Traiteurs & Porte-Chappes de la Ville, Fauxbourgs, Banlieue, Prevôté & Vicomté de Paris, se sont acquise dans la disposition de leurs Festins pour la satisfaction des goûts les plus délicats, a passé pour si constante, qu'outre qu'ils demeureront en la possession des anciens Priviléges, dont le feu Roi Henri le Grand, d'heureuse mémoire, Auteur de leur établissement, les a honorés ; ils ne pourront dorénavant, soit

A

en général ou en particulier, être traduits pour leurs Caufes, Procès & différends civils & criminels ailleurs qu'au Châtelet en premiere inſtance ; & en cas d'appel, au Parlement de Paris, nonobſtant toutes reſtrictions, Mandemens & Ordonnances au contraire. A cet effet, eux ni leurs Veuves ne fe pourront aſſocier ni demeurer avec quelques perſonnes que ce puiſſe être, pour faire ladite Profeſſion, qu'avec les Maîtres d'icelle feulement.

II.

En interprétant le deuxiéme Article deſdits Statuts du mois de Mars 1599, ceux que l'on propoſera dorénavant pour la direction des affaires deſdits Maîtres, feront appellés Jurés ; ils fe comporteront avec honneur en leurs fonctions, & préféreront les intérêts de leur Communauté à toutes conſidérations, à peine de démiſſion.

III.

Suivant ledit deuxiéme Article deſdits Statuts du mois de Mars 1599, il y aura quatre Jurés de ladite Communauté, dont deux feront tous les ans, au 15 Octobre, élûs à la pluralité des voix de tous leſdits Maîtres, par-devant le Procureur de Sa Majeſté audit Châtelet, à condition toutefois qu'ils auront été avant Adminiſtrateurs de la Confrairie, & paſſé par la charge de Bâtonnier d'icelle ; prêteront le Serment en fes mains de bien & fidellement obſerver les préſens Statuts, les faire inviolablement exécuter par tous leſd. Maitres, être ponctuels à toutes les Viſites ordinaires & extraordinaires, faire leurs rapports dans les vingt-quatre heures de toutes les contraventions & abus qu'ils découvriront contre l'honneur, la gloire & l'avantage de leur Communauté, & d'en pourſuivre la punition juſqu'à Jugement diffinitif, fans que pour raifon de ce ils foient tenus de prendre aucun viſa, pareatis, ni Mandement des Hauts-Juſticiers réſidens en ladite Ville, Fauxbourgs, Banlieue, Prévôté & Vicomté de Paris.

IV.

Comme par le onziéme Article des Statuts dudit mois de Mars 1599, il y a eu une précaution particuliere pour la nomination deſdits Jurés, afin que ladite Communauté fût conſervée en la poſſeſſion des avantages que le feu Roi Henry IV, Grand-Pere de Sadite Majeſté, lui a glorieuſement procurés ;

en expliquant icelui , lefdits Jurés feront tous les ans , de trois mois en trois mois , quatre vifites chez lefdits Maîtres , fans rien prendre des anciens Bacheliers, & feront inceffamment celles néceffaires pour le bien de ladite Communauté , à peine de démiffion.

V.

Afin que lefdits Jurés puiffent heureufement réuffir en leurs fonctions à l'avantage de ladite Communauté , lefdits Maîtres en général & en particulier feront tenus de les avertir de tou- tes les malverfations , abus & fautes qu'ils découvriront con- traires aux Privileges , Franchifes & Droits de ladite Commu- nauté , à peine de trois cent livres d'amende , dont moitié ap- partiendra à Sadite Majefté , & le furplus à ladite Confrairie , conformément au douzieme Article defdits Statuts du mois de Mars 1599.

VI.

Pour maintenir l'ordre que l'on a jufqu'à préfent religieufe- ment gardé en la nomination de quatre Adminiftrateurs de la- dite Confrairie , fous l'Invocation de la Nativité de la très- fainte Vierge , établie en l'Eglife des faints Innocens, il en fera tous les ans au 8 Septembre , jour de ladite Fête , élu deux à la pluralité des voix defdits Maîtres , pour, pendant deux ans feulement , avoir foin de toutes chofes concernant ladite Con- frairie , en recevoir les deniers , & en rendre compte , fans aucuns frais, en préfence de tous les anciens Bacheliers & Mai- tres d'icelle ; le tout par-devant le Procureur de Sa Majefté audit Châtelet.

VII.

La réfolution prife fur le Regiftre de ladite Communauté le 28e. jour d'Août 1646 , confirmée par Sentence du Prevôt de Paris, ou fon Lieutenant Civil , du 5 Août 1662 , fera exé- cutée felon fa forme & teneur ; ce faifant, les Adminiftrateurs de ladite Confrairie , après leurs Comptes vûs , examinés & arrêtés , au lieu de feftins qu'ils avoient coutume de faire , afin d'entretenir le zele que l'on doit avec révérence obferver pour l'honneur de la Nativité de la très fainte Vierge , Patrone de ladite Communauté , feront un préfent à ladite Confrairie de foixante quinze livres en argent & deniers comptans , pour furvenir à la décoration d'icelle , & autres chofes les plus né- ceffaires au Service Divin.

VIII.

Lefdits Maîtres, leurs Veuves & Compagnons payeront tous
les ans le Droit de lad. Confrairie, à raifon de 20 f. par chacun an d'iceux, à peine d'amende, dont les plaintes feront
portées par-devant le Procureur de Sa Majefté audit Châtelet.

IX.

Pour que le Service Divin foit fait à ladite Confrairie avec
plus de pompe, chacun defdits Maîtres & Veuves fournira un
Cierge blanc de deux livres pefant, qui fera mis à la Chapelle
d'icelle, le jour de la Fête de ladite Communauté, à peine d'a-
mende.

X.

Les Adminiftrateurs de ladite Confrairie fe rendront tous les
Dimanches à la Meffe d'icelle, fans qu'ils en puiffent être difpenfés, finon en cas de maladie ou autre empêchement légitime, & tiendront un fidele Regiftre, tant de ceux qui rendront
le Pain-benit, que de ceux qui auront payé leur Droit de
Confrairie.

XI.

Huit jours avant la Fête de la Nativité de la très-fainte Vierge, lefdits Adminiftrateurs feront avertir lefdits Jurés de faire
faire par la Ville les proclamations ordinaires pour ladite Confrairie.

XII.

Lefdits Jurés, anciens Bacheliers, & tous les Maîtres de
ladite Communauté fe trouveront au Service Divin le jour de
la Nativité de la très-fainte Vierge, fans qu'ils en puiffent être
difpenfés, finon en cas de maladie ou autre excufe légitime;
& font conviés de fe rendre autant exaâts qu'ils pourront à fe
trouver au Service Divin, qui fe fera aux autres jours de ladite
Confrairie.

XIII.

En interprétant le deuxieme Article defdits Statuts du mois
de Mars 1599, tous les Maîtres jufqu'à préfent reçus en ladite
Communauté, jouiront des Privileges d'icelle, fans qu'aucun
autre s'en puiffe mêler direâtement ou indireâtement, à peine
d'amende arbitraire; & pourront entreprendre toutes Nôces,
Feftins, Banquets & autres chofes dépendantes de leur Art,
en toute l'étendue de ladite Ville, Fauxbourgs, Banlieue,

Prevôté & Vicomté de Paris , fans exception ; même fe pourront établir en toutes les Villes du Royaume , en faifant feulement regiftrer leurs Lettres aux Greffes des Jurifdictions des lieux qu'ils auront choifis pour y faite leur demeure.

XIV.

Conformément au cinquieme Article des mêmes Statuts du mois de Mars 1599 , nul ne pourra dorénavant être reçu Maître , qu'il n'ait fait fon Apprentiffage de trois années complettes. A cet effet , en paffera Brevet par-devant Notaires dudit Châtelet , en préfence au moins de deux Jurés , juftifiera de fa Religion Catholique , Apoftolique & Romaine ; enfemble de fa fidelité , prudhommie & bonnes mœurs , & rapportera ledit Brevet bien & dûement déchargé de celui dudit Maître fous lequel il aura fait fon Apprentiffage , & regiftré par-devant le Procureur de Sa Majefté audit Châtelet.

XV.

Ayant aucunement égard au feptiéme article defdits Statuts du mois de Mars 1599 , & en expliquant icelui , défenfes & inhibitions très-expreffes font faites auxdits Maîtres de ne prendre chacun entr'eux un fecond Apprentif, que lors de la derniere année de l'expiration du Brevet du premier , à peine de deux cens livres d'amende , dont moitié appartiendra à Sadite Majefté, & le furplus auxdits Jurés , à condition toutefois que des cent cinquante livres à eux attribuées, il y aura vingt livres pour ladite Confrairie.

XVI.

Inhibitions & défenfes très expreffes font pareillement faites auxdits Maîtres de donner aucunes contre-Lettres , ni faire pactions directement ou indirectement au préjudice dudit Brevet, ni dudit temps ; même d'accorder aucuns gages auxdits Apprentifs , à peine d'être déchus de la faculté d'avoir des Apprentifs , de cent cinquante livres d'amende , moitié applicable à Sadite Majefté , le furplus en faveur de ladite Confrairie , & de tous dépens , dommages & intérêts.

XVII.

Pour l'ordre des affaires de ladite Communauté , il y aura un Regiftre , dans lequel par celui defdits Jurés qui fera nommé à cet effet par les anciens Bacheliers feulement entr'eux , fans aucuns frais , toutes les Délbérations de ladite Communauté feront écrites, comme auſſi autant de Brevets des Apprentifs, leſquels lors feront tenus de payer trois livres pour être employées aux affaires communes, dont leſdits Maîtres qui auront reçu leſdits Apprentifs feront reſponſables en leurs noms, & toutes les autres affaires de conféquence concernant le bien de ladite Communauté.

XVIII.

Nul deſdits Maîtres, s'il n'eſt domicilié, réſidant actuellement en fon ménage, & dépendant de foi, fans être au fervice, gages, ni appointemens de quelques perſonnes que ce puiſſe être, ne pourra prendre des Apprentifs, en paſſer les Brevets, ni les obliger, à peine de nullité d'iceux, deux cens livres d'amende, dont moitié appartiendra à Sadite Majeſté, & le furplus au profit deſdits Jurés, à condition qu'ils en donneront trente livres à ladite Confrairie. Et à cet effet, de dix ans l'on ne paſſera aucuns Brevets d'Apprentifs, pour rétablir l'honneur de ladite Communauté, & la reduire au point de fa perfection entiere.

XIX.

Si aucun préſentement deſdits Maîtres fe trouve avoir plus de deux Apprentifs, iceux acheveront leur temps, conformément à leurs Brevets, fans qu'à l'avenir leſdits Maîtres en puiſſent prendre au-deſſus du nombre ci-deſſus preſcrit, à peine d'être deſtitués de tous honneurs, grades & dignités de ladite Communauté.

XX.

Si l'Apprentif n'acheve entierement fous fon Maître le temps porté par fon Brevet, il demeurera déchu de parvenir à ladite Maîtriſe; & en cas qu'il commette aucune action lâche, honteuſe & indigne du reſpect qu'il doit à fondit Maître, à fa famille & aux perſonnes fes alliées, fon procès lui fera fait & parfait aux dépens de ladite Communauté, à la diligence deſdits Jurés, à peine de démiſſion.

XXI.

Les Veuves deſdits Maîtres pourront continuer les mêmes fonctions, comme ſi leurs maris étoient vivans, tant qu'elles demeureront en viduité feulement, & fous elles les Apprentifs acheveront le temps reſtant de leurs apprentiſſages.

XXII.

En interpretant les trois & quatrieme Articles deſdits Statuts du mois de Mars 1599, & conformément à divers avis du Procureur de Sa Majefté audit Châtelet, confirmés par Sentence dudit Prevôt de Paris, ou fon Lieutenant Civil, & Arréts dud. Parlement donnés à cet effet, défenfes & inhibitions très-expreffes font faites à toutes perfonnes généralement quelconques, de tel Art, Métier & Condition qu'elles puiffent être, d'entreprendre aucunes Nôces, Feftins, Banquêts, Colations & autres chofes dépendantes dudit Art, tenir Salles & Maifons propres à cet effet ; même d'en louer, ni expofer écriteaux ou plats de gelée, qu'elles n'ayent fait Chef-d'œuvre en Chair & en Poiffon, felon les faifons, à leurs dépens, ainfi que les Jurés en Charge leur auront ordonné, en la maifon de l'un d'eux alternativement, en préfence defdits Anciens, Bâcheliers & Maîtres Adminiftrateurs de ladite Confrairie feulement, à chacun defquels Jurés l'Afpirant fera tenu de donner fix livres, outre les droits de Boëte & de Confrairie, par l'ordre du Procureur de Sa Majefté audit Châtelet.

XXIII.

Suivant le fixiéme Article defd. Statuts du mois de Mars 1599, tous les fils defdits Maîtres feront admis à la Maîtrife, fans être tenus d'aucun Chef-d'œuvre ni expérience, pourvu toutefois qu'ils ayent fervi leurs peres, ou l'un defdits Maîtres, l'efpace de deux ans feulement, & payeront la moitié des droits defdits Jurés, ceux de ladite Confraire & de la Boëte de ladite Communauté.

XXIV.

Pour fatisfaire audit fixiéme Article defdits Statuts du mois de Mars 1599, lefdits fils de Maîtres prêteront, après leur Reception, le ferment entre les mains du Procureur de Sa Majefté audit Châtelet, en préfence defdits Jurés & anciens Bacheliers feulement.

XXV.

Mais parce qu'il eft d'une conféquence avantageufe pour ladite Communauté qu'elle ne puiffe dorénavant recevoir d'atteinte, & qu'elle éclate glorieufement contre les efforts de ceux qui fe font déclarés fes ennemis, défenfes font faites à tous les Maîtres d'icelle, de louer ou prêter leurs Maifons, Salles & autres Appartemens, aux Privilegiés-Potagers fuivant la Cour, ni autres Cuifiniers & perfonnes de telles conditions qu'elles foient : comme auffi de prêter , louer ou laiffer leurs vaiffelles d'argent , d'étain, pots, broches , linges & autres uftenciles concernant leur Art, pour s'en fervir, quoiqu'ils fuffent Maîtres Rotiffeurs , Pâtiffiers , Taverniers , Cabaretiers , ou de quel-qu'autre Art & Métier non exprimé au préfent Article , à peine d'amende, finon à ceux qui ont pouvoir d'entreprendre.

XXVI.

Pareilles défenfes & inhibitions très-expreffes font faites aux-dits Maîtres, fous lefdites peines , d'employer ni faire travailler fous eux aucuns Cuifiniers , de quelques Maifons qu'ils puiffent être protegés ; mais en cas que leur emploi foit fi grand qu'ils ayent befoin d'aide , ils auront recours à quelques-uns de leurs Confreres & Maîtres de leurdite Communauté.

XXVII.

L'Arrêt contradictoire dudit Parlement de Paris, du 18 Janvier 1614 , intervenu en conféquence de la Sentence du Pre-vôt de Paris , ou fon Lieutenant Civil , donnée fur les Conclu-fions du Procureur de Sa Majefté audit Châtelet le 16 Novembre 1611 , fera pour l'avenir exécuté felon fa forme & teneur ; ce faifant , lefdits Maîtres Queulx , Cuifiniers & Porte-chappes de ladite Ville , Fauxbourgs , Banlieue , Prevôté & Vicomté de Paris, pourront , à l'exclufion de toutes perfonnes générale-ment quelconques , entreprendre tous Feftins , Nôces , Ban-quêts , Collations & autres Repas dépendans de leur Art , en toutes Maifons Royales & autres , même chez les Particuliers , fourniront à cet effet toutes chofes néceffaires , qu'ils prendront ainfi qu'il eft ordonné par ledit Arrêt.

XXVIII.

Sans déroger au premier Article defdits Statuts du mois de Mars 1599 , les Maîtres Pâtiffiers , Rotiffeurs , Cabaretiers , Chaircuitiers , & autres de tous Métiers , ne pourront entre-prendre fur la poffeffion defdits Maîtres Queulx , Cuifiniers & Porte-chappes , pour faire Nôces , Feftins , Banquets , Cola-tions, Ambigus & autres Repas, foit en leurs maifons ou ailleurs, qu'aux termes dudit Article.

XXIX.

Et afin que ladite Communauté demeure dans l'eftime que l'on a conçue à fon égard , outre que les Maîtres dudit Art, qui fe font établis dans lefdits Fauxbourgs, fans aveu defdits

Jurés ,

Jurés, quoiqu'ils euffent réfidé en iceux trois années entieres,
ne pourront fe dire Maîtres de la Communauté en ladite Ville,
Fauxbourgs, Banlieue, Prevôté & Vicomté de Paris, ni être
admis en icelle, qu'ils n'ayent fatisfait aux droits, & fait expérience à eux prefcrite par lefdits Jurés, en préfence defdits
anciens Bacheliers, fans même qu'ils puiffent rien entreprendre,
foit en ladite Ville ou ailleurs, à peine de confifcation, quinze
cens livres d'amende, applicable moitié en faveur de Sadite
Majefté, & le furplus au profit de ladite Confrairie, & de
tous dépens, dommages & intérêts, nonobftant autres Reglemens au contraire. Auffi en exécution de la Sentence dudit
Prevôt de Paris, ou fon Lieutenant Civil, du 18 Novembre
1648, les Ecuyers de Cuifine, Potagers, Hâteurs & Enfans
de Cuifine de la Maifon de Sadite Majefté, ne pourront directement ou indirectement fe mêler dudit Art, en faire aucunes
fonctions, ni entreprendre fur icelui, fous les peines telles que
de raifon.

X X X.

Défenfes dès-à-préfent très-expreffes font faites à tous Marchands de Vin, Taverniers, Cabaretiers & autres, de contrevenir à l'Arrêt dudit Parlement de Paris, du 8 Août 1662 ; ce
faifant, de ne fe mêler de l'Art defdits Maîtres Queulx, Cufi-
niers & Porte-chappes, à peine d'amende arbitraire.

X X X I.

Il y a toujours eu tant de refpect pour les Ecuyers de Cuifine,
Potagers, Hâteurs & Enfans de Cuifine du Roi, des Reines,
Princes & Princeffes, que conformément au VIIIe. Article
defdits Statuts du mois de Mars 1599, lorfqu'ils fe préfenteront
pour être admis en ladite Communauté, ils y feront reçus en
faifant apparoir de leurs Lettres & Certificats de leur emploi fur
les Etats des Maifons de Sadite Majefté, Reines, Princes &
Princeffes, fans qu'il foit befoin de formalités plus expreffes, à
la charge néanmoins de payer les droits, & prêter le ferment
entre les mains du Procureur de Sa Majefté audit Châtelet.

X X X I I.

Suivant auffi le neuviéme Article defdits Statuts du mois de
Mars 1599, les Ecuyers de Cuifine, Queulx, Porte-chappes,
Hâteurs & Enfans de Cuifine des Seigneurs, Préfidens & Con-
feillers audit Parlement de Paris, feront admis au Corps de lad.

B

Communauté , en rapportant des Certificats valables de leurs
agréables fervices pendant le temps de trois ans entiers , & en
faifant l'expérience que lefdits Jurés leur prefcireront , en la
préfence defdits anciens Bacheliers , payeront les droits defdits
Jurés , de Confrairie & Boëte , & prêteront ferment pardevant
le Procureur de Sa Majefté audit Châtelet , qui dorénavant
jouira dudit Privilege.

XXXIII.

Ayant égard au Xe. Article defdits Statuts du mois de Mars
1599 , les Garçons de Cuifine , portant la hotte , pourront aller
travailler chez les Bourgeois en leurs maifons , à leurs journées
feulement , fans rien entreprendre dépendant dudit Art , foït
pour Nôces , Feftins , Banquets , Colations , Ambigus ou autrement , à peine d'être privés de la faculté de porter à l'avenir la
hotte , & de douze livres d'amende , dont moitié appartiendra
auxdits Jurés , & le furplus à ladite Confrairie.

XXXIV.

Le confentement général paffé entre lefdits Maîtres le 29
dudit mois de Mars 1599 , fera ponĉtuellement exécuté felon
fa forme & teneur ; ce faifant , chacun d'iceux contribuera pour
fa part & portion égale , à tous les frais qu'il faudra faire pour
la confervation des Privileges , intérêrs & différends de ladite
Communauté : Comme auffi chacun d'iceux fera tenu de délivrer fept fols fix deniers en la Boëte de ladite Confrairie , pour
chacune des Nôces qu'il entreprendra , dont le recouvrement
fera fait par lefdits Adminiftrateurs , que les anciens Bacheliers
& Maîtres de la Confrairie nommeront entr'eux tous les ans à
cet effet ; lefquels en rendront compte à l'amiable entr'eux , &
mettront le fonds , fi aucun il y a , entre les mains de leurs fucceffeurs ; ou s'il fe trouve qu'il y ait plus mis que reçu , leurfdits
fucceffeurs leur en feront le rembourfement.

XXXV.

Chacun defdits Maîtres fera tenu de fatisfaire au payement
defdits fept fols fix deniers pour chacune defdites Nôces , conformément à ladite Tranfaĉtion du 19 Mars 1599 , fans y faire
fraude ni tromperie , à peine de punition en cas de récidive.

XXXVI.

Ils s'aideront les uns aux autres fur les prieres qu'ils s'en feront
refpeĉtivement , en toutes Nôces , Feftins , Banquets & autres

chofes dépendantes dudit Art, aux termes de ladite Tranfaction
du 19 Mars 1599.

XXXVII.

Les anciens Bacheliers feront dorénavant appellés à tous
Chef-d'œuvres, expériences & autres affemblées généralement
quelconques, par lefdits Jurés en Charge, à peine de démiffion.

XXXVIII.

Celui defdits Jurés que les anciens Bacheliers auront entr'eux
élu pour écrire les délibérations de ladite Communauté, tou-
chera les deniers d'icelle, en rendra pareillement fes comptes,
tous les ans en préfence de trois autres Jurés fes Confreres &
defdits anciens Bacheliers feulement ; iceux feront arrêtés à
l'amiable, fans frais, & le fonds reftant fera délivré au fucceffeur
du Rendant compte, ou s'il lui eft dû, il en fera rembourfé par
fondit fucceffeur, de l'ordre du Procureur de Sa Majefté audit
Châtelet.

XXXIX.

Nul d'entre lefdits Maîtres ne prendra d'Enfeigne pareil'e à
celle de fon Confrere, ni approchante d'icelle, pour éviter
tous les defordres qui en pourroient furvenir, à peine d'être
privés des honneurs de ladite Communauté, deux cens livres
d'amende, moitié applicable en faveur d'icelle, & le furplus à
ladite Confrairie, & de tous dépens, dommages & intérêts.

XL.

Il leur eft auffi défendu d'entreprendre les uns fur les autres
pour les marchés des Nôces, Feftins, Banquets & autres chofes
dépendantes de leur Art, fous pareilles peines.

XLI.

Semblablement ils ne fe ferviront d'aucuns Compagnons
qu'ils ne voyent le confentement des Maîtres fous lefquels ils
auront demeuré, & qu'ils en foient fatisfaits, à peine d'être
blâmés en leur Affemblée générale, que lefdits Jurés convo-
queront à cet effet par la permiffion qu'ils prendront, en la maniere accoutumée, du Procureur de Sa Majefté audit Châtelet.

XLII.

Tous Privilegiés, généralement quelconques, feront réduits
au nombre porté par le Réglement arrêté au Confeil de Sadite
Majefté en l'année 1640 ; ce faifant, lorfqu'icelle fera hors la
Ville de Paris, ils feront vifités par lefdits Jurés, de l'autorité

dudit Prevôt de Paris, ou fon Lieutenant Civil, fur les conclufions du Procureur de Sadite Majefté audit Châtelet.

XLIII.

Parce que lefdits Maîtres, pour mériter l'honneur de leur
établiffement en Communauté, ont financé dans les coffres du
feu Roi Henri le Grand leur Auteur ; qu'ils ont reconnu le
défunt Roi Louis XIII. à fon avénement à la Couronne ; qu'ils
ont fatisfait au droit qu'ils doivent à Sadite Majefté, auffi-tôt
que le Ciel lui a mis la Couronne fur la Tête, & qu'ils lui ont
payé en fon épargne, dès le 6 Octobre 1658, la fomme de
quinze cens livres en conféquence de fa Déclaration du mois
d'Août 1647, regiftrée audit Parlement le 4 Septembre enfuivant, confirmé par Arrêt du Confeil de Sadite Majefté, intervenu le même mois, & d'autres en exécution ; dorénavant
toutes Lettres créées & à créer en faveur d'Avénemens à la
Couronne, Majorités, Mariages, Entrées dans les Villes du
Royaume, Naiffances de Dauphins, Titres d'Enfans de France,
premier Prince du Sang, Couronnemens, Entrées & Régences
des Reines, & pour quelqu'autres confidérations, fujets & pré-
textes que ce puiffe être, demeureront caffées, révoquées &
annullées, fans qu'il s'en puiffe obtenir à leur égard ; & en cas
qu'aucunes fuffent expédiées par furprife ou autrement, Sadite
Majefté, dès-à-préfent, les déclare nulles, avec défenfes à
tous fes Juges & autres d'y avoir aucun égard, nonobftant tous
Réglemens, Reftrictions, Ordonnances & Mandemens au
contraire du préfent Article, qui fera exécuté fans qu'il foit
befoin de plus exprès commandement.

XLIV.

Et parce que lefdits Jurés font obligés à une affiduité indif-
penfable, que journellement il faut qu'ils veillent à la confervation des droits de ladite Communauté, & qu'ils font tenus
de faire leurs rapports pardevant le Procureur de Sa Majefté
audit Châtelet, de tous les abus qu'ils découvrent, ou dont ils
reçoivent avis, ils demeureront dorénavant exempts de toutes
Commiffions ordinaires ou extraordinaires de Juftice & de
Ville, Tutelles, Curatelles & autres généralement quelconques,
pendant qu'ils feroient en Charge feulement.

XLV.

Meme, afin que tous les Maîtres dudit Art puiffent être réduits dans l'exécution légitime des Commandemens de l'Eglife, très-expreſſes inhibitions leur font faites d'entreprendre aucuns Feſtins, Banquets, Colations & autres choſes dépendantes dud. Art, en viande ni chair défendue pendant le faint temps de Carême, Vigiles, Jeûnes & autres jours maigres réfervés, & qui font de commandement, à peine de punition exemplaire : A l'effet dequoi leſdits Jurés feront toutes Viſites, tant chez les Maitres dudit Art, que tous autres généralement quelconques, qui pourroient impunément entreprendre pendant ledit temps & jours réfervés, des Feſtins, Banquets, Colations & autres choſes dépendantes dudit Art, en viande & chair, dont ils feront leur rapport pardevant le Procureur de Sa Majeſté audit Châtelet, pour y être pourvu ainſi que de raifon.

Vu par Nous Confeiller du Roi en fes Confeils, Lieutenant Civil en la Prevôté & Vicomté de Paris, & Procureur du Roi au Châtelet, les nouveaux Statuts & Ordonnances dreſſés pour la Communauté des Jurés, anciens Bacheliers & Maîtres Queulx, Cuifiniers & Porte-chappes de la Ville & Fauxbourgs de Paris, contenant XLV. Articles : Notre avis eſt, fous le bon plaiſir du Roi & de Noſſeigneurs, que leſd. Articles & nouveaux Statuts peuvent être accordés auxdits Maîtres Cuifiniers, comme n'ayant rien de contraire aux Réglemens de Police. Fait ce neuviéme Juillet mil fix cent foixante-trois. *Signé*, Daubray de Ryantz.

Regiſtré, oüi & ce confentant le Procureur Général du Roi, pour joüir par les Impetrans de l'effet & contenu en iceux, fuivant l'Arrêt de ce jour. A Paris en Parlement, le vingt-neuf Janvier mil fix cens foixante-quatre. Signé, Du Tillet.

CONFIRMATION *de Statuts pour les Maîtres Queulx & Cuifiniers de la Ville de Paris.*

Louis, par la Grace de Dieu, Roi de France & de Navarre : A tous préfens & à venir, Salut. Nos chers & bien-amés les Jurés, ançiens Bacheliers & Maitres Queulx,

Cuifiniers, Porte-chappes de notre bonne Ville, Fauxbourgs,
Banlieue, Prevôté & Vicomté de Paris, Nous ont très-humblement fait remontrer que la fidélité qu'ils doivent indifpen-
fablement garder dans les difpofitions des Feftins, Banquets,
Colations & autres chofes dépendantes de leur Art, & dont
ils fe font dignement acquittés jufqu'à préfent, leur a donné
l'entrée près des perfonnes des Rois nos prédéceffeurs : Nous
avons même eu confiance en leur miniftere, & avons reconnu
que leur adreffe, leur induftrie & la bonne conduite qu'ils ont
religieufement obfervée, leur pouvoient faire efpérer la confirmation des graces dont ils ont été honorés par le feu Roi
Henri le Grand, de glorieufe mémoire, notre Ayeul, par fes
Lettres-Patentes du mois de Mars mil cinq cent quatre-vingt-
dix-neuf ; ce qui les a engagés de faire dreffer de nouveaux
Statuts fur les anciens, afin d'avoir lieu de les faire pratiquer ;
ce qui eft de la derniere conféquence pour la tranquillité de
leur Communauté, & que dorénavant le Public pût être fidelement
ment fervi dans le befoin particulier qu'il peut avoir de leurs
fonctions : Nous requérans à cet effet nos Lettres fur ce néceffaires. A CES CAUSES, & pour laiffer aux Expofans des
marques de la bienveillance que Nous avons conçue en leur faveur : De l'avis de notre Confeil, qui a vû lefdits anciens Statuts accordés par le défunt Roi Henri IV, conformément à fes
Lettres-Patentes du mois de Mars mil cinq cent quatre-vingt-
dix-neuf. Relief d'adreffes à notre Parlement de Paris pour
l'enregiftrement d'iceux, du vingt-huit Novembre enfuivant.
Sentence de notre Prevôt de Paris, portant l'enregiftrement
defdits Statuts au Greffe de notre Châtelet de Paris, du vingt-
neuf dudit mois de Mars mil cinq cent quatre-vingt-dix-neuf.
Quittance de la fomme de cinquante livres payée par les Expofans le feize Juin mil fix cent douze aux Parties-Cafuelles,
& pour le Droit d'Avénement à la Couronne du feu Roi Louis
le Jufte, de glorieufe mémoire, notre très-honoré Seigneur &
Pere. Lettres de Confirmation defdits Statuts, par lui accordées au mois de Décembre de ladite année. Autres Lettres de
Confirmation que Nous avons concédées en faveur defdits Expofans au mois de Juin mil fix cent quarante-cinq. Autres
Lettres de Surannation du vingtieme Juillet mil fix cent qua-
rante-fept. Lefdits nouveaux Statuts, Arrêt de notredit Parle-

ment de Paris du dix-huit Janvier mil fix cent quatorze , & Sentence dud. Châtelet pour la juftification des VII & XXVII. Articles defdits nouveaux Statuts. Autre Sentence dud. Châtelet du dix-huit Novembre mil fix cent quarante-huit , concernant le XXIX. Article defdits nouveaux Statuts. Arrêt de notredit Parlement du huit Août mil fix cent foixante-deux , concernant le XXX. Article des mêmes Statuts. Et une Tranfaction paffée le dix-neuf dudit mois de Mars mil cinq cent quatre-vingt-dix-neuf, à l'égard des XXXIV , XXXV. & XXXVI. Articles defdits nouveaux Statuts. Et l'avis des Lieutenant Civil , & notre Procureur audit Châtelet fur lefdits Statuts, donné fuivant l'ordre de notredit Confeil , en conféquence de la Requête defdits Expofans du neuf Juillet dernier , le tout ci-attaché fous le contre fcel de notre Chancellerie : De nos graces fpéciales, pleine puiffance & autorité Royale, NOUS, par ces Préfentes, fignées de notre main , avons dit , ftatué & ordonné , difons , ftatuons & ordonnons , voulons & nous plaît que lefdits Statuts , en nombre de XLV. Articles , foient dorénavant exécutés felon leur forme & teneur. SI DONNONS EN MANDEMENT à nos amés & féaux Confeillers les Gens tenans notre Cour de Parlement de Paris , Prevôt dudit lieu, ou fon Lieutenant , ou autre qu'il appartiendra , que cefdites Préfentes ils faffent lire , publier & regiftrer , icelles obferver & garder de point en point felon leur forme & teneur , & lefdits Expofans jouir & ufer pleinement & paifiblement defdits Statuts à toujours & perpétuellement , contraignant de ce faire & obéïr tous ceux qu'il appartiendra , nonobftant tous Edits , Ordonnances, Arrêts, Reglemens , Reftrictions, Mandemens, Défenfes & Lettres à ce contraires ; auxquelles & aux dérogatoires des dérogatoires Nous avons dérogé & dérogeons par cefdites Préfentes ; aux copies defquelles collationnées par l'un de nos Confeillers de la Maifon & Couronne de France & de nos Finances , Nous voulons que foi foit ajoutée comme à l'Original : CAR tel eft notre plaifir. Et afin que ce foit chofe ferme & ftable à toujours , Nous avons fait mettre notre fcel à cefdites Préfentes , fauf en autres chofes notre droit & l'autrui en toutes. Donné à Paris au mois d'Août l'an de grace mil fix cent foixante-trois , & de notre Regne le vingt-un.

Signé, LOUIS. *Et sur le repli*, par le Roi, PHELYPEAUX. Et scellées sur lacs de soie du grand Sceau de cire verte.

Et sur ledit repli est écrit : Visa, SEGUIER, pour servir aux Lettres de Confirmation des Statuts des Maitres Queulx & Cuisiniers de la Ville & Fauxbourgs de Paris.

Et encore sur ledit repli est écrit : Registrées, ouï & ce consentant le Procureur Général du Roi, pour être exécutées & jouir par les Impétrans de l'effet contenu en icelles, selon leur forme & teneur, suivant l'Arrêt de vérification de ce jour. A Paris en Parlement le 29 Janvier 1664. *Signé*, DU TILLET.

Et à côté desdites Lettres est encore écrit : Registrées au Greffe des Expéditions de la grande Chancellerie, par moi Conseiller, Secrétaire du Roi, Greffier desdites Expéditions. A Paris le 26ᵉ jour d'Août 1664. *Signé*, BOUCHET.

Extrait des Registres du Parlement,

VU par la Cour les Lettres-Patentes du Roi, données à Paris au mois d'Août mil six cent soixante-trois, signées LOUIS, & sur le repli, par le Roi PHELYPEAUX, & scellées sur lacs de soie au grand sceau de cire verte, obtenues par les Jurés, anciens Bacheliers & Maitres Queulx, Cuisiniers, Porte-chappes de cette Ville de Paris, par lesquelles, & pour les causes y contenues, ledit Seigneur auroit dit, statué & ordonné, veut & lui plaît que les Statuts des Impétrans, au nombre de XLV. Articles, soient dorénavant exécutés selon leur forme & teneur, & ainsi que plus au long le contiennent lesdites Lettres à la Cour adressantes. Requête desdits Jurés, anciens Bacheliers & Maitres Queulx, Cuisiniers & Porte-chappes de cette Ville de Paris, afin d'enregistrement desdites Lettres. Arrêt du vingt-neuf Décembre mil six cent soixante-trois, par lequel, avant procéder à l'enregistrement desdites Lettres, Articles & Statuts, auroit été ordonné qu'elles seroient communiquées au Lieutenant Civil, & Substitut du Procureur Général du Roi au Châtelet, pour donner leur avis sur icelles, pour ce fait, rapporté & communiqué audit Procureur Général, être ordonné ce que de raison. L'avis desdits Lieutenant Civil

&

& Subftitut du Procureur Général du Roi au Châtelet , en exécution dudit Arrêt. Conclufions dudit Procureur Général. Ouï le rapport de Me Charles Benoife, Confeiller du Roi en lad. Cour. Tout confidéré : LADITE COUR a ordonné & ordonne que lefdites Lettres, Articles & Statuts feront regiftrés au Greffe d'icelle , pour être exécutés & jouir par les Impétrans de l'effet & contenu en icelle , felon leur forme & teneur. FAIT en Parlement ce 29 Janvier 1664. Collationné. *Signé*, ROBERT.

Les Maîtres font avertis de tenir un Regiftre fidele des Nôces qu'ils feront , pour le préfenter aux Jurés lorfqu'ils iront en Vifite.

RÉUNION *à la Communauté des Maîtres Queulx, Cuifiniers , des Offices de Jurés d'icelle.*

LOUIS, par la grace de Dieu , Roi de France & de Navarre : A tous ceux qui ces préfentes Lettres verront, SALUT. Les Jurés , Corps & Communauté des Maitres Queulx, Cuifiniers & Porte-chappes de notre bonne Ville & Fauxbourgs de Paris , nous ont très-humblement fait remontrer qu'ayant , par notre Edit du mois de Mars 1691 , érigé en titres d'Offices héréditaires les Gardes des Marchands & les Jurés des Arts & Métiers , ils ont un notable intérêt non - feulement que ces Charges foient exercées par des perfonnes de probité & d'expérience dans leur vacation , & que ceux qui en abuferont puiffent être dépoffédés , mais encore que ceux de leurs Corps qui peuvent s'en bien acquitter puiffent y parvenir à leur tour , au lieu qu'ils en feroient exclus , fi ceux que nous en aurions pourvûs n'en pouvoient être dépoffédés. Par ces confidérations & le defir de nous marquer leur zele pour notre fervice , & leurs foumiffions à nos volontés , ils nous ont fait offrir de payer au Tréforier de nos revenus cafuels, la fomme de trois mille livres, s'il nous plaifoit unir à leur Communauté lefdits Offices de Jurés créés par notre Edit du mois de Mars 1691 , pour être exercés par ceux qui nous feront par eux préfentés pour le tems qu'ils aviferont entr'eux , en vertu des Provifions que

C

Nous leur en ferons expédier , & leur laiffer pour l'avenir , lorf-
que le tems de l'exercice de ceux que Nous en aurons pourvûs
fera expiré , la faculté de Nous préfenter de nouveaux Officiers ,
pour prendre de Nous la confirmation de leur nomination ;
comme auffi de permettre aux Jurés , conformément à leur Délibération , d'emprunter au nom de la Commnnauté , à conftitution de rente ou autrement , ladite fomme de trois mille livres , & de faire déclaration des noms de ceux qui l'auront
prêtée , dans la Quittance de Finance qui leur fera délivrée
par le Tréforier de nos revenus cafuels , d'obliger & hypotéquer auxdites rentes tous les biens & effets de la Communauté , & fpécialement lefdits Offices , droits & émolumens y attribués , & autres qu'il leur fera permis de lever. A cet effet ,
ordonner qu'il fera payé à l'avenir ; fçavoir , par chaque Maitre ,
foit qu'il faffe acte de Maitrife , ou qu'il travaille comme Com-
pagnon chez les autres Maitres , 3 liv. par chacun an , outre
les 20 f. qui fe payent par les Maitres pour les droits de vifite :
Pour chaque Brevet d'Apprentiffage , 20 f. outre les trois livres
qui fe payent ordinairement ; pour chaque Feftin de Nôces, douze fols fix deniers outre les anciens Droits ; & qu'il fera permis
de recevoir dix Maitres fans qualité , à la charge que les deniers provenans defd. Réceptions , ne pourront être employés
qu'au rachat defdites rentes. Et voulant favorablement traiter
ladite Communauté des Maitres Queulx , Cuifiniers & Porte-
chappes de notre bonne Ville de Paris , & leur donner des marques de notre protection. A CES CAUSES , de l'avis de
notre onfeil , qui a vû la Délibération de ladite Communauté ,
& de notre certaine fcience , pleine puiffance & autorité Royale , Nous avons par ces Préfentes , fignées de notre main , uni &
incorporé , uniffons & incorporons au Corps de Communauté
des Maitres Queulx Cuifiniers & Porte-chappes de notre bonne
Ville & Fauxbourgs de Paris , les Offices de Jurés de leur
Communauté , créés par notre Edit du mois de Mars 1691 , en
payant par eux , fuivant leurs offres , entre les mains du Tréforier de nos revenus cafuels en exercice , la fomme de 3000 liv.
dans un mois ; ce faifant , voulons que lefdits Offices foient
exercés en vertu des Provifions que Nous ferons expédier à ceux
qui feront nommés par ladite Communauté pour le tems qui fera
par elle avifé ; après l'expiration duquel , ladite Communauté

pourra Nous préfenter de nouveaux Officiers, afin d'obtenir de
Nous la confirmation de leur nomination , & continuer à l'avenir à toutes les mutations d'Officiers que voudra faire ladite
Communauté , au nom de laquelle Nous permettons aux Jurés
de préfent en Charge, d'emprunter à conftitution de rente ou
autrement ladite fomme de 3000 liv. & de faire déclaration des
noms de ceux qui l'ont prêtée , dont il fera fait mention dans
la Quittance de Finance qui leur fera délivrée par le Tréforier de nos revenus cafuels , auquel tous les biens & effets
de ladite Communauté feront obligés & hypotéqués, & fpécialement les Offices de Jurés, droits & émoulumens y attribués ,
& autres ci-après déclarés , que Nous permettons aux Jurés
de percevoir à l'avenir. Sçavoir , de chaque Maitre pour chacune des quatre vifites, quinze fols, outre les cinq fols qui appartiennent aux Jurés ; lefquels quinze fols d'augmentation feront payés également par tous les Maitres, foit qu'ils faffent
acte de Maitres , ou qu'ils travaillent comme compagnons
chez les autres Maitres , ou qu'ils fervent en des maifons particulieres : Voulons qu'il foit payé vingt fols pour l'enregiftrement des Brevets d'Apprentiffage , outre les trois livres portées par l'Article XVII. des Statuts de la Communauté , à l'effet duquel payement, les Maitres qui auront paffé lefdits Brevets
feront tenus de les faire regiftrer fur le livre de la Communauté , dont mention fera faite fur le dos defdits Brevets dans un
mois du jour de leur date , à peine de nullité d'iceux , & de
vingt livres d'amende contre les Maitres qui les auront paffés ,
applicables à ladite Communauté. Sera auffi payé 12 f. 6 d.
d'augmentation par chaque Feftin de Nôces que feront les Maitre de ladite Communauté , outre les 7 f. 6 d. portés par les
Articles XXXIV. & XXXV. des Statuts de la Communauté ;
pour la fûreté duquel Droit les Maitres feront tenus de donner avis aux Jurés des Feftins de Nôces qu'ils feront , au plus
tard dans trois jours. Voulons qu'aux réceptions il foit appellé douze anciens Maitres chacun à leur tour, & qu'il foit
payé à chacun d'eux trente fols pour leur préfence ; & pour
parvenir au rachat des rentes qui feront conftituées à l'effet
des Préfentes , permettons aux Jurés de ladite Communauté de
recevoir jufqu'au nombre de dix Maitres fans qualité & fans
faire chef-d'œuvre , à la charge que les deniers provenans de

C ij

leurs réceptions, feront employés au payement du fort principal defdites rentes. Voulons qu'après qu'elles auront été entierement acquittées, les Droits d'augmentation fur les vifites, fur les Brevets d'Apprentiffage, & fur les Feftins de Nôces, ne foient plus levés, & qu'ils demeurent réduits aux Droits anciens & accoutumés. SI DONNONS EN MANDEMENT à nos amés & féaux Confeillers les Gens tenans notre Cour de Parlement à Paris, que ces Préfentes ils ayent à faire regiftrer, & du contenu en icelles jouir les Jurés, Corps & Ccommunauté des Maitres Queulx, Cuifiniers & Porte-chappes de notre bonne Ville & Fauxbourgs de Paris, pleinement & paifiblement, felon leur forme & teneur : CAR tel eft notre plaifir. En témoin dequoi Nous avons fait mettre notre Scel à cefdites Préfentes. Donné à Verfailles le quatrieme jour de Juillet l'an de grace mil fix cent quatre-vingt-treize, & de notre Regne le cinquante-unieme. *Signé*, LOUIS. *Et plus bas*, par le Roi, PHELYPEAUX. Et fcellé. *Et plus bas eft écrit* : Vû au Confeil, PHELYPEAUX.

Regiftré, ouï & ce requérant le Procureur Général du Roi, pour être exécuté felon fa forme & teneur, & copie collationnée envoyée au Châtelet de cette Ville de Paris, pour y être lûe, publiée & regiftrée : Enjoint au Subftitut du Procureur Général du Roi audit Siége d'y tenir la main, & d'en certifier la Cour dans la huitaine, fuivant l'Arrêt de ce jour. A Paris, en Parlement, le douzieme Juillet mil fix cent quatre-vingt-treize. Signé, DU TILLET.

Quittance du Tréforier des Revenus Cafuels.

J'AY reçu des Jurés, Corps & Communauté des Maitres Queulx, Cuifiniers & Porte-chappes de la Ville & Fauxbourgs de Paris, la fomme de trois mille livres, pour jouir de l'union & incorporation faite par la Déclaration du quatrieme Juillet 1693, audit Corps & Communauté des quatre Offices héréditaires de Jurés, créés par Edit du mois de Mars 1691, enfemble des droits & émolumens attribués par icelui, & être lefdits Offices exercés en conféquence des Provifions qui en feront expédiées à ceux qui feront nommés par ladite Communauté, pour tel tems qu'il fera par elle avifé ; après l'expiration duquel ladite Communauté préfentera de nouveaux Officiers, afin d'obtenir la confirmation de leur nomination, & continuer à l'avenir à toutes les nominations d'Officiers que voudra faire ladite Communauté, le tout ainfi qu'il eft plus au long porté par ladite Déclaration. Ladite fomme de trois mille livres à moi payée par les mains de Bertrand Delille & Louis Bacquenois, Jurés de ladite Communauté ; de laquelle fomme ils ont déclaré avoir emprunté celle de 2000 liv. du Sr Henri Bourfin, Maitre Queulx, Cuifinier à Paris, par Contrat paffé devant Aumont le jeune & fon Confrere, Notaires à Paris, le 25 Juin dernier, & que les mille livres reftantes proviennent de la vente qu'ils ont faite de l'argenterie de ladite Communauté. La préfente Déclaration ci inférée à l'effet du privilége, hypotheque & préférence audit Prêteur fur lefdits Offices, en conféquence de l'Arrêt du Confeil du 21 Mars 1690. Fait à Paris le cinquieme jour d'Août mil fix cent quatre-vingt-treize. *Signé*, MILLIEU, *avec paraphe.*

Enregiftrée au Contrôle Général des Finances par nous Confeiller du Roi en tous fes Confeils, & au Confeil Royal, Contrôleur Général des Finances de France. À Verfailles le 15 Août 1693. Signé, PHELYPEAUX.

Collationné aux Originaux par Nous Confeiller-Secrétaire du Roi, Maifon, Couronne de France & de fes Finances.

ARREST DU CONSEIL D'ETAT DU ROI,

Du premier Mai mil sept cent trois.

Concernant les Offices de Tréforier - Receveur & Payeur des Comptes de la Communauté des Maîtres Queulx - Cuifiniers - Traiteurs de la Ville & Fauxbourgs de Paris.

Extrait des Regiftres du Confeil d'Etat du Roi.

SU R ce qui a été repréfenté au Roi, en fon Confeil, par la Communauté des Maitres Cuifiniers - Traiteurs de la Ville de Paris, qu'ayant eu connoiffance de l'Edit du mois d'Août 1701, donné en faveur des Propriétaires d'Offices héréditaires, pour les confirmer en l'hérédité d'iceux, & de l'Edit du mois de Juillet 1702, portant création d'un Tréforier-Receveur & Payeur des deniers communs des Corps des Marchands & Communautés d'Arts & Métiers du Royaume, ils ont cru qu'il leur feroit plus commode & plus avantageux de fupplier, comme ils font, très-humblement Sa Majefté de leur permettre de lever & d'acquérir au profit de leur Communauté, l'Office de Tréforier-Receveur & Payeur de leurs deniers communs, offrans à cet effet de payer à Sa Majefté, ou à Me. Jean Garnier, chargé du recouvrement de la Finance qui doit provenir de la confirmation de l'hérédité & de la vente defdits Offices de Tréforiers, la fomme de 3000 liv. & les 2 f. pour livre ; fçavoir, 920 liv. & les 2 f. pour livre, pour être confirmés dans l'hérédité des Offices de Jurés-Syndics de leur Communauté, créés par Edit du mois de Mars 1691, d'Auditeurs de leur compte créés par Edit du mois de Mars 1694, quoiqu'ils foutinffent que lefdits Offices ne fubfiftant plus, ils ne pouvoient être fujets audit Droit, & la fomme de

2080 liv. & les 2 f. pour livre , pour ledit Office de Tréforier Receveur & Payeur de leurs deniers communs , à condition qu'il fera & demeurera pour toujours uni & incorporé à
leur Communauté, aux Droits, Priviléges & Exemptions y attribués , & de jouir de 52 liv. de gages actuels & effectifs par
chacun an. Et Sa Majefté voulant traiter favorablement ladite
Communauté : Ouï le Rapport du Sieur Fleuriau d'Armenon-
ville , Confeiller ordinaire au Confeil Royal , Directeur des Finances. LE ROI EN SON CONSEIL a accepté & accepte
les offres des Maitres Cuifiniers-Traiteurs de la Ville de Paris ;
& en conféquence ordonne qu'en payant par eux ès mains dudit Garnier , fes Procureurs ou Commis , la fomme de 3000 liv.
fur les quittances du Tréforier des revenus cafuels , ou fur fes
récépiffés , portant promeffe de fournir lefdites quittances ,
& les 2 f. pour livre fur celles dudit Garnier, en onze payemens égaux , le premier comptant , & les dix autres de deux
en deux mois ; le premier defdits dix payemens échéant au
premier Juillet prochain , de la fomme de 272 liv. 14 f. 7 d.
chacun , & les 2 f. pour livre ; ils feront maintenus & confirmés en l'hérédité de leurs Offices de Jurés-Syndics & d'Auditeurs de leurs Comptes : Ordonne , Sa Majefté , que ledit
Office de Tréforier-Receveur & Payeur de leurs deniers communs , fera & demeurera pour toujours uni & incorporé à
leur Communauté, & qu'ils jouiront des Droits , Priviléges
& Exemptions y attribués , & en outre de 52 liv. de gages
actuels & effectifs par chacun an , à commencer du premier
Janvier dernier , auquel effet l'emploi en fera fait dans les Etats
de la recette générale des Finances de la Généralité de Paris ,
à commencer en la préfente année ; permet , Sa Majefté , à
ladite Communauté d'emprunter lefdites fommes en tout ou
en partie : Ordonne que ceux qui prêteront leurs deniers à
cet effet , auront privilége & hypotéque fpéciale fur ledit
Office , droits & gages y attribués , fans qu'il foit befoin de
faire mention du prêt dans la quittance de Finance , fi bon ne
femble aux Prêteurs : Ordonne , Sa Majefté , que les Jurés feront toutes les diligences néceffaires pour parvenir au payement de ladite fomme de 3000 liv. & les 2 f. pour livre ,
à peine d'en répondre en leurs propres & privés noms ; & en
cas de conteftation entre les Maitres qui compofent ladite Com-

munauté , Privilégiés ou non Privilégiés , pour la répartition des fommes qu'ils doivent en payer chacun pour leur part , cir- conftances & dépendances , elles feront réglées par le Sr d'Ar- genfon , Confeiller en fes Confeils , Maître des Requêtes ordi- naire de fon Hôtel , & Lieutenant Général de Police , que Sa Majefté a commis à cet effet , auquel elle enjoint de tenir la main à l'exécution du préfent Arrèt , qui fera exécuté ; enfemble tout ce qui fera par lui ordonné en conféquence , nonobftant oppofitions , appellations ou autres empêchemens quelconques , dont , fi aucuns interviennent , Sa Majefté s'eft réfervée la con- noiffance , & icelle interdite à toutes fes Cours & Juges. Fait au Confeil d'Etat du Roi , tenu à Verfailles le premier jour de Mai mil fept cent trois. Collationné. *Signé* , DU JARDIN , *avec paraphe.*

Collationné à l'Original en parchemin : Ce fait , rendu par les Confeillers du Roi , Notaires au Châtelet de Paris , fouffignés , le huitieme jour de Janvier mil fept cent quatre. Signé , VERANY & DUPORT.

DECLARATION DU ROI ,
EN FORME DE RÉGLEMENT ,

Du quinze Décembre mil fept quatre.

En faveur de la Communauté des Maîtres Queulx- Cuifiniers-Traiteurs de la Ville & Fauxbourgs de Paris.

Regiftrée en Parlement le 14 Janvier 1705.

LOUIS , par la grace de Dieu , Roi de France & de Na- varre : A tous ceux qui ces préfentes Lettres verront ; SALUT. Par notre Edit du mois d'Août 1701 , Nous avons ordonné que tous les Officiers de notre Royaume , dont les Offices font héréditaires & en furvivance , demeureroient maintenus & confirmés dans l'hérédité d'iceux , à la charge

de

de Nous payer par chacun d'eux , les fommes pour lefquelles ils feroient compris dans les rôles qui feroient arrêtés à cet effet en notre Confeil , & les deux fols pour livre d'icelles , qui leur tiendroient lieu d'augmentation de finance : Et par Arrêt de notre Confeil du 11 Juillet 1702 , Nous avons ordonné que ledit Edit feroit exécuté à l'égard des Communautés & Officiers , tant de Judicature qu'autres , qui ont fait réunir à leurs Corps & Communautés des Offices , droits ou taxations héréditaires , nonobftant la prétention où ils étoient de n'être point dans le cas de cette confirmation ; en conféquence defdits Edits & Arrêts , les Jurés & Communautés des Maitres Queulx-Cuifiniers-Traiteurs de notre bonne Ville de Paris , ont été employés pour la fomme de mil fept cent trente-quatre livres , & les deux fols pour livre , à caufe des Offices de Syndics , Jurés & d'Auditeurs des Comptes de leur Communauté , créés ès années 1691 & 1694 , dont Nous leur avons ci-devant accordé la réunion. Et comme par autre notre Edit du même mois de Juillet 1702 , Nous avons créé pour chaque Corps des Marchands & Communautés d'Arts & Métiers de notre Royaume , un Tréforier-Receveur & Payeur de leurs deniers communs , lefdits Cuifiniers prenant occafion de ladite taxe de confirmation d'hérédité , laquelle ils auroient prétendu toujours ne pas devoir ; mais voulant en cela Nous marquer leur foumiffion ; & confidérant qu'il ne pouvoit y avoir rien de plus avantageux pour leur Communauté , que d'y réunir pareillement ledit Office de Tréforier , avec les taxations & droits y attachés , & les gages tel qu'il Nous plaîroit d'y attribuer , ils Nous auroient très-humblement fait fupplier leur vouloir accorder ladite réunion , & Nous contenter d'une fomme de trois mille livres de principal, & de trois cens livres pour les deux fols pour livre , tant pour la finance dudit Office de Tréforier , que pour la taxe de confirmation d'hérédité defdits Offices de Syndics & Auditeurs , laquelle propofition & offre , Nous avons bien voulu accepter ; & en conféquence , avons ordonné , par Arrêt de notre Confeil du premier Mai 1703 , qu'en payant par eux lefdites fommes dans certains termes , ils jouiroient du bénéfice de ladite confirmation d'hérédité , & dudit Office de Tréforier, qui demeureroit uni & incorporé à leur Communauté, avec lefdits Droits, Priviléges &

D

Exemptions y attribués, & de cinquante-deux livres de gages actuels & effectifs par chacun an, à commencer du premier Janvier 1703 ; même leur avons permis d'emprunter lesdites fommes en tout ou partie, & accordé aux Prêteurs le privilége & hypotheque spéciale fur ledit Office, gages & droits y attribués ; pour l'exécution defquelles offres, & attendu qu'ils ne font pas affurés de trouver à emprunter dans le public des deniers fuffifans pour les remplir ; comme ils n'ont rien tant à cœur que de Nous marquer leur zele & leur obéïffance à nos volontés, ils croyent qu'ils feront obligés de lever, par forme de prêt, fur eux-mêmes ce qui leur pourra manquer, laquelle levée ils ne peuvent faire fans notre permiffion ; d'ailleurs, jugeant néceffaire de pourvoir à ce que les arrérages des fommes qu'ils emprunteront du public, ou qu'ils léveront par répartition, foient exactement payés, & même qu'il puiffe y avoir de tems à autre du revenant bon, pour l'employer à l'extinction du principal ; ce qui ne fe peut faire qu'en impofant quelques droits nouveaux fur les Vifites, & fur les Réceptions, & en fe prefcrivant entr'eux des Réglemens qui les maintiennent daus une exacte difcipline, & empêchent les abus qui détruifent ordinairement les Communautés les mieux établies, ils ont pris, fous notre bon plaifir, le vingt-cinq Mai dernier, une Délibération contenant quelques difpofitions qu'ils defireroient qu'il Nous plût autorifer : Et voulant favorablement traiter ladite Communauté des Maitres Cuifiniers-Queulx-Traiteurs de notre bonne Ville de Paris, leur donner des marques de la fatisfaction que Nous avons de leur obéïffance, & leur faire reffentir les effets de notre protection. A CES CAUSES, & autres à ce Nous mouvans, après avoir fait examiner en notre Confeil les articles & propofitions que lefdits Maitres Cuifiniers-Traiteurs ont fait rédiger par écrit, enfemble leurs Statuts, ladite Délibération prife en leur Communauté le vingt-cinq Mai dernier ; enfemble ledit Arrêt de notre Confeil du premier Mai 1703, & de notre certaine fcience, pleine puiffance & autorité Royale, Nous avons par ces Préfentes, fignées de notre main, conformément à notre Edit du mois d'Août 1701, à l'Arrêt de notre Confeil du 11 Juillet 1702, & à celui du premier Mai 1703, maintenu & confirmé, maintenons & confirmons ladite Communauté des Maitres Cuifiniers-

Queulx-Traiteurs de notredite Ville de Paris dans l'hérédité de leurs Offices de Syndics, Jurés & d'Anditeurs de leurs Comptes, dont Nous leur avons ci-devant accordé la réunion ; & de la même autorité que deſſus, avons uni & incorporé, uniſſons & incorporons à ladite Communauté l'Office de Tréſorier, Payeur & Receveur de leurs deniers communs, créé par notre Edit du mois de Juillet 1702, pour jouir par eux des Droits, Priviléges & Exemptions y attribués, & en outre de cinquante-deux livres de gages actuels & effectifs par chacun an, à commencer du premier Janvier 1703, ſans que pour raiſon dudit Office, ils ſoient obligés de prendre aucunes Lettres de Proviſions, ni qu'ils ſoient ci-après tenus d'aucune taxe de confirmation d'hérédité ni autres, dont Nous les avons déclarés exempts par ceſdites Préſentes ; à la charge de payer par eux, tant pour ladite confirmation d'hérédité des Offices de Syndics & d'Auditeurs de leurs Comptes, que pour ledit Office de Tréſorier, la ſomme de trois mille livres de principal, ſur les quittances du Tréſorier de nos revenus caſuels, & en attendant l'expédition d'icelles, ſur les récépiſſés de M^e. Jean Garnier, chargé du recouvrement, ou de ſes Procureurs ou Commis, portant promeſſe de les fournir , & la ſomme de trois cens livres pour les deux ſols pour livre, ſur les quittances dudit Garnier, leſdites deux ſommes faiſant enſemble celle de trois mille trois cens livres, payable dans les termes portés par ledit Arrêt de notre Conſeil du premier Mai 1703 ; à l'effet de quoi permettons aux Jurés-Syndics de ladite Communauté, à préſent en Charge, d'emprunter, conformément audit Arrêt, ou d'impoſer ſur tous les Maitres de ladite Communauté, par forme de prêt, le plus équitablement que faire ſe pourra, ladite ſomme de trois mille trois cens livres, ſuivant l'état de répartition qui en ſera arrêté par le Sr d'Argenſon, Maitre des Requêtes, Lieutenant Général de Police de notredite Ville & Fauxbourgs de Paris ; lequel état Nous entendons être exécuté ſelon ſa forme & teneur, & les dénommés en icelui contraints au payement des ſommes pour leſquelles ils y ſeront employés, par les voyes & ainſi qu'il eſt accoutumé pour nos deniers & affaires. Voulons que ceux qui prêteront à ladite Communauté ayent privilége & hypotheque ſpéciale ſur leſdits gages & droits attribués audit Office de Tréforier ; comme auffi fur les deniers qui feront levés par augmentation, en conféquence des Préfentes, & générale-ment fur tous les biens & effets & revenus de ladite Commu-nauté, & que les arrérages leur en foient payés d'année en an-née à raifon du denier vingt. Et pour donner à ladite Commu-nauté non-feulement les moyens de payer annuellement lefdits arrérages, mais encore d'acquitter de tems à autre quelque par-tie du principal, enforte qu'elle foit liberée le plus promptement qu'il fera poffible, comme auffi pour maintenir la difcipline qui doit être entr'eux, & empêcher les entreprifes qui fe font fur leur Profeffion, Nous avons, par ces mêmes Préfentes, dit, ftatué & ordonné, difons, ftatuons & ordonnons, voulons & Nous plaît ce qui enfuit :

ARTICLE PREMIER.

Qu'il foit permis aux Maitres de ladite Communauté de re-cevoir dix Maitres fans qualité, pour des deniers qui provien-dront defdites Réceptions, acquitter ladite fomme de trois mille livres & les deux fols pour livre, par eux empruntée.

II.

Que les Jurés de ladite Communauté feront quatre vifites par an dans les maifons de tous les Maitres Cuifiniers-Trai-teurs, dont il leur fera payé à chacun quinze fols d'augmen-tation pour chaque vifite, outre les cinq fols qui leur appar-tiennent, & lefquels quinze fols d'augmentation feront payés également par tous les Maitres de ladite Communauté, foit qu'ils faffent acte de Maitrife, qu'ils travaillent comme Com-pagnons, ou qu'ils fervent dans des maifons particulieres ; & faute de payement pendant deux ans, feront déchus de la Mai-trife, ceux des Maitres qui ne travaillent pour eux-mêmes, & ce pour toujours.

III.

Que tous ceux defdits Maitres Cuifiniers qui feront des Feftins ou Nôces, en tiendront un fidele Regiftre, à peine d'a-mende, & payeront à ladite Communauté par chacun Feftin, douze fols fix deniers par augmentation, lefquels ne fubfifte-ront plus, & ne pourront être perçus fitôt que ladite Com-munauté anra acquitté ladite fomme de trois mille livres, & les deux fols pour livre.

IV.

Que lefdits Maitres Cuifiniers-Traiteurs , ni leurs veuves , conformément à l'Article premier de leurs Statuts , ne puiffent s'affocier ni demeurer avec quelques perfonnes que ce puiffe être pour faire ladite Profeffion , qu'avec les Maitres feulement.

V.

Que les anciens Maitres feront appellés aux Receptions defdits Maitres fans qualité , & autres qui feront reçus , & qu'il fera payé à chacun ancien , pour tout droit de préfence , trente fols , conformément à l'Arrêt de notre Confeil du 4 Juillet 1693, portant réunion des Offices de Syndics-Jurés à ladite Communauté.

VI.

Voulons que l'Article vingt-deux de leurs Statuts foit exécuté felon fa forme & teneur ; & fuivant icelui, faifons défenfes & inhibitions très-expreffes , à toutes perfonnes généralement quelconques , de tel Art, Métier & condition qu'elles puiffent être , d'entreprendre aucunes Nôces , Feftins, Banquets, Colations, & autres chofes dépendantes dudit Art, tenir Salles & Maifons propres à cet effet , même d'en louer , ni expofer écriteaux ou plats de gelée , qu'elles n'ayent fait chef-d'œuvre en chair & en poiffon , felon les faifons , à leurs dépens , ainfi que les Jurés en Charge leur auront ordonné , en la maifon de l'un d'eux alternativement, en préfence defdits anciens Bacheliers, & Maitres Adminiftrateurs de la Confrairie feulement, à chacun defquels Jurés l'Afpirant fera tenu de donner fix liv. outre les droits de Boëte & de Confrairie , par l'ordre du Subftitut de notre Procureur Général au Châtelet de Paris.

VII.

Que l'Arrêt de notre Cour de Parlement Paris, rendu contradictoirement le 4 Mai 1701 entre ladite Communauté , & les Marchands de Vin de notredite Ville de Paris , fera exécuté felon fa forme & teneur.

VIII.

Et d'autant qu'il eft du bien public que la Police de notredite Ville & Fauxbourgs de Paris , foit uniforme , & obfervée également, permettons aux Jurés de ladite Communauté de faire leurs vifites dans les maifons des Maîtres Cuifiniers du Fauxbourg Saint Antoine , dans l'Enclos du Temple , Saint Denis de la Chartre , Saint Jean de Latran , Saint Germain des Prés, ruë de l'Ourfine & autres Lieux Privilegiés de notre Ville & Fauxbourgs de Paris , ou prétendus tels : Comme auffi de ceux qui exercent la Profeffion à titre de Privilege du Prevôt de notre Hôtel , ou autrement. Ne pourront néanmoins lefdits Jurés prétendre aucun droit de vifite defdits Cuifiniers à titre de Privilege , ni de ceux qui exercent la Profeffion dans des Lieux Privilegiés, à moins que lefdits Cuifiniers ne fuffent auffi Maîtres de ladite Communauté.

Voulons au furplus, que les Statuts des Maîtres Cuifiniers , Queulx , Traiteurs de notredite Ville & Fauxbourgs de Paris ; enfemble les Déclarations, Arrêts & Règlemens rendus en conféquence , en faveur de ladite Communauté , foient exécutés felon leur forme & teneur , en ce qu'ils ne foient point contraires à ces Préfentes. Si donnons en Mandement à nos amés & feaux Confeillers les Gens tenans notre Cour de Parlement à Paris, que ces Préfentes ils ayent à faire lire , publier & regiftrer , & du contenu en icelles faire jouir & ufer lefd. Maitres Cuifiniers de ladite Ville & Fauxbourgs de Paris , felon leur forme & teneur : CAR TEL EST NOTRE PLAISIR. En témoin dequoi, Nous avons fait mettre notre Scel à cefdites Préfentes. DONNÉ à Marly le quinziéme jour de Décembre , l'an de Grace mil fept cent quatre , & de notre Regne le foixante-deuxiéme. *Signé*, LOUIS. *Et plus bas* : Par le Roi, PHELYPEAUX. *Et en marge eft écrit* : Vû au Confeil, CHAMILLART.

Regiftrées , oüi le Procureur Général du Roi, pour jouir par lad. Communauté de leur effet & contenu , & être exécutées felon leur forme & teneur , fuivant & aux charges portées par l'Arrêt de ce jour. A Paris , en Parlement , le quatorziéme jour de Janvier mil fept cent cinq.

Signé , DU TILLET,

ARRÊT DE LA COUR DE PARLEMENT,

Du 14 Janvier 1705.

Qui ordonne l'exécution de la Déclaration du Roi, ci-deſſus.

Extrait des Regiſtres de Parlement.

VU par la Cour les Lettres Patentes du Roi données à Marly, le 15 Décembre 1704, ſignées LOUIS, & plus bas, Par le Roi, PHELYPEAUX, & ſcellées du grand Sceau de cire jaune, obtenues par les Jurés & Communauté des Maitres Queulx, Cuiſiniers-Traiteurs de la Ville de Paris, par leſquelles pour les cauſes y contenues, le Seigneur Roi a maintenu & confirmé les Impetrans dans l'hérédité de leurs Offices de Syndics, Jurés & d'Auditeurs de leurs Comptes, dont la réunion leur a été ci-devant accordée, & a uni & incorporé à ladite Communauté l'Office de Tréſorier-Payeur & Receveur de leurs deniers communs, créé par Edit du mois de Juillet 1702, à la charge de payer la ſomme de trois mille livres, & les deux ſols pour livre ; à l'effet dequoi le Seigneur Roi permet aux Jurés-Syndics de ladite Communauté, à préſent en Charge, d'emprunter ou d'impoſer ſur tous les Maitres de ladite Communauté, ladite ſomme de trois mille livres, & les deux ſols pour livre d'icelle : Veut ledit Seigneur Roi, qu'il ſoit permis aux Maitres de ladite Communauté de recevoir dix Maitres ſans qualité ; que les Jurés de ladite Communauté faſſent quatre viſites par an dans les maiſons de tous leſdits Maitres Cuiſiniers-Traiteurs, dont il leur ſera payé par chacun quinze ſols d'augmentation par chaque viſite, outre les cinq ſols qui leur appartiennent ; que tous ceux deſdits Maitres Cuiſiniers qui feront des Feſtins ou Nôces, payeront à lad. Communauté par chaque Feſtin douze ſols ſix deniers par augmentation, leſquels ne ſubſiſteront plus, & ne pourront être perçus ſitôt que ladite Communauté aura acquitté ladite ſomme de trois mille livres, & les deux ſols pour livres, ainſi que plus au long le contiennent leſdites Lettres à la Cour adreſſantes. Vû auſſi la Délibération de ladite Communauté, du 25 Mai 1703, Requête afin d'enregiſtrement deſdites Lettres , Concluſions du Procureur Général du Roi : Oui le rapport de Me. François Robert, Conſeiller ; & tout conſideré : LA COUR a ordonné & ordonne , que leſdites Lettres feront enregiſtrées au Greffe d'icelle, pour jouir par ladite Communauté de leur effet & contenu , & être exécutées felon leur forme & teneur , à la charge par ladite Communauté de rendre compte tous les ans de la perception deſdits droits , pardevant le Lieutenant Général de Police , & du Subſtitut du Procureur Général du Roi au Châtelet. FAIT en Parlement le 4 Janvier 1705. *Collationné.*

Signé , DU TILLET.

SENTENCE DE POLICE,

Rendue en faveur de la Communauté des Maîtres Traiteurs de cette Ville de Paris.

Contre la Communauté des Maitres Couvreurs de cette Ville. Et le fieur Jean Nion, Maitre Traiteur & Rotiſſeur.

Portant défenſes auxdits Maîtres Couvreurs , & à tous autres Corps & Communautés , même aux Bourgeois qui tiennent des Jardins en ſociété , de prêter leurs Bureaux, Salles & Jardins pour y faire des feſtins de Nôces , & autres Repas.

PAR Procès-verbal fait par Me Doublon , Commiſſaire-Enquêteur & Examinateur au Châtelet de Paris , à la requête des fieurs Jurés de la Communauté des Maitres Traiteurs de cette Ville , le 28 Janvier 1743 ;

Appert, leſdits fieurs Jurés Traiteurs s'être tranſportés avec ledit fieur Commiſſaire Doublon , au Bureau des Maitres Couvreurs de cette Ville , fis rue & Cloitre S. Julien le Pauvre , & y avoir trouvé une Compagnie de Nôce d'environ cinquante perſonnes aſſiſes autour de deux tables couvertes de viandes en ragoût , terrine , & pluſieurs plats de rots & falades ; & en outre y avoir trouvé le nommé Nion , Traiteur ; qui apprêtoit le deſſert , compoſé de compotes & fruits.

A TOUS CEUX , &c. Salut : Sçavoir faiſons , que fur la Requête faite en Jugement devant Nous à l'Audience de la Chambre de Police du Châtelet de Paris , par Me le Rebours,

Procureur

Procureur des sieurs Jurés, de présent en Charge, de la Communauté des Maitres Traiteurs à Paris, Demandeurs aux fins du Procès-verbal fait par Me Doublon, Commissaire en cette Cour, le 28 Janvier de la présente année, & aux fins de l'Exploit d'assignation donnée en conséquence le 31 du même mois ; ledit Exploit fait par Robert, Huissier à verge en cette Cour, dûement contrôlé & présenté, Défendeurs à la demande incidente portée aux défenses signifiées le 6 Février suivant, Demandeurs aux fins de leurs moyens & réponses des 11 & 21 dudit mois de Février, Défendeurs à la Requête du 15 Mars de la même année, & Demandeurs incidemment suivant leurs moyens & défenses du 22 dudit mois de Mars ; & encore Défendeurs à la Requête du 9 Avril dernier, & Défendeurs incidemment suivant leurs moyens & défenses du 25 dud. mois d'Avril, le tout tendant aux fins y contenues, assistés de Me Frouart Avocat, contre Me Carlier, Procureur du sieur Jean Nion, Maitre Traiteur-Rotisseur, Défendeur & Demandeur, assisté de Me Rousselot, Avocat, & Me Ragoulleau, Procureur des sieurs Jurés, de présent en Charge, de la Communauté des Maitres Couvreurs de Maisons à Paris, aussi Défendeurs & Demandeurs, assistés de Me Chartier, Avocat : Parties ouïes, lecture faite des pieces, NOUS disons que les Statuts & Réglemens de la Communauté des Maitres Traiteurs seront exécutés ; en conséquence, faisons très-expresses inhibitions & défenses aux Parties de Chartier, & à tous autres Corps & Communautés, & même aux Bourgeois qui tiennent des jardins en société, de louer ou prêter leurs Bureaux & Salles ; comme aussi aux Maitres Traiteurs d'emprunter ou louer lesdites maisons & salles, pour y recevoir aucunes Compagnies de Nôces & y faire des repas de Nôces & autres festins, à peine de tous dépens, dommages & intérêts envers les Parties de Frouart ; & néanmoins attendu que la Compagnie de Nôces trouvée au Bureau des Maitres Couvreurs étoit celle de la fille de leur Imprimeur, par grace pour cette fois seulement, & sans tirer à conséquence, déchargeons les Parties de Chartier & Rousselot des demandes formées contr'eux par les Parties de Frouart, en affirmant par les Parties de Chartier n'avoir point loué leur Bureau, & par la Partie de Rousselot, qu'il n'a point reçu d'argent, dépens compensés entre lesdites Parties ; ce qui sera exécuté nonobstant

E

& fans préjudice de l'appel. En témoin de ce Nous avons fait fceller ces Préfentes, qui furent faites & données par M. de Marville, Lieutenant Général de Police, tenant le Siege, le Vendredi cinq Juillet mil fept cent quarante-trois. Collationnée. *Signé*, LAMBERT, & fcellée. *Signé*, SAUVAGE. Signifiée & baillé copie à Mes Carlier & Ragoulleau, Procureurs, à domiciles, ce huit Août mil fept cent quarante-trois. *Signé*, PICQUE.

Ces Sentences ont été obtenues pendant la Jurande des fieurs Claude Meignien, Louis Potherat, Antoine Bergoignon, & Antoine Tinot, Maîtres Traiteurs.

ARREST

DU CONSEIL D'ÉTAT DU ROI,

Du 5 Mai 1745.

QUI réunit à la Communauté des Maîtres Traiteurs, les quatre Offices d'Infpecteurs & Contrôleurs créés dans leur Communauté, par l'Edit du mois de Février 1745.

Extrait des Regiftres du Confeil d'Etat.

SUR la Requête préfentée au Roi en fon Confeil, par les Doyen, Jurés & Communauté des Maitres Traiteurs à Paris ; contenant qu'en exécution de l'Edit du mois de Février 1745, portant création des Offices d'Infpecteurs & Contrôleurs des Communautés d'Arts & Métiers, avec faculté auxdites Communautés de les réunir ; les Supplians ont fait leur foumiffion de payer à Sa Majefté la fomme de 8000 livres, à laquelle, pour raifon defdits Offices, ils ont été taxés par le rôle arrêté au Confeil ; mais le malheureux état de leur Communauté, & le difcrédit où elle eft tombée depuis les Procès qu'elle a eu au Parlement & au Confeil, lefquels ne font pas encore finis, ne lui laiffe aucune efpérance de trouver des fonds d'emprunt jufqu'à la concurrence de ladite fomme ; d'un autre côté les principaux membres de ladite Communauté fe font épuifés pour foutenir lefdits procès, & font créanciers de ladite Communauté de fommes confidérables ; enforte qu'ils fe trouvent hors d'état de faire de nouvelles avances : Il ne refte d'autre reffource aux Supplians que dans une fomme de 9637 liv. 10 fols, qui a été dépofée entre les mains de Me Jourdain, Notaire, fuivant deux Procès-verbaux *des 30 Mai & 13 Juin 1739, en exécution d'un Arrêt du Parlement du* 23 *Mai de la même année :* cette fomme provenoit des épargnes que les Jurés, avant 1738, avoient faites fur les receptions des Maitres ; elle fut enlevée du coffre-fort de la Communauté, en exécution dudit Arrêt ; mais cet Arrêt, & vingt-deux autres de la même Cour, rendus à l'occafion de la même conteftation, *ont été caffés par un Arrêt du Confeil Privé, du* 24 *Octobre 1743,* où lefdits Procès-verbaux de dépôt font vifés ; par ledit Arrêt du Confeil, Sa Majefté, en évoquant le fond des conteftations fur lefquelles lefdits Arrêts du Parlement étoient intervenus, s'eft réfervé de faire droit fur la demande des Supplians en rétabliffement dans le coffre-fort de la Communauté, de ladite fomme. Les Supplians n'ont demandé ce rétabliffement que pour employer ladite fomme à l'acquit des dettes qu'ils ont été obligés de contracter pendant lefdits Procès, ou à l'occafion d'iceux ; mais comme ces dettes ne font pas d'une nature auffi privilegiée que le payement de la Finance defdits Offices d'Infpecteurs & Contrôleurs, les Supplians ont été confeillés de fupplier Sa Majefté d'ordonner que cette fomme, ou ce qui refte d'icelle entre les mains dudit Me Jourdain, Notaire, fera portée au Tréfor Royal en l'acquit de ladite Finance. En facilitant ainfi la réunion defdits Offices, les Supplians fe mettent en état de jouir des droits qui leur ont été attribués par ledit Edit, *dont ils employeront le produit à fur & à mefure au payement de leurs autres dettes ; ils confentent même que les oppofitions qui ont été formées entre les mains dudit M^e. Jourdain, par aucuns de leurs prétendus Créanciers, tiennent en celles des Jurés de ladite Communauté, fucceffivement en Charge, pour la fûreté des prétentions defdits Créanciers avec lefquels ils propofent de prendre des arrangemens particuliers, qui, en affurant leurs créances, procurent à la Communauté des facilités pour fa libération envers eux.* La

fomme de 9637 livres 10 fols dépofée audit M_e Jourdain ,
feroit plus que fuffifante pour acquitter ladite Finance , fi elle
étoit encore entiere ; mais en exécution d'aucuns des Arrêts
qui ont été caffés , & nonobftant les oppofitions des Supplians,
il en a été enlevé plus de 2000 livres, pour la reftitution defquelles les Supplians ont protefté de fe pourvoir ; cependant
il s'en faudra peu que par la remife qui fera faite au Tréfor
Royal par ledit M= Jourdain , la Finance dûe par les Supplians
ne foit acquittée ; au moyen de ce payement , il leur fera facile
de trouver des fonds pour folder ce qui s'en défaudra ; & à
cet effet , ils efperent que Sa Majefté voudra bien leur permettre d'emprunter , & en même-tems de conftituer au profit
des Créanciers , envers lefquels elle fe trouvera obligée , la
rente de ce qui leur fera légitimement dû : Requeroient à ces
caufes , qu'il plût à Sa Majefté , ayant égard à ladite Requête,
ordonner qu'en conféquence de leur foumiffion , les Offices
d'Infpecteurs & Contrôleurs établis dans leur Communauté par
ledit Edit du mois de Février 1745 , feront & demeureront
réunis aux fonctions des Jurés de ladite Communauté fucceffivement en Charge, pour par eux en jouir aux prérogatives ,
gages & droits attribués aufdits Offices ; & pour faciliter aux
Supplians le payement de la Finance dudit Office , ordonner
que Me Jourdain , Notaire , fera tenu de porter au Tréfor Royal
la fomme qui refte en fes mains , de celle de 9637 liv. 10 fols à
lui dépofée enfuite des Procès-verbaux des 30 Mai & 13 Juin
1739 , & que la quittance qui lui fera délivrée de ladite fomme , fera par lui remife aux Supplians ; à quoi faire il fera contraint comme dépofitaire ; quoi faifant déchargé , & ce nonobftant les oppofitions qui fe trouveront faites en fes mains , à
quelque titre & fous quelque prétexte que ce foit , lefquelles tiendront ès mains defdits Jurés , fur les gages , droits &
émolumens à eux attribués par ledit Edit , pour raifon dudit
Office ; à l'effet de quoi ledit M^e. Jourdain fera tenu de remettre aux Supplians lefdites oppofitions , & eux tenus de
s'en charger ; comme auffi ordonner que ledit M^e. Jourdain fera
tenu , comme dépofitaire , de leur remettre en originaux ou en
copies collationnées , les quittances des fommes qu'il fe trouvera avoir payées fur celle de 9637 liv. 10 f. à lui dépofée ,
& appartenante à la Communauté des Supplians , fauf à eux à

pourſuivre le rétabliſſement deſdites ſommes par les voyes &
ainſi qu'il a été ordonné par ledit Arrêt du Conſeil du 24 Octobre 1743 , lequel ſera au ſurplus exécuté ſelon ſa forme &
teneur ; & pour parvenir au payement des ſommes qui ſe trouveront dûes par les Supplians pour reſte de ladite Finance ,
leur permettre d'emprunter ; & en attendant qu'ils ſoient en
état d'acquitter les autres dettes de la Communauté , leur permettre de faire des contrats de conſtitution à leurs Créanciers
en la maniere accoutumée , & ordonner que l'Arrêt qui interviendra ſera exécuté nonobſtant toutes oppoſitions & autres
empêchemens quelconques , pour leſquels ne ſera differé. Vu
ladite Requête , ſignée BONTOUX , Avocat ès Conſeils , &
autres pieces y jointes : Oui le rapport du ſieur Orry , Conſeiller d'Etat ordinaire & au Conſeil Royal , Contrôleur Général des Finances.

SA MAJESTÉ EN SON CONSEIL a agréé & reçu la ſoumiſſion
faite le 9 Avril dernier , par la Communauté des Maîtres Traiteurs de la Ville de Paris , de payer la ſomme de 8000 livres
pour la réunion des quatre Offices d'Inſpecteurs & Contrôleurs
créés dans ladite Communauté , par l'Edit du mois de Février
1745 ; & en conſéquence a ordonné & ordonne qu'en payant
ladite ſomme de 8000 livres dans les termes énoncés dans ladite
ſoumiſſion , leſdits Offices d'Inſpecteurs & Contrôleurs des
Jurés feront & demeureront réunis à ladite Communauté , *pour
par elle jouir des gages , droits & prérogatives attribués auxdits
Offices , dont les fonctions ſeront exercées par les Jurés ſucceſſivement
en Charge* , ſans que ladite Communauté ſoit tenue de payer
les deux ſols pour livre de ladite ſomme, dont Sa Majeſté lui
fait don & remiſe ; & pour faciliter le payement deſdites 8000
livres , ordonne que le ſieur Jourdain , Notaire , ſera tenu de
porter au Tréſorier des revenus caſuels , les deniers qui reſtent
entre ſes mains , *de la ſomme de neuf mille ſix cens trente-ſept livres
dix ſols* appartenante à ladite Communauté des Traiteurs , & à
lui dépoſée enſuite des Procès-verbaux des 30 Mai & 13 Juin
1739 , & que la quittance qui lui ſera délivrée par ledit Tréforier des revenus caſuels , ſera par lui remiſe aux Jurés de lad.
Communauté , à quoi faire il pourra être contraint comme
dépoſitaire ; quoi faiſant , il en ſera bien & valablement déchargé , & ce nonobſtant les oppoſitions qui ſe trouveront

faites en fes mains à quelque titre & fous quelque prétexte que ce foit, lefquelles tiendront ès mains defdits Jurés, fur les gages, droits & émolumens attribués auxdits Offices réunis & autres revenus de la Communauté ; à l'effet dequoi ledit fieur Jourdain fera tenu de remettre auxdits Jutés léfdites oppofitions, & eux tenus de s'en charger. Veut Sa Majefté que ledit fieur Jourdain foit pareillement tenu de remettre en originaux ou en copies collationnées, les quittances des fommes qu'il fe trouvera avoir payées fur ladite fomme de 9637 livres 10 fols à lui dépofée, fauf à eux à pourfuivre le rétabliffement defdites fommes par les voyes de droit, & ainfi qu'il a été ordonné par l'Arrêt du Confeil du 24 Octobre 1743, lequel fera au furplus exécuté felon fa forme & teneur ; & dans le cas où les deniers qui reftent entre les mains du fieur Jourdain, ne fuffiroient pas pour acquitter lad. fomme de 8000 livres, que la Communauté s'eft engagée de payer pour la réunion defdits Offices d'Inf-pecteurs & Contrôleurs : *Permet Sa Majefté à ladite Communauté d'emprunter les fommes néceffaires pour parfaire ladite Finance, d'affecter & hypotéquer au profit de ceux qui prêteront leurs deniers, les gages & droits attribués auxdits Offices, & de paffer à cet effet tous les contrats de conftitution fur ce néceffaires ; & fera le préfent Arrêt exécuté* nonobftant toutes oppofitions & autres empê-chemens quelconques, pour lefquels ne fera differé. Fait au Confeil d'Etat du Roi, tenu au Camp devant Tournay, le 15*e* jour de Mai 1745. Collationné. *Signé*, DE VOUGNY.

Cet Arrêt a été obtenu pendant la Comptabilité & Jurande des fieurs Louis Potherat, Antoine Bergoignon, Antoine Tinot

---

Réunion des Offices d'Infpecteurs & Contrôleuts créés par Edit de Février 1745.

J'AI reçu de la Communauté des Maîtres Cuifiniers Traiteurs de la Ville & Fauxbourgs de Paris, la fomme de 8000 liv. pour la réunion à leur Corps & Communauté, des Offices d'Infpecteurs & Contrôleurs des Jurés de ladite Communauté, créés héréditaires par Edit du mois de Février 1745 , vérifié où befoin a été ; pour, par ladite Communauté, exercer lefd. Offices fur la fimple quittance de Finance , fans être tenue d'en obtenir aucunes Lettres de provifion , & en jouir aux gages de quatre cens livres par chacun an , fur le pied du denier vingt de la Finance principale , dont l'emploi fera fait dans l'état de la Recette générale des Finances de la Généralité de Paris, à compter du premier Avril 1745 ; enfemble percevoir fur chaque Maître du Corps de ladite Communauté , le droit de vifite fixé par le tarif arrêté au Confeil le 16 Février 1745 , celui de fix livres pour chaque réception à la Maîtrife, & de fix livres pour chaque ouverture de boutique & exercice de profeffion , le tout ainfi qu'il eft plus au long porté par ledit Edit. Laquelle Communauté m'a declaré que ladite fomme provient de l'emprunt par elle fait à conftitution de rente de la fomme de 1163 livres du fieur Potherat , l'un des Jurés de la Communauté , par contrat paffé devant M. Guefnon , Notaire à Paris, le 13 Décembre 1745 , (la préfente déclaration ci-inferée pour fervir d'hypotheque audit prêteur , conformément à l'Arrêt du Confeil du 6 Avril de la même année ,) & de la fomme de 6837 livres , faifant partie des fonds appartenans à ladite Communauté, qui avoient été dépofés à Me Jourdain , Notaire, en conféquence de différens Arrêts ; & duquel Me Jourdain, ladite fomme a été retirée en exécution de l'Arrêt du Confeil du 15 Mai de ladite année 1745 : ladite fomme à moi payée les 18 Juin & 22 Décembre audit an. Fait à Paris le fixiéme jour d'Avril 1746.

Quittance du Tréforier des Revenus Cafuels , de la fomme de 8000 liv.

BERTIN.

Enregiftrée au Contrôle Général des Finances, par Nous Ecuyer, Confeiller du Roi, Garde des Regiftres dudit Contrôle , commis par M. de Machault, Confeiller ordinaire au Confeil Royal, Contrôleur Général des Finances. A Paris , le 9 Avril 1746.

Signé , **PERROTIN.**

ARREST

DU CONSEIL D'ÉTAT DU ROI,

Du seize Juillet mil sept cent quarante-huit.

QUI ordonne que les Droits attribués aux Offices d'Inspecteurs & Contrôleurs des Jurés des Communautés, par l'Edit du mois de Février 1745, seront payés par ceux des Maîtres Traiteurs qui sont aussi d'une autre Communauté où il se perçoit un Droit plus fort.

Extrait des Registres du Conseil d'Etat.

SUR la Requête présentée au Roi en son Conseil par les Doyen, Jurés & Communauté des Maitres Traiteurs à Paris ; contenant que par le Tarif arrêté en conséquence de l'Edit du mois de Février 1745, portant création des Offices d'Inspecteurs & Contrôleurs des Jurés dans les Communautés d'Arts & Métiers du Royaume, les Patissiers sont taxés à quatre livres dix sols, les Rotisseurs à quatre livres, & les Traiteurs à trois livres : Et il est dit à la fin du Tarif, que ceux qui exerceront les Arts & Professions énoncées audit Tarif dans les Villes de Lyon & autres grandes Villes , payeront les deux tiers des droits réglés pour la Ville & Fauxbourgs de Paris ; que dans les Villes où il y a Evêché & Jurisdiction Royale, il sera payé la moitié dudit droit ; dans toutes les autres Villes, Bourgs & lieux le tiers, & que ceux qui exerceront plusieurs sortes de commerces , négoces ou professions, ne seront tenus de payer qu'un seul droit sur le pied du plus fort. Les Supplians ont réuni les Offices établis dans leur Communauté , mais ils sont obligés d'essuyer des contestations pour la perception desdits droits de la part de ceux des Maitres Traiteurs, qui sont en même-tems Maitres Patissiers ou Maitres Rotisseurs , lesquels refusent de

payer

payer le droit de trois livres attribué aux Offices d'Inspecteurs & Contrôleurs à la Communauté des Traiteurs, sous prétexte que, selon la derniere disposition du Tarif, ceux qui exercent plusieurs commerces, négoces ou professions, ne sont tenus de payer qu'un seul droit sur le pied du plus fort, & qu'ils payent ce plus fort droit à une autre Communauté, dont ils sont aussi membres. Cet abus est infiniment préjudiciable aux droits de la Communauté des Supplians, puisque la plûpart des Maitres qui la composent sont aussi Patissiers ou Maitres Rotisseurs, & les a déterminés à faire assigner en la Police du Châtelet, les nommés Charron, Traiteur & Rotisseur, Duthé, Julienne & Renaux, Traiteurs & Patissiers, pour se voir condamner & contraindre chacun au payement de trois livres annuellement, en qualité de Traiteurs ; mais sur l'Instance à laquelle a donné lieu ladite assignation, les Parties ont été renvoyées à se pourvoir. C'est par cette raison que les Supplians représentent trèshumblement à Sa Majesté, que la limitation portée par le Tarif desdits droits, ne peut être entendue que des Provinces où la même Communauté ou Confrairie est composée d'Artisans & Marchands qui font à la fois quantité d'autres commerces ou professions, où, par exemple, l'Epicier est en même - tems Chandelier, Vinaigrier, Limonadier, Grainier, &c. il n'eût pas été juste de taxer dans ces Villes sur le même Maitre autant de droits qu'il exerçoit de professions & de commerces différens dans la Communauté dont il étoit membre, & il étoit nécessaire de fixer l'imposition ,.eu égard à celle de ses professions qui étoit la plus imposée, c'est-à-dire, sur le plus fort pied. Cette restriction du Tarif doit donc s'entendre des différentes professions, qui ne forment cependant qu'un seul & même Corps de Communauté ; mais il n'est pas dit dans le Tarif que le Particulier qui sera Maitre de deux Communautés ne payera que dans une, & qu'il payera à celle où le plus fort droit se trouvera imposé, & que la quittance du droit qu'il avoit payé dans une Communauté lui tiendroit lieu de quittance du droit dû dans l'autre ; car alors c'eût été rendre ces droits inutiles à ceux à qui ils étoient attribués, & frustrer les acquéreurs des droits plus foibles au profit des acquéreurs des droits plus forts ; par exemple, l'Acquéreur des Offices établis dans la Communauté des Patissiers, eût privé l'Acquéreur des

Offices établis dans la Communauté des Traiteurs, de droits qui cependant lui étoient attribués, & dont il auroit payé la finance ; & felon la prétention de Duthé & conforts, la qualité de Patiffier feroit une quittance du droit dû en qualité de Traiteur. Il eft fenfible que cet inconvénient opéreroit une privation injufte de droits, dont Sa Majefté a entendu que les Acquéreurs jouiffent fur tous les membres infcrits dans le Catalogue de leur Communauté ; celui qui eft tout à la fois Traiteur & Rotiffeur, ou Patiffier, tient la place de deux perfonnes, exerce deux Maitrifes de deux Communautés diftinctes, & doit conféquemment deux droits. Si les Rotiffeurs, Patiffiers ou Traiteurs ne formoient qu'une feule & même Communauté, il ne feroit dû qu'un feul droit fur le pied de quatre livres dix fols, comme le plus fort ; mais dès qu'ils font deux Communautés, & qu'il y a eu des Offices pour l'une & pour l'autre, des finances & des titres diftincts, & deux attributions de droits, ils font dûs à chaque Communauté par le Maitre qui eft membre de toutes deux ; c'eft ainfi que ceux qui font membres des deux Communautés, contribuent aux charges des deux Corps, parce qu'ils participent à deux Maitrifes ; ils payent deux réceptions ; ils font affujettis à deux droits de vifite ; une qualité ne nuit point à l'autre, & la qualité de Patiffier ne doit point nuire à la qualité de Traiteur. Auffi les Supplians efperent que Sa Majefté ne permettra pas que, par l'abus de la reftriction portée par le Tarif des droits attribués aux Offices d'Infpecteurs & Contrôleurs, leur Communauté foit privée de fes droits par ceux qui fe font fait recevoir Traiteurs, étant déja Patiffiers ou Rotiffeurs, ou qui le font devenus depuis leur réception à la Maitrife de Traiteur, & qu'elle déclarera tout Maître Traiteur fujet au droit, encore qu'il foit auffi Maitre d'une autre Communauté ; autrement la Communauté des Traiteurs, dont prefque tous les membres font Maitres d'autres Communautés, feroit privée des droits qu'elle a acquis avec lefdits Offices d'Infpecteurs, par la feule raifon que ces droits font moindres que dans celle des Patiffiers & des Rotiffeurs, tandis que celles-ci en jouiroient à fon exclufion, fans avoir plus de droit. A ces Causes, requéroient qu'il plût à Sa Majefté, ayante égard à ladite Requête, ordonner que l'Edit du mois de Février 1745, portant création des Offices d'Infpecteurs & Contrôleurs des Jurés des

Communautés , enfemble le Tarif des droits attribués auxdits
Offices , arrêté au Confeil en conféquence dudit Edit , feront
executés felon leur forme & teneur ; ce faifant , ordonner que
lefdits Charron, Duthé, Julienne, Renaux , & généralement
tous les Maitres Traiteurs , feront tenus de payer aux Jurés en
Charge de leur Communauté le droit de trois livres attribué
auxdits Offices réunis à ladite Communauté , fans qu'ils puiffent
fe difpenfer de payer ledit droit , fous prétexte qu'ils font auffi
Maitres d'une autre Communauté où ledit droit eft plus fort ,
ni que le payement dudit plus fort droit puiffe leur tenir lieu de
quittance du droit particulier attribué par ledit Edit aux Offices
d'Infpecteurs des Jurés Traiteurs , & ordonner que l'Arrêt qui
interviendra fera exécuté, nonobftant toutes oppofitions & autres empêchemens quelconques. Vû ladite Requête , *fignée* Bontoux , Avocat des Supplians , l'affignation donnée à leur requête
le 3 Juillet 1743 , aux nommés Charron, Julienne & Renaux,
les procédures faites en la Police du Châtelet , en conféquence
de ladite affignation , & autres pieces jointes à ladite Requête :
Ouï le Rapport du Sieur de Machault , Confeiller ordinaire
au Confeil Royal , Contrôleur Général des Finances. SA
MAJESTE' EN SON CONSEIL , a ordonné & ordonne que
l'Edit du mois de Février 1745 , portant création des Offices
d'Infpecteurs & Contrôleurs des Gardes & Jurés dans les Corps
& Communautés , enfemble le Tarif des droits attribués auxdits
Offices , attaché fous le contre-fcel dudit Edit , feront exécutés
felon leur forme & teneur ; en conféquence , que tous les Maitres Traiteurs feront tenus de payer aux Jurés en Charge de
leur Communauté le droit de trois livres attribué aux Offices
réunis à ladite Communauté , fans qu'ils puiffent s'en difpenfer ,
même fous le prétexte du payement d'un plus fort droit à une
autre Communauté , dont ils pourroient être membres ; & fera
le préfent Arrêt exécuté , nonobftant toutes oppofitions ou autres empêchemens quelconques , dont , fi aucuns interviennent ,
Sa Majefté s'en eft réfervé , à Elle & à fon Confeil , la connoiffance , icelle interdifant à toutes fes Cours & Juges. Fait
au Confeil d'Etat du Roi , tenu à Compiegne le feizieme jour
du mois de Juillet mil fept cent quarante-huit. Collationné.
Signé , BERGERET.
De la Jurande des Sieurs POTHERAT , BERGOGNON & TINOT,

ARREST

DU CONSEIL D'ÉTAT DU ROI,

Du 29 Avril 1749.

Portant réglement pour l'adminiſtration des deniers communs de la Communauté des Maîtres Cuiſiniers-Traiteurs, & pour la reddition des comptes de Jurande.

Extrait des Regiſtres du Conſeil d'Etat.

VU par le Roi, en ſon Conſeil, l'Arrêt rendu en icelui le 24 Juin 1747, par lequel Sa Majeſté auroit ordonné que dans un mois, à compter de la notification qui ſeroit faite dudit Arrêt à chacune des Communautés d'Arts & Métiers de la Ville & Fauxbourgs de Paris, en leur Bureau, les Syndics & Jurés de chacune d'icelles ſeroient tenus de remettre entre les mains du Sieur Berryer, Procureur Général de la Commiſſion établie pour la liquidation des dettes & la réviſion des comptes deſdites Communautés, un état, tant de leurs revenus, que de leurs dettes & dépenſes annuelles, pour, leſdits états vûs & examinés, être par Sa Majeſté pourvû de tel réglement qu'il appartiendra. Vû auſſi les états de recette & dépenſe produits par les Jurés & anciens de la Communauté des Maitres Cuiſiniers-Traiteurs, tout conſidéré. Ouï le Rapport du Sieur de Machault, Conſeiller ordinaire au Conſeil Royal, Contrôleur Général des Finances, SA MAJESTE' ETANT EN SON CONSEIL, a ordonné & ordonne :

ARTICLE PREMIER.

Que tout Juré, Syndic ou Receveur comptable, entrant en charge dans la Communauté des Maitres Cuiſiniers-Traiteurs, fera tenu d'avoir un Regiſtre journal , qui ſera coté & paraphé par le Sieur Lieutenant Général de Police à Paris , dans lequel il écrira de ſuite & ſans aucun blanc ni interligne , les recettes & dépenſes qu'il fera , au fur & à meſure qu'elles ſeront faites , ſans aucun délai ni remiſe , mettant d'abord la ſomme reçûe ou dépenſée en toutes lettres , & la tirant euſuite à la colonne des chiffres ; & aura ſoin , à la fin de chaque page , de faire l'addition de tous les articles de chaque colonne , dont il rapportera le montant à la tête de la page ſuivante.

II.

Dans le cas où le Juré , Syndic ou Receveur comptable ſortant d'exercice , ſe trouveroit reliquataire envers ſa Communauté par l'arrêté de ſon compte , le Juré ou receveur comptable ſon ſucceſſeur , ſera tenu de pourſuivre le payement dudit débet par toutes voies dûes & raiſonnables , & de juſtifier deſdites pourſuites par pieces & procédures , ſuppoſé qu'il ne puiſſe en faire le recouvrement , à peine d'en répondre en ſon propre & privé nom , & d'être forcé du montant dudit débet dans la recette de ſon compte.

III.

Le produit des confiſcations & amendes prononcées au profit de la Communauté , ſera employé dans la recette des comptes , & juſtifié par le rapport des Sentences & Arrêts qui les auront prononcées ; & au cas que le recouvrement deſdites amendes ne puiſſe être fait par l'inſolvabilité de ceux qui y ſeront condamnés , ledit Comptable en fera repriſe , qui lui ſera allouée en juſtifiant de ſes diligences ; n'entendant , Sa Majeſté , interdire les voies d'accommodemens à l'amiable entre les Parties , pourvû toutefois que leſdits accommodemens ſoient autoriſés par le Sieur Lieutenant Général de Police , auquel cas le Comptable ſera tenu d'en rapporter la preuve par écrit.

IV.

Il ne pourra être employé aucuns deniers de la Communauté pour les dépenſes de la Confrairie , de quelque nature qu'elles puiſſent être , au moyen de quoi la recette & la dépenſe concernant ladite Confrairie , ne pourra entrer dans les comptes de la Communauté ; ſauf aux Maitres de Confrairie , ou à ceux à qui l'adminiſtration en eſt confiée , à rendre un compte particulier à la Communauté de ce qu'ils auront reçu & dépenſé pour raifon de leur exercice , fans que ledit compte puiffe être cumulé avec celui des deniers de la Communauté , ni en faire partie.

V.

Ne pourront les Jurés délivrer aucunes lettres ou certificats d'apprentiffage ou de réception à la Maitrife , qu'au préalable ils n'ayent perçu en deniers comptans les droits attribués à la Communauté pour raifon defdits brevets ou réceptions , fans qu'il leur foit permis de faire aucune modération , remife ni crédit defdits droits , à peine d'en répondre en leur propre & privé nom.

VI.

Ne pourront pareillement lefdits Syndics , Jurés ou Receveurs fe charger en recette dans leurs comptes , des droits qui leur font perfonnellement attribués , ainfi qu'aux anciens , fur les réceptions des Maitres ou confections de chefs d'œuvres , & les cumuler avec les droits appartenans à la Communauté , pour les porter enfuite en dépenfe ou reprife ; mais ils fe chargeront feulement en recette des deniers de la Communauté.

VII.

Il fera fait tous les ans par les Jurés & anciens de la Communauté , un rôle de tous les Maitres & Veuves , divifé en trois claffes ; la premiere contenant les Maitres & Veuves qui tiendront Boutique lors de la confection dudit rôle , & qui feront en état de payer les droits de vifite ; la feconde contenant les Fils de Maitres reçûs à la Maitrife , & qui demeurent chez leur pere , ou chez d'autres Maitres , en qualité de Garçons de Boutique ou Compagnons ; & la troifieme contenant les noms de ceux qui feront réputés hors d'état de payer lefdits droits , ou à qui il conviendra d'en faire remife d'une partie ; lequel rôle fera remis tous les ans entre les mains du Juré comptable qui entrera en charge , après avoir été affirmé par tous les autres Jurés & anciens : Et fera tenu ledit Juré comptable , de tenir compte à la Communauté du montant de la premiere claffe , à moins qu'il ne juftifie du décès des Maitres arrivé pendant fon année de comptabilité , par un état figné de tous les Jurés & de quatre anciens , & de compter pareillement des fommes qu'il aura pû recouvrer fur les Maitres de la troifieme claffe , le montant defquelles fera alloué dans la recette de fon compte , fur le certificat des Jurés en charge.

VIII.

Ne pourront les Jurés faire aucun emprunt, même par voie de reconſtitution ; ſans l'approbation par écrit du Sieur Lieutenant Général de Police.

IX.

Les frais de ſaiſie ne ſeront alloués dans la dépenſe des comptes, qu'en repréſentant les Procès-veabaux dreſſés à l'occaſion deſdites ſaiſies, les quittances des ſommes qui auront été payées aux Officiers de Juſtice pour leurs vacations & droits d'aſſiſtance, & en juſtifiant par les comptables de l'évenement deſdites ſaiſies, à peine de radiation : Et dans le cas où leſdits Procès-verbaux ſeroient produits dans quelques inſtances, en ſorte que le comptable ne pût les repréſenter, il ſera tenu d'y ſuppléer par des copies certifiées de l'Avocat ou du Procureur chargé de l'Inſtance.

X.

Ne pourront les Jurés interjetter appel des Sentences du Châtelet, ſoit pour fait de ſaiſie ou autres cas tels qu'ils puiſſent être, ſans s'être fait préalablement autotiſer par une délibération expreſſe de la Communauté, convoquée à cet effet, à peine de radiation de tous les frais qu'auroient occaſionnés leſdits appels.

X I.

Les à-comptes qui pourront être payés aux Procureurs ou autres Officiers de juſtice, ſur les frais des Procès exiſtans, ne ſeront alloués que ſur le vû des mémoires & quittances détaillées qui faſſent connoître la nature des affaires & les Tribunaux où elles ſeront pendantes ; & lorſque leſdits Procès ſeront terminés, le Juré comptable qui fera le dernier payement aux Procureurs ou autres Officiers de Juſtice, ſera tenu de faire énoncer dans la quittance finale qui lui ſera délivrée, les ſommes qui auront été payées à compte ſur leſdits frais, avec la date des payemens, & les noms de ceux par qui ils ont été faits, & de rapporter toutes les piéces dudit Procès : quant aux frais de conſultations, aux honoraires d'Avocats, à ceux des Secrétaires, des Rapporteurs, & autres de cette nature qui ne peuvent être juſtifiés par des quittances, il y ſera ſuppléé par des mandemens ou certificats ſignés de tous les Jurés & de ſix anciens au moins, à peine de radiation.

XII.

Les frais de Bureau, confiſtans dans le loyer du Bureau d'Aſſemblée, les gages du Clerc, la fourniture de bois, chandelle, papier, plumes, cire, encre, impreſſion & autres menues dépenſes, feront détaillés & juſtifiés par des quittances, ou par des mandemens ſignés des Jurés & de ſix anciens, & ne pourront, ſous quelque prétexte que ce ſoit, excéder la ſomme de onze cent livres.

XIII.

Ne pourront les Jurés, conformément à l'Article V. du préſent Réglement, porter dans la dépenſe de leurs comptes aucuns droits ni attributions ſur les réceptions des Maîtres.

XIV.

Les frais de carroſſes & ſollicitations ne feront alloués dans la dépenſe des comptes, que lorſqu'ils auront été faits dans des cas urgens & indiſpenſables, & qu'ils ſe trouveront détaillés & juſtifiés par des mandemens ou certificats ſignés de tous les Jurés & de ſix anciens au moins, & ne pourront excéder la ſomme de cent livres.

XV.

Les étrennes & autres faux frais ne feront pareillement alloués, qu'autant qu'ils feront détaillés & juſtifiés par des mandemens ou certificats, tels que ceux énoncés dans l'article ci-deſſus, & ne pourront excéder la ſomme de trois cent livres.

XVI.

Les Jurés ſortant de charge feront tenus de préſenter leurs comptes à la fin de leur exercice, aux Jurés en charge, & aux anciens auditeurs & examinateurs nommés ſuivant l'uſage; à l'effet d'être leſdits comptes par eux vûs, examinés & contredits ſi le cas y échet, & arrêtés en la maniere accoûtumée, au plus tard trois mois après l'exercice du comptable fini, & ce nonobſtant tous uſages, diſpoſitions de ſtatuts ou autres reglemens à ce contraires, auxquels Sa Majeſté a dérogé & déroge expreſſément par le préſent Arrêt : Et feront leſdits comptes enſemble les pieces juſtificatives, remis aux Jurés en charge, qui feront tenus de leur part de les remettre dans un mois au plus tard au Greffe du Bureau de la reviſion, pour être procédé à ladite reviſion, après laquelle leſdits comptes & piéces feront rendus auxdits Jurés en charge, pour les dépoſer dans leurs archives.

XVII.

XVII.

Dans le cas où le comptable feroit réputé en avance par
l'arrêté de la Communauté, il ne pourra cependant être rembourfé par fon fucceffeur, qu'après la revifion de fon compte,
& que lefdites avances auront été conftatées & arrêtées par les
Sieurs Commiffaires du Confeil à ce députés ; à peine contre
le Syndic, Juré ou Receveur qui auroit fait ledit rembourfement, d'en répondre en fon propre & privé nom.

XVIII.

Et d'autant qu'il pourroit fe trouver des Syndics ou Jurés
qui ne feroient pas en état de dreffer & tranfcrire eux-mêmes
leurs comptes en la forme & maniere qu'ils doivent être, fans
le fecours de perfonnes capables à qui il eft jufte d'accorder un
falaire raifonnable ; permet Sa Majefté à chacun defdits comptables d'employer chaque année dans la dépenfe de fon compte
la fomme de foixante livres pour la façon & expédition d'icelui.

XIX.

Enjoint Sa Majefté aux Sieurs Commiffaires du Bureau établi pour la liquidation des dettes des Corps & Communautés
& revifions de leurs comptes, & au Sieur Lieutenant-Général
de Police, de tenir la main, chacun en droit foi, à l'exécution
du préfent Réglement, qui fera enregiftré à ladite commiffion,
& tranfcrit fur le regiftre de la Communauté des Maîtres Cuifiniers-Traiteurs, pour être exécuté fuivant fa forme & teneur.
Fait au Confeil d'Etat du Roi, Sa Majefté y étant, tenu à Verfailles le vingt-neuf Avril mil fept cent quarante-neuf.

Signé, DE VOYER D'ARGENSON.

*Enregiftré au Greffe en exécution du Jugement du 4 Juillet
1749.*

G

ARREST

DE LA COUR DE PARLEMENT,

RENDU entre PIERRE MORET, Maître Traiteur à Paris, d'une part ; & LES JURÉS ET COMMUNAUTÉ DES MAITRES TRAITEURS A PARIS, d'autre part, Appellans refpectivement d'une Sentence de Police du Châtelet de Paris, du 21 Juin 1752, qui homologue une Délibération faite en l'affemblée générale de lad. Communauté des Maitres Traiteurs, le 23 Novembre 1746 ; par lefquels Sentence & Arrêt, il eft fait défenfe à tous Maîtres Traiteurs de faire le commerce & la profeffion de Traiteur ailleurs que dans les Maifons, Salles & Appartemens qu'ils occupent perfonnellement ; & de travailler de leur Profeffion, fournir chez les Marchands de Vin, Hôteliers, Cabaretiers, Aubergiftes, & autres gens de bouche, qui ne font pas Maitres Traiteurs, fous les peines portées par ladite Sentence.

Du 6 Septembre 1752.

LOUIS par la grace de Dieu Roi de France & de Navarre : Au premier Huiffier de notre Cour de Parlement, ou autre fur ce requis : Sçavoir faifons qu'entre Pierre Moret, maître Traiteur à Paris, Appellant de Sentence du Siege de la Police du Châtelet de Paris du 21 Juin dernier, demandeur en Requête du 22 Juillet auffi dernier, tendante à ce que l'appellation & ce dont étoit appel fuffent mis au néant, émendant il fût ordonné que l'article 13 des nouveaux Statuts de la Communauté

des Traiteurs de Paris , feroit exécuté felon fa forme & teneur :
en conféquence la Sentence dont eft appel , & la délibération
homologuée par icelle , fuffent déclarées nulles ; ce faifant il fût
maintenu & gardé dans le droit & poffeffion où il étoit , conformément audit article 13 des Statuts de la Communauté des
Traiteurs de Paris , d'entreprendre & faire tout ce qui dépend
de fa profeffion dans toute l'étendue de la Prevôté & Vicomté
de Paris , fans aucune exception ; & les Jurés & Communauté
des Traiteurs de Paris fuffent condamnés en tous les dépens des
caufes d'appel & demandes , & Défendeur d'une part ; & lefdits Jurés & Communauté des Traiteurs de la ville & faubourgs
de Paris , Intimés Défendeurs , & Demandeurs en Requête du
5 Août auffi dernier , tendante à ce qu'ils fuffent reçus Appellans
de la Sentence dudit jour 21 Juin dernier , en ce qu'il eft dit que
tous Maitres Traiteurs pourront , lorfqu'ils feront mandés chez
les Bourgeois ou autres particuliers , y travailler de leur profeffion , pour le compte & par les ordres defdits Bourgeois & autres particuliers , & qu'on pourroit induire de cette difpofition ,
s'il feroit permis aux Traiteurs de travailler chez les marchands
de Vin , Cabaretiers , Hôteliers , Aubergiftes , & autres gens
de bouche : ce qui eft contraire aux articles 25 & 26 des nouveaux Statuts des Traiteurs , enregiftrés en notredite Cour le 29
Janvier 1664 , & à l'article 4 de notre Déclaration du 15 Décembre 1704 , enregiftrée en notredite Cour le 14 Janvier 1705 ,
qui défend à tous Maitres Traiteurs de s'affocier avec quelques
perfonnes que ce puiffe être , pour faire ladite profeffion , qu'avec
les Maitres feulement , & donneroit lieu à des contravations
continuelles ; ce faifant , l'appellation & ce dont étoit appel fuffent
au néant ; émendant quant à ce , il fût ordonné que tous Maitres Traiteurs pourroient , quand ils feroient mandés chez les
Bourgeois & autres particuliers , y travailler de leur profeffion ,
pour le compte & par les ordres defdits Bourgeois & autres particuliers ; fans néanmoins que lefdits Maitres Traiteurs puffent
travailler ni rien fournir chez les Marchands de Vin , Cabaretiers ,
Hôteliers , Aubergiftes , & autres gens de bouche , qui ne font
point maitres Traiteurs , fous les peines portées par ladite Sentence ; & entant que touche l'appel interjetté par ledit Moret de la
Sentence du 21 Juin dernier , fans avoir égard à fa Requête du
22 Juillet auffi dernier , dans laquelle il feroit déclaré non-rece-

G ij

vable, ou dont en tout cas il feroit débouté, il fût pareillement déclaré non-recevable dans fon appel, ou en tout cas l'appellation fût mife au néant : il fût ordonné qu'à cet égard ce dont étoit appel fortiroit fon plein & entier effet, & ledit Moret fût condamné en l'amende & en tous les dépens ; qu'il fût ordonné que l'Arrêt qui interviendroit, ainfi que ladite Sentence, feroit enregiftré fur le regiftre des délibérations de la Communauté defdits Traiteurs, pour fervir de loi à l'avenir & être exécutés felon leur forme & teneur, d'autre part. Après que Simon, Avocat des Jurés Traiteurs, & Bidault, Avocat de Pierre Moret, ont été ouïs ; enfemble Le Febvre d'Ormeffon, pour nôtre Procureur-Général :

NOTREDITE COUR reçoit les Parties de Simon, entant que de befoin, Appellans de la Sentence du 21 Juin 1752, en ce qu'il eft dit que tous Traiteurs pourront, lorfqu'ils feront mandés chez les Bourgeois & autres particuliers, y travailler ; tient l'appel pour bien relevé, faifant droit fur ledit appel, a mis & met l'appellation & ce dont eft appel au néant ; émendant quant à ce, ordonne que tous Maitres Traiteurs pourront, lorfqu'ils feront mandés chez les Bourgeois & autres particuliers, y travailler de leur profeffion, pour le compte & par les ordres defdits Bourgeois & autres particuliers, fans néanmoins que les Maitres Traiteurs puiffent travailler & fournir chez les Marchands de Vin, Hôteliers, Cabaretiers, Aubergiftes, & autres gens de bouche, qui ne font pas Maitres Traiteurs, fous les peines portées par ladite Sentence ; & entant que touche l'appel interjetté par la Partie de Bidault, a mis & met l'appellation au néant, ordonne que ce dont eft appel fortira fon plein & entier effet, condamne la Partie de Bidault en l'amende de douze livres, & aux dépens ; ordonne que le préfent Arrêt & la Sentence feront regiftrés fur le Regiftre de la Communauté des Traiteurs : Mandons mettre le préfent à exécution. DONNE' en Parlement, le 6 Septembre, l'an de grace mil fept cent cinquante deux, & de notre regne le trente-huitieme. Collationné. *Signé*, RIGNAS. Par la Chambre, YSABEAU.

Suit la teneur de ladite Sentence.

A TOUS ceux qui verront ces Préfentes : Gabriel Jérôme de Bullion, Chevalier, Comte d'Efclimont, Maréchal des Camps & Armées du Roi, Prevôt de Paris, Salut : Faifons fçavoir que vû la Requête à nous préfentée par les Jurés de préfent en charge de la Communauté des Maitres Traiteurs de cette ville, à ce qu'il nous plaife homologuer la Délibération prife en l'affemblée générale de leurdite Communauté, tenue en leur Bureau le 23 Novembre 1746, pour être ladite délibération exécutée felon fa forme & teneur, & en conféquence ordonner qu'aucuns Maitres de ladite Communauté ne pourront à l'avenir faire le commerce & la profeffion de Traiteur, fi ce n'eft dans les Maifons, Salles, & Appartemens par eux occupés perfonnellement, & non ailleurs, fous quelque prétexte que ce foit, à peine de mille livres d'amende contre les contrevenans, & de 300 livres de dommages & intérêts envers ladite Communauté ; ladite Requête fignée Lefebvre, Procureur, au bas de laquelle eft notre Ordonnance du 27 May dernier, & foit montré au Procureur du Roi : Vû auffi une expédition de ladite Délibération, fignée Billeheu & Bontems, Notaires au Châtelet, par extrait du Regiftre des délibérations & réceptions des Maitres, Jurés, Anciens, & Bacheliers de lad. Communauté, faifant mention du contrôle de ladite Délibération, fait fur ledit Regiftre le 16 Février 1747 : enfemble les Conclufions du Procureur du Roi ; Tout confidéré. NOUS ordonnons que ladite Délibération du 23 Novembre 1746, demeurera homologuée, pour être exécutée felon fa forme & teneur, & néanmoins aux limitations & reftriétions ci-après : Faifons défenfes à tous Maitres de ladite Communauté, de faire le commerce & la profeffion de Traiteurs, ailleurs que dans les Maifons, Salles & Appartemens qu'ils occupent perfonnellement, à peine contre les contrevenans d'être condamnés en tels dommages & intérêts que de raifon envers ladite Communauté, & en telle amende qu'il appartiendra ; & néanmoins pourront lefdits Maitres, lorfqu'ils feront mandés chez les Bourgeois & autres particuliers, y travailler de leur profeffion, pour le compte & par les ordres defdits Bourgeois & autres particuliers : Et fera notre préfente Sentence, à la diligence des Jurés, imprimée & affichée par-tout ou befoin fera, & exécutée non-obftant oppofition ou appellation quelconque, & fans y préjudicier. En témoin de quoi, Nous avons fait fceller ces Préfentes. Donné par Meffire Nicolas-René Berryer, Chevalier, Confeiller d'Etat, Lieutenant-Général de Police au Châtelet, le 21 Juin 1752. Collationné. *Signé*, VIMONT.

A la pourfuite & diligence des Srs MOREAU , MINET & CHAURIN , Jurés en Charge.

ORDONNANCE DE POLICE,

QUI fait défenfes à toutes perfonnes, de quelque qualité, fexe & condition qu'elles foient, mafquées ou non mafquées, de s'introduire par force dans les Affemblées ou Nôces qui fe feront chez les Traiteurs & autres, de jour ou de nuit, à peine d'être punis comme Perturbateurs du repos public.

Du trente Janvier mil fept cinquante-quatre.

SUR ce qui Nous a été remontré par le Procureur du Roi , qu'il arrive fréquemment des querelles & des defordres chez les Marchands de Vin Traiteurs de la Ville & Faubourgs de Paris , à l'occafion des Violons, ou autres Inftrumens que l'on a coûtume d'y avoir lors des repas & feftins de Nôces, ou autres affemblées qui fe font chez lefdits Traiteurs ; & que ces abus proviennent de ce que la plûpart des jeunes gens & tapageurs de nuit croyent être autorifés par un prétendu ufage , principalement dans le tems du Carnaval , à entrer même de force , dans tous les lieux où il y a des Violons, ce qui trouble la tranquillité de ces affemblées ; que fouvent même ils y obligent les Violons à jouer pendant toute la nuit , & exercent des violences contre les Traiteurs, leurs femmes, enfans, & garçons lorfqu'ils veulent s'y oppofer & les congédier. Pourquoi requeroit que fur ce il fût inceffamment par Nous pourvû. NOUS, faifant droit fur le Requifitoire du Procureur du Roi , faifons très-expreffes inhibitions & défenfes à toutes perfonnes de quel-que état, fexe, qualité & condition qu'elles foient, mafquées ou non mafquées, qui n'auront point été invitées aux repas, feftins de Nôces & affemblées qui fe feront chez les Marchands de Vin Traiteurs, de jour ou de nuit, d'y entrer fous prétexte qu'il y a des Violons, & d'ufer d'aucunes violences pour s'y introduire, à peine d'être traités & pourfuivis comme Pertubateurs du repos public, & à cet effet arrêtés & conduits en prifon. Défendons auffi très-expreffément aux Violons & autres Joueurs d'inftrumens qui fe trouveront dans lefdites affemblées, de jouer à la requifition defdits contrevenans, à peine de cent livres d'amende, & de plus grande, s'il y échoit. Enjoignons aux Traiteurs-Marchands de Vin chez lefquels il fe commettra de pareilles contraventions, d'en avertir les Commiffaires de leur quartier, ainfi que les Officiers du Guet, à l'effet de faire arrêter & conduire en prifon ceux qui les auront commifes, pour être jugés fuivant la rigueur des Ordonnances, à peine contre les Traiteurs qui n'en auront pas donné avis, de deux cens livres d'amende pour la premiere fois, & de plus grande en cas de récidive. Mandons aux Commiffaires du Châtelet, & enjoignons aux Officiers du Guet de tenir exactement la main à l'exécution de la préfente Ordonnance, qui fera imprimée, publiée, & affichée par-tout où befoin fera, & notamment dans les Maifons, Salles, & Jardins des Maitres Traiteurs - Marchands de Vin, à ce que perfonne n'en prétende caufe d'ignorance. Ce fut fait & donné par Nous NICOLAS-RENE' BERRYER, Chevalier, Confeiller d'Etat, Lieutenant-Général de Police de la Ville, Prevôté & Vicomté de Paris, le 30 Janvier 1754.

Signé, BERRYER, & MOREAU,

Legras, *Greffier.*

L'Ordonnance ci-deffus a été lûe & publiée à haute & intelligible voix, à fon de trompe & cry public, en tous les lieux ordinaires & accoutumés, par moi Henri de Valois, Juré-Crieur ordinaire du Roi, de la Ville, Prevôté & Vicomté de Paris, étendue & Banlieue de ladite Ville, Prevôté & Vicomté, & Huiffier à cheval en fon Châtelet de Paris, y demeurant rue & Place de la haute Vannerie, Paroiffe Saint-Gervais, fouffigné, accompagné de Louis - François

*Ambezar, Jacques Hallot, & Claude-Louis Ambezar, Jurés Trom-
pettes, le 6 Février 1754, à ce que personne n'en prétende cause d'i-
gnorance, & affichée ledit jour esdits lieux. Signé,* DE VALOIS.

ARREST

DE LA COUR DU PARLEMENT,

QUI déclare nulle l'Ordonnance de Police du 6
Septembre 1749, ordonne que les Statuts & Réglemens de la Communauté des Traiteurs seront
exécutés selon leur forme & teneur ; en conséquence fait défenses au sieur Potherat, & à tous
autres Maîtres de la Communauté des Traiteurs,
tant anciens que modernes & jeunes, autres que
les Jurés en charge, de faire des Visites chez lesdits Maîtres Traiteurs, & par-tout ailleurs, à peine
de nullité desdites Visites, & de demeurer garans,
en leur propre & privé nom, de toutes pertes,
dépens, dommages & intérêts ; & condamne ledit Potherat en tous les dépens envers toutes les
Parties.

Du 19 Juin 1756.

LOUIS, par la grace de Dieu, Roi de France & de Navarre : Au premier des Huissiers de notre Cour de Parlement, ou autre notre Huissier ou Sergent sur ce requis, sçavoir
faisons : Qu'entre Martin Moreau, ancien Maître Traiteur à Paris,
appellant d'une Ordonnance de Police du Châtelet de Paris du
6 Septembre 1749, aux fins de son acte d'appel du 20 Septembre 1754, & anticipé d'une part ; & Louis Potherat, aussi
ancien Maître Traiteur, intimé, & anticipant aux fins des
Arrêt & Exploit du 28 des même mois & an, d'autre part ;

&

& entre ledit Louis Potherat , demandeur en Requête du 29
Décembre 1755 , tendante à ce que le défendeur ci-après
nommé fût déclaré purement & simplement non-recevable
dans son appel, ou en tout cas que l'appellation fût mise au
néant, & ordonné que ce dont étoit appel sortiroit son plein
& entier effet, & ledit défendeur ci-après fût condamné en
l'amende , & aux dépens des causes d'appel & demande , &
défendeur, d'une part ; & ledit Martin Moreau , défendeur &
demandeur en Requête du 5 Janvier dernier , tendante à ce
que sans s'arrêter à la Requête & demande du sieur Potherat
du 29 Décembre 1755 , dans laquelle il seroit déclaré non-recevable , ou dont en tout cas il seroit débouté , l'appellation
& ce dont étoit appel fussent mis au néant ; émendant , il fut
fait défenses au sieur Potherat de se transporter ni faire aucune
visite chez aucun des Maitres de la Communauté ni autres
Particuliers que ce soit, à l'effet de constater les contraventions qui se commettoient aux Statuts & Réglemens de la Communauté , à peine de 3000 liv. d'amende, & de tous dépens ,
dommages & intérêts ; au surplus, il fût ordonné que les Statuts & Réglemens de la susdite Communauté seroient exécutés
selon leur forme & teneur, & ledit Potherat condamné en tous
les dépens des causes principales , d'appel & demande , d'autre
part : & entre ledit Louis Potherat, demandeur en Requête
du 8 dudit mois de Janvier, à ce que sans s'arrêter à la Requête
& demande du sieur Moreau du 5 dudit mois , dans laquelle il
seroit déclaré non-recevable , ou dont en tout cas il seroit débouté , les conclusions par lui prises par sa Requête du 29 Décembre 1755 lui fussent adjugées, & le sieur Moreau condamné
en tels dommages & intérêts qu'il plairoit à notredite Cour
fixer, pour l'avoir troublé dans les fonctions de Commission
qui lui avoit été déférée par l'audience du Lieutenant de Police,
& en outre en tous les dépens des causes d'appel & demande,
même en ceux de l'instance d'appointé à mettre, d'une part ;
& ledit Martin Moreau, défendeur, d'autre part : & entre les
Jurés & Communauté des Maitres Queulx-Cuisiniers-Traiteurs
de cette Ville de Paris , demandeurs en Requête du 17 dudit
mois de Janvier dernier , tendante à ce qu'ils fussent reçus Parties intervenantes dans les contestations pendantes en notredite
Cour entre le sieur Martin Moreau, ancien Maitre & Juré de la

H

Communauté des Traiteurs, d'une part, & le fieur Potherat, aufli Maitre & ancien Juré de ladite Communauté, d'autre ; fur l'appel interjetté par ledit fieur Moreau de l'Ordonnance du Lieutenant de Police du Châtelet de Paris du 6 Septembre 1749, qu'il lui fût donné acte de l'emploi du contenu en leur Requête pour moyens d'intervention ; qu'il leur fût pareillement donné acte de ce qu'ils adhéroient à l'appel dud. Moreau ; faifant droit fur ledit appel, que l'appellation & ce dont étoit appel fuffent mis au néant ; émendant, qu'il fût ordonné que les Statuts de la Communauté des Traiteurs, confirmés par Lettres Patentes du mois d'Août 1663, regiftrées en notredite Cour le 14 Janvier 1705, & les Arrêts & Réglemens de notredite Cour, feroient exécutés felon leur forme & teneur ; en conféquence que ladite Ordonnance de Police dud. jour 6 Sept. 1749, & tout ce qui auroit fuivi, fuffent déclarés nuls ; il fut fait défenfes audit fieur Potherat, & à tous autres de la Communauté des Traiteurs, tant anciens que modernes, jeunes & autres que les Jurés en charge, de faire des vifites, tant chez les Maitres Traiteurs, que par-tout ailleurs, à peine de nullité defdites vifites, & de demeurer garants & refponfables en leur propre & privé nom de toutes pertes, dépens, dommages & intérêts ; qu'il fut ordonné que l'Arrêt qui interviendroit feroit tranfcrit fur le Regiftre des délibérations de leur Communauté, & ledit fieur Potherat condamné en tous les dépens par lui faits à l'encontre de toutes les Parties, d'une part, & les fieurs Moreau & Potherat, défendeurs, d'autre part : & entre ledit Louis Potherat, demandeur en Requête du 20 Janvier dernier, tendante à ce que les Jurés & Communauté des Maitres Traiteurs fuffent purement & fimplement déclarés non-recevables dans leur intervention & demande, ou en tout cas qu'ils en fuffent déboutés ; au furplus, que les conclufions par lui prifes contre le fieur Moreau lui fuffent adjugées, & que ce dernier & les Jurés en charge de la Communauté des Traiteurs fuffent condamnés chacun à leur égard aux dépens, d'une part, & les Jurés en charge de la Communauté des Traiteurs & le Sr Moreau, défendeurs, d'autre part ; & entre ledit Sr Moreau, demandeur en Requête du 22 dudit mois de Janvier, à ce qu'il lui fût donné Acte de ce qu'aux frais, rifques, périls & fortunes dudit Sieur Potherat, il employoit pour fins de non-recevoir &

défenfes à la demande & intervention defdits Jurés de la Communaute des Traiteurs le contenu en fa Requête , & de ce qu'à
fon égard il s'en rapportoit à la prudence de notredite Cour de
ftatuer ce qu'elle jugeroit à propos fur la demande qui interviendroit defdits Jurés ; qu'il lui fût pareillement donné Aête
de ce qu'il fommoit & dénonçoit audit Sieur Potherat ladite Requête & intervention defdits Jurés dudit jour 17 dudit mois de
Janvier , à ce qu'il n'en ignore , & eût à y défendre , ainfi qu'il
aviferoit bon être , & de ce qu'il contrefommoit & dénonçoit
auxdits Jurés leurs propres Requête & demande , enfemble la
préfente Requête , & que ledit Sieur Potherat fût condamné
aux dépens , d'une part ; ledit Sieur Potherat & les Jurés &
Communauté des Maîtres Traiteurs , défendeurs , d'autre part :
& entre lefdits Jurés & Communauté des Traiteurs , demandeurs en Requête du 23 dudit mois de Janvier , & de ce qu'il
leur fût donné Aête de ce que pour répliques aux prétendues
fins de non-recevoir & défenfes dudit Sieur Potherat ils employoient le contenu en leur Requête ; ce faifant , fans s'arrêter auxdites fins de non-recevoir , les conclufions par eux ci-
devant prifes leur fuffent adjugées , & l'Arrêt qui interviendroit déclaré commun avec ledit Sieur Moreau , & le Sieur
Potherat condamné en tous les dépens , même en ceux par
eux faits contre toutes les Parties , d'une part ; & entre ledit
Sieur Moreau , demandeur en Requête du 27 dudit mois de
Janvier , à ce qu'il lui fut donné Aête de ce qu'aux frais , rifques , périls & fortunes de qui il appartiendroit , il fommoit
& dénonçoit au Sieur Potherat la Requête des Jurés Traiteurs
du 23 du préfent mois de Janvier , à ce qu'il n'en ignore , &
eût à y défendre , ainfi qu'il aviferoit bon être , & de ce qu'il
contrefommoit & dénonçoit auxdits Jurés Traiteurs leur propre Requête & demande , enfemble la préfente Requête ; ce
faifant , que les conclufions par lui ci-devant prifes lui fuffent adjugées , & le Sieur Potherat condamné aux dépens , tant en demandant , défendant , que des fommations , dénonciations &
contrefommations, d'une part ; & ledit Sieur Potherat & les
Jurés de la Communauté des Maîtres Traiteurs , défendeurs ,
d'autre part : & entre ledit Louis Potherat , demandeur en Requête du 29 dudit mois de Janvier , à ce qu'il lui fût donné Acte de ce que pour réponfes aux prétendus moyens portés par la

H ij

Requête des Jurés en charge de la Communauté des Maîtres
Traiteurs du 23 Janvier 1756, il employoit le contenu en sa
Requête ; ce faisant, sans s'arrêter ni avoir égard à la demande
y portée, dans laquelle ils seroient déclarés non-recevables,
ou dont en tout cas ils seroient déboutés, qu'il lui fût donné Acte
de ce qu'il sommoit & dénonçoit au Sieur Moreau les Requêtes des Jurés en charge dudit jour 23 Janvier, ensemble l'intervention & demande portée par leur Requête du 17 dudit mois,
qu'il lui fût pareillement donné Acte de ce qu'il dénonçoit auxdits Jurés en charge les Requêtes dudit Moreau des 22 & 27
Janvier 1756 ; ce faisant, sans avoir égard auxdites Requêtes,
dans lesquelles ledit Sieur Moreau seroit déclaré non-recevable,
ou dont en tout cas il seroit débouté, les conclusions par lui
prises tant contre ledit Moreau que contre lesdits Jurés en charge lui fussent adjugées, & que ces derniers fussent condamnés
chacun à leur égard aux dépens, d'une part ; & le Sieur Moreau
& les Jurés en charge & Communauté des Traiteurs, défendeurs, d'autre part. Après que Fouché, Avocat de Moreau,
Duponchel, Avocat de Potherat, & Simon, Avocat de la
Communauté des Maîtres Traiteurs ont été ouis, ensemble
Joly de Fleury, pour notre Procureur Général : NOTRE-
DITE COUR reçoit les Parties de Simon, parties intervenantes ; au principal, faisant droit sur leur intervention & demande, ensemble sur l'appel de la Partie de Duponchel, a mis
& met l'appellation & ce dont est appel au néant ; émendant,
déclare l'Ordonnance dont est appel & tout ce qui a suivi nuls,
ordonne que les Statuts de la Communauté des Parties de Simon, Lettres Patentes, Arrêts & Réglemens de notredite Cour
seront exécutés selon leur forme & teneur ; en conséquence,
fait défenses à la Partie de Duponchel & à tous autres Maîtres
de ladite Communauté des Traiteurs, tant anciens que modernes, & jeunes, autres que les Jurés en charge, de faire des Visites tant chez lesdits Maîtres Traiteurs que par-tout ailleurs, à
peine de nullité desdites Visites, & de demeurer garans & res-
ponsables en leurs propres & privés noms de toutes pertes,
dépens, dommages & intérêts, ordonne que le présent Arrêt
sera transcrit sur le Registre des délibérations de la Communauté
des Traiteurs, condamne ladite Partie de Duponchel en tous
les dépens faits par toutes les Parties, même en ceux faits les

uns à l'encontre des autres ; & néanmoins faifant droit fur les conclufions de notre Procureur Général , enjoint aux Parties de Simon à veiller avec foin à l'obfervation des Statuts & Réglemens de leur Communauté pour les Traiteurs ou autres Artifans donnant à manger , fous telle peine qu'il appartiendra. Si mandons mettre le préfent Arrêt à exécution. Donné en Parlement le dix-neuf Juin , l'an de grace mil fept cent cinquante-fix, & de notre Regne le quarante-unieme. Collationné DE SQUBZLEMOUTIER. Par la Chambre. *Signé* , DUFRANC, avec paraphe.

ARREST

DE LA COUR DE PARLEMENT,

RENDU entre ANTOINE AUBRY , Maitre Traiteur à Paris , Appellant d'une Sentence de Police du Châtelet de Paris du 5 Septembre 1749 , d'une part ; & les JURE'S de la Communauté des Maitres Traiteurs à Paris , d'autre part , & autres Maitres Traiteurs , Intervenans : Portant Réglement pour l'Election des Jurés de ladite Communauté des Maitres Traiteurs , & pour les Receptions des Maitres de ladite Communauté ; & qui condamne lefdits Aubry & Conforts & fes Adhérans , en la moitié de tous les dépens.

Du 4 Septembre 1752.

NOTRE DITE COUR , faifant droit fur le tout, a mis & met l'appellation & ce au néant ; émendant , ordonne que les Statuts, Arrêts & Réglemens concernant la Communauté des Traiteurs de Paris , feront exécutés ; & en conféquence qu'à l'avenir, lorfqu'il s'agira de procéder à l'élection des Jurés de ladite Communauté des Traiteurs , il ne fera mandé que les Jurés, les Doyens & Anciens , conjointement avec vingt-cinq Modernes & vingt-cinq jeunes Maitres, pris chacun à leur tour, fuivant l'ordre du Tableau, & établis ; comme aufli ordonne que dorénavant dans le nombre des quatre Jurés qui font à la tête de la Communauté, il y en aura toujours deux pris néceffairement dans les fimples Traiteurs, ne faifant point d'autre profeffion ; & que les deux autres Jurés pourront être pris ou parmi les Traiteurs fimples, les Marchands de vin Traiteurs, Pâtiffiers-Traiteurs, & Rôtiffeurs-Traiteurs : enforte qu'à chaque élection qui fe fait tous les ans de deux Jurés, il y en aura toujours un choifi néceffairement parmi les Traiteurs fimples, & un autre qui fera pris alternativement dans les trois autres genres de Traiteurs, ou parmi les Traiteurs fimples, fi la Communauté le juge à propos; bien entendu que l'on ne pourra élire pour Jurés de ladite Communauté des Traiteurs, aucuns de ceux qui auront paffé les charges dans les autres Communautés : Ordonne que les Jurés en charge feront tenus de faire parapher les Liftes des élections par le Subftitut de notre Procureur Général au Châtelet, pour conftater ceux qui auront été de chaque élection, & ceux qui devront être de la fuivante : Fait défenfe auxdits Jurés de recevoir à l'avenir aucun Maitre Traiteur, qu'il n'ait fait apprentiffage de trois ans chez les Maitres, ou qu'il n'ait fervi ledit tems de trois ans chez Nous, la Reine, les Princes & les Princeffes & Magiftrats de la Cour, dont fera rapporté des brevets d'apprentiffage dûement enregiftrés, ou des certificats authentiques de fervice en bonne forme ; le tout conformément aux Statuts de ladite Communauté, & Lettres-Patentes de 1663, enregiftrés en notredite Cour le 29 Janvier 1664 : Enjoint auxdits Jurés & Communauté des Maitres Traiteurs de fe retirer pardevers Nous le plûtôt que les affaires de la Communauté leur permettront, pour obtenir des Lettres-patentes portant renouvellement de leurfdits Statuts, s'il Nous plaît leur en accorder, & les préfenter à notredite Cour, pour y être enregiftrés fi faire fe doit : Sur le furplus des autres demandes, fins & conclufions, met les Parties hors de Cour ; condamne Antoine Aubry & Conforts, fes Adhérans, chacun à leur égard & perfonnellement, en la moitié de tous les dépens des caufes principale & d'appel, d'intervention & demandes envers lefdits Jurés & Communauté des Traiteurs, lefquels ledit Aubry ne pourra employer dans fes comptes de Jurande, l'autre moitié compenfée : Et fera le préfent Arrêt imprimé & tranfcrit fur le Regiftre de lad. Communauté. MANDONS mettre le préfent à exécution ; de ce faire te donñons pouvoir. DONNÉ en Parlement le 4 Septembre l'an de grace 1752, & de notre regne le 38ᵉ. Collationné, *Signé* RE-GNÀRD, avec paraphe. Par la Chambre, *Signé* YSABEAU. Signifié le 4 Octobre 1752 à Meffieurs NERET & MOREAU J. Procureurs, & fcellé le 7 Septembre 1752.

A la pourfuite & diligence des fieurs MOREAU *,* MINET *,* MORET CHAURIN *, Jurés en charge.*

E X T R A I T *des Regiftres du Parlement.*

Du 24 Avril 1760.

VU par la Cour la requête préfentée par les Jurés, Corps & Communauté des Maitres Traiteurs de Paris, à ce qu'il plût à la Cour ordonner que la Délibération de la Communauté des Traiteurs de cette ville de Paris du 25 Octobre 1759, dûement controlée, fera homologuée, pour être ladite Déclaration, enfemble l'Arrêt de la Cour du 4 Septembre 1752, exécutée felon fa forme & teneur : Vû les piéces attachées à ladite Requête fignée Lecoq, Procureur ; Conclufions du Procureur Général du Roi, oui le Rapport de Mᵉ Claude Tudert, Confeiller ; tout confideré : LA COUR, avant faire droit, ordonne que ladite Délibération du 25 Octobre 1759, & la Requête des Supplians feront communiqués au Lieutenant Général de Police, & au Subftitut du Procureur Général du Roi au Châtelet de Paris, pour donner leur avis fur l'homologation requife, pour, ledit avis rapporté & communiqué au Procureur Général du Roi, être par lui pris telles Conclufions qu'il appartiendra, & par la Cour ordonné ce que de raifon. FAIT en Parlement le vingt-quatre Avril mil fept cent foixante. Collationné, *Signé,* LESEIGNEUR. *Signé,* DUFRANC.

EXTRAIT des Regiſtres du Châtelet.

Du 4 Juillet 1760.

VU par Nous Antoine-Raimond-Jean-Gualbert-Gabriel de Sartine, Chevalier, Conſeiller du Roi en tous ſes Conſeils, Maître des Requêtes ordinaire de ſon Hôtel, Lieutenant Général de Police de la Ville, Prevôté & Vicomté de Paris ; & Claude-François-Bernard Moreau, Chevalier, Conſeiller du Roi en ſes Conſeils, Procureur de Sa Majeſté au Châtelet de Paris, premier Juge Conſervateur des Privileges des Corps des Marchands, Arts, Métiers, Maitriſes & Jurandes de la Ville, Faubourgs & Banlieue de Paris, la Délibération faite en l'Aſſemblée des Jurés, Doyen, Anciens & Communauté des Maîtres Traiteurs de cette Ville, convoquée en leur Bureau en la maniere ordinaire le 25 Octobre 1759, ladite Délibération dûement controllée & extraite des Regiſtres de ladite Communauté par Caron & ſon Confrere, Notaires à Paris, le 21 Avril 1760, & l'Arrêt de la Cour du 24 Avril dernier, par lequel elle nous ordonne de donner notre avis ſur ladite Délibération.

Pour ſatisfaire audit Arrêt :

NOUS avons l'honneur d'obſerver à la Cour, qu'après avoir pris communication des diſpoſitions de ladite Délibération, nous n'y avons rien trouvé qui ne ſoit propre à entretenir le bon ordre & la police dans cette Communauté, & à y maintenir de plus en plus l'exécution du Réglement que la Cour a jugé à propos de faire par ſon Arrêt du 4 Septembre 1752, concernant l'élection des Jurés de ladite Communauté.

Par ces conſidérations, notre avis eſt, ſous le bon plaiſir de la Cour, que ladite Délibération peut être homologuée, pour être exécutée ſelon ſa forme & teneur. Fait le 4 Juillet 1760, *Signé*, De Sartine & Moreau, en la minute des Préſentes.

ARREST

ARREST

DE LA COUR DE PARLEMENT,

Qui homologue la Délibération des Maîtres Traiteurs de la Ville , Fauxbourgs & Banlieue de Paris , du 25 Octobre 1759.

.Du 15 Juillet 1760.

LOUIS, par la grace de Dieu , Roi de France & de Navarre : Au premier Huiſſier de notre Cour de Parlement , ou autre notre Huiſſier ou Sergent ſur ce requis, Sçavoir faiſons que : Vu par notredite Cour la Requête préſentée par les Jurés, Corps & Communauté des Maîtres Traiteurs à Paris , à ce que, ſur l'avis du Lieutenant de Police & du Subſtitut du Procureur Général du Roi au Châtelet de Paris , du 4 du préſent mois de Juillet, par eux donné en exécution de l'Arrêt de notredite Cour du 24 Avril dernier , il fût ordonné que la Délibération de la Communauté des Traiteurs de cette ville de Paris , du 25 Oct. 1759 , dûement contrôlée le 30 dudit mois d'Octobre par Blondelu , & extraite du Regiſtre des Délibérations de ladite Communauté , & dont copie jointe à ladite Requête eſt ſignée & collationnée par Caron & Dupré , Notaires, ſeroit homologuée, pour être ladite Délibération , enſemble l'Arrêt de notredite Cour du 4 Septembre 1752 , exécutés ſelon leur forme & teneur , & l'Arrêt qui interviendroit enregiſtré & tranſcrit ſur le Regiſtre des Délibérations de ladite Communauté : Vu auſſi les piéces attachées à ladite Requête ſignée Lecoq Procureur.

Suit la teneur de la Délibération.

Du 25 Octobre 1759 , en l'Aſſemblée des ſieurs Jurés , Doyen , Anciens & Communauté des Maîtres Traiteurs de Paris, convoqués en leur Bureau, place de Greve , par mandats en la maniere ordinaire , deux heures de relevée.

I

Sur ce qui a été repréſenté par les ſieurs Jurés en charge ,
que par l'Arrêt rendu le 4 Septembre 1752 entre le ſieur Aubry , l'un des anciens Jurés , & Conſorts & la Communauté des
Traiteurs , portant Réglement au ſujet de l'élection des Jurés
de ladite Communauté , il a été ordonné qu'il ne ſeroit mandé
que les Jurés , Doyen & Anciens conjointement avec vingt-cinq
modernes & vingt-cinq jeunes Maîtres pris chacun à leur tour ,
ſuivant l'ordre du Tableau , & établis ; que dans le nombre
des Jurés de ladite Communauté il y en aura toujours deux pris
néceſſairement dans les ſimples Traiteurs ne faiſant point d'autre
proſeſſion ; & que les autres Jurés pourront être pris ou parmi
les Traiteurs ſimples , les Traiteurs-Marchands de vin , les Traiteurs-Pâtiſſiers , & les Traiteurs Rôtiſſeurs : enſorte qu'à chaque élection qui ſe fait tous les ans des deux Jurés , il y en aura
toujours un choiſi néceſſairement parmi les Traiteurs ſimples ,
& un autre qui ſera pris alternativement dans les trois autres
genres des Traiteurs , ou parmi les Traiteurs ſimples , ſi la Communauté le juge à propos ; & que l'on ne pourra élire pour Jurés de ladite Communauté aucun de ceux qui auront paſſé les
charges dans les autres Communautés ; que toutes ces diſpoſitions de l'Arrêt n'ont tendu qu'à procurer l'égalité entre les quatre différentes claſſes des Maîtres qui compoſent la Communauté , en donnant cependant la préférence à ceux qui ne ſont que
ſimples Traiteurs , & ne ſont point attachés à d'autre Corps ; &
en même tems à procurer à chacun des quatre Corps l'égalité
de voix pour l'élection des Jurés : mais que d'un côté , loin que
cette égalité de voix ſe trouve , il eſt arrivé tout le contraire
par le grand nombre des Maîtres de la Communauté , qui ſont
en même tems Rôtiſſeurs , leſquels ſe ſont toujours trouvés être
les plus nombreux de chaque élection ; enſorte que depuis cet
Arrêt , à l'élection du 19 Oct. 1752 , il s'eſt trouvé parmi les
cinquante jeunes & modernes , vingt-un Traiteurs - Rôtiſſeurs
contre huit Traiteurs - Pâtiſſiers , neuf Traiteurs ſimples , &
douze Traiteurs - Marchands de vin ; dans celle du ſeize
Octobre 1753 , il s'eſt trouvé trente Traiteurs-Rôtiſſeurs contre
ſept Traiteurs-Pâtiſſiers , cinq Traiteurs ſimples & huit Traiteurs-Marchands de vin ; à celle du 17 Octobre 1754 , il s'eſt
trouvé vingt-trois Traiteurs-Rôtiſſeurs contre quatre Traiteurs-
Pâtiſſiers , dix Traiteurs-Marchands de vin , & ſeize Traiteurs

fimples ; à celle du 17 Octobre 1755 , il s'eft trouvé vingt Traiteurs-Rôtiffeurs contre treize Traiteurs fimples , dix Traiteurs-
Pâtiffiers & fept Traiteurs-Marchands de vin ; à celle du 21
Octobre 1756 , il s'eft trouvé dix-neuf Traiteurs-Rôtiffeurs contre fept Traiteurs fimples , onze Traiteurs-Pâtiffiers & treize
Traiteurs-Marchands de vin ; à l'élection du 19 Octobre 1757 ,
il s'eft trouvé quinze Traiteurs-Rôtiffeurs , douze Traiteurs-Pâtiffiers , treize Traiteurs fimples & dix Traiteurs-Marchands de
vin ; à celle du 19 Octobre 1758 , vingt-un Traiteurs-Rôtiffeurs , neuf Traiteurs-Pâtiffiers , onze Traiteurs fimples & neuf
Traiteurs-Marchands de vin ; & à celle du 22 Octobre 1759 ,
vingt-deux Traiteurs-Rôtiffeurs , quatre Traiteurs-Pâtiffiers ,
quatorze Traiteurs fimples & douze Traiteurs - Marchands de
vin. D'un autre côté , comme par cet Arrêt il eft ordonné que
les vingt-cinq modernes & les vingt cinq jeunes Maitres , qui
doivent être appellés aux élections , feront pris chacun à leur
tour , fuivant l'ordre du Tableau , quand la colonne des modernes étoit finie , on a été obligé de recommencer cette colonne par la tête , & de même à l'égard de celle des jeunes ;
mais celle-ci étant de moitié plus nombreufe , les modernes fe
trouvent néceffairement devoir être des élections deux fois contre les jeunes une feule fois ; & cette colonne des modernes
étant à préfent de cent quarante-deux Maitres dont il y en a
foixante-onze Rôtiffeurs , ce qui fait moitié jufte , il eft fenfible que le Corps des Rôtiffeurs fera toujours dominant aux
élections ; & comme le vœu de l'Arrêt , en fixant le nombre
de ceux qui doivent être des élections , à cinquante , tant modernes que jeunes Maitres , n'a pu être autre , finon que ces
cinquante voix fuffent égales entre les quatre claffes dont la Communauté eft compofée , c'eft-à-dire douze par chaque Corps ,
les fieurs Jurés demandent l'avis de la Communauté.

La matiere mife en délibération , il a été arrêté que , pour
fe conformer au vœu de l'Arrêt du Parlement du 4 Septembre
1752 , rétablir l'égalité des voix lors des élections , & prévenir les cabales qui fe font annuellement lors d'icelles , les
vingt-cinq modernes & vingt-cinq jeunes Maitres , qui , fuivant
cet Arrêt , doivent concourir à l'élection des Jurés avec les Jurés en charge , Doyen & anciens Jurés de ladite Communauté , feront pris chacun à leur tour , fuivant l'ordre du Catalo-

gue , dans le nombre de ceux qui font établis , mais qu'il y en aura toujours quatorze pris dans la claffe des Traiteurs fimples , douze dans celle des Traiteurs-Marchands de Vin , douze dans celle des Traiteurs-Rôtiffeurs , & douze dans celle des Traiteurs-Pâtiffiers ; qu'à cet effet , lorfqu'on fera les liftes de ces cinquante Maitres , & à commencer de l'élection prochaine , il fera choifi quatorze Traiteurs fimples établis , de fuite fuivant le Catalogue , en fautant par-deffus ceux d'une autre claffe qui pourroient interrompre ce nombre ; il fera choifi de même douze Traiteurs-Marchands de vin établis , de fuite fuivant le Catalogue , en fautanr auffi par-deffus ceux d'une autre claffe qui interromproient ce nombre ; & qu'il en fera fait de même pour les Traiteurs-Rôtiffeurs au nombre de douze , & pour les Traiteurs-Pâtiffiers auffi au nombre de douze ; & qu'aux élections fuivantes les liftes de ces cinquante Maitres feront faites dans la forme ci-deffus , en commençant par ceux par-deffus lefquels il aura été fauté , & en les remettant par ordre du Catalogue dans leur claffe & dans le nombre , en la forme ci-deffus , c'eft-à-dire de quatorze dans la claffe des Traiteurs fimples , douze dans la claffe des Traiteurs-Marchands de vin , douze dans celle des Traiteurs-Rôtiffeurs , & douze dans celle des Traiteurs-Pâtiffiers , toujours en fautant par-deffus ceux qui interromproient le nombre ci-deffus , lefquels feront pris d'année en année , & inférés dans le nombre de la claffe dont ils font , & fuivant l'ordre du Catalogue.

Et pour faire homologuer la préfente Délibération , les fieurs Jurés en charge & leurs fucceffeurs font autorifés à fe pouvoir , tant au Parlement que par-tout où befoin fera , & de faire à ce fujet toutes avances & débourfés néceffaires qui leur feront alloués dans leurs comptes.

Fait & délibéré les jour & an que deffus. *Signé* , Lambert, Mondamer , Marcille , J. L. Rouard , Charmois , F. Payen, Trotereau , N. Joly , Godefroy , Aubry , Breuzard , Armandy , Drié , Avanda , Mongenot , Defclairs , Doly , Montabon , Franciere , Cottereau , Clauffin , Thévenin , Potherat, Orjou , Buiffon , & Courteille. Contrôlé à Paris le 30 Octobre 1759 , reçu 14 fols. *Signé* , Blondelu.

Collationné par les Confeillers du Roi , Notaires au Châtelet de Paris fouffignés , fur l'original étant au Regiftre des Dé-

libérations defdits Maîrres Traiteurs , ledit Regiftre repréfenté
& rendu cejourd'hui 21 Avril 1760. *Signé*, Dupré & Caron ,
avec paraphes.

Conclufions du Procureur-Général du Roi ; oui le Rapport
de Mᵉ Claude Tudert, Confeiller ; tout confidéré : NOTRE-
DITE COUR a homologué & homologue ladite Délibération , pour être , enfemble l'Arrêt de notredite Cour du 4 Septembre 1752, exécutés felon leur forme & teneur ; ordonne
que le préfent Arrêt fera enregiftré & tranfcrit fur le Regiftre
des Délibérations de ladite Communauté. Mandons mettre le
préfent Arrêt à exécution. Donné en notredite Cour de Parlement le quinze Juillet l'an de grace mil fept cent foixante , & de
notre Régne le quarante-cinquieme. Collationné , REGNAUD.
Par la Chambre DUFRANC.

A la pourfuite & diligence des fieurs LAMBERT, MONDAMER ,
MARCILLE , *&* ROUARD , *Jurés en charge.*

ARREST

DU CONSEIL D'ÉTAT DU ROI,

Du 17 Mai 1706.

QUI annulle un Privilége de Traiteur à la fuite
du Grand Confeil.

Extrait des Regiftres du Confeil Privé.

SUR la Requête préfentée au Roi en fon Confeil par les Jurés de la Communauté des Maîtres Queulx , Cuifiniers,
Portes-Chapes & Traiteurs de la Ville & Fauxbourgs de Paris ;
contenant , que le Grand Confeil ayant voulu s'attribuer le
droit de nommer à fa fuite des Artifans dans chacune des Communautés , elles fe font pourvues au Confeil de Sa Majefté , où
elles ont obtenu plufieurs Arrêts qui ont caffé ceux du Grand
Confeil , en vertu defquels les Particuliers vouloient exercer des

Métiers dans la Ville & Faubourgs de Paris , parce que le Grand Conseil n'a aucun titre ni droit , pour former de son autorité de pareils Etablissemens : il y a eu un Arrêt du Conseil du vingt-trois Février 1683 , rendu sur la Requête de la Communauté des Tailleurs , par lequel Sa Majesté a cassé , revoqué & annullé un Arrêt du Grand Conseil du quinze Juin précedent , en vertu duquel le nommé Fissé prétendoit avoir droit d'exercer le Métier de Tailleur à la suite du Grand-Conseil ; & en conséquence il a été fait défenses audit Fissé , de faire l'exercice dudit Métier de Tailleur , à peine de cinq cent livres d'amende , déclarée encourue en cas de contravention. Les Supplians rapportent encore un Arrêt du 10 Octobre 1687 , rendu sur la Requête de la Communauté des Maîtres Perruquiers, qui casse pareillement un prétendu Privilege de Perruquier à la suite du Grand-Conseil, avec défenses au nommé Lestivé qui l'avoit obtenu , de s'en servir : dans ce dernier Arrêt, il est fait mention de plusieurs autres rendus au Conseil , par lesquels Sa Majesté a toujours cassé les Arrêts & Privileges du Grand-Conseil ; aussi il a voulu entrependre d'établir à sa suite des Particuliers pour faire le Métier des Corps & Communautés : cependant le Grand Conseil voulant continuer ses entreprises à l'égard des Supplians, a rendu un Arrêt le 19 Mars dernier , par lequel il a reçu Louis Hebert , Cuisinier-Potager , Privilegié à sa suite : Par le même Arrêt il est permis audit Hebert de tenir Boutique ouverte en cette Ville de Paris & par-tout ailleurs , avec défenses à toutes personnes de le troubler , à peine de cinq cent livres ; & en cas de trouble , le Grand-Conseil s'en reserve la connoissance : Hebert a fait signifier aux Supplians ledit Arrêt par exploit du 26 Mars dernier ; cet exploit oblige les Supplians de se pourvoir pour demander la cassation dudit Arrêt du Grand-Conseil & Privilege dudit Hebert. 1°. Le Grand-Conseil n'a aucun titre ni droit pour établir des Marchands Privilegiés à sa suite , c'est une entreprise qui a toujours été réprimée , quand les Communautés en ont porté leurs plaintes au Conseil d'Etat. 2°. Les Supplians demandent la même justice qui a été accordée aux autres Commmunautés , entr'autres par les deux Arrêts du Conseil des 23 Juillet 1683 , & 10 Octobre 1687. 3°. Les Supplians ne peuvent se pourvoir ailleurs qu'au Conseil d'Etat , qui a l'autorité pour casser les Arrêts du Grand Conseil. A CES

CAUSES, SIRE, requéroient les Supplians qu'il plaife à Votre Majefté, caffer, révoquer & annuller l'Arrêt du Grand Conſeil du 19 Mars dernier, le prétendu Privilege dudit Hebert ; en conféquence lui faire défenſes de s'en fervir & de tenir Boutique ouverte, à peine de cinq cent livres d'amende, qui fera déclarée encourue à la premiere contravention, & condamner ledit Hebert aux frais & coût de l'Arrêt qui interviendra ſur la préſente Requête, liquidés à la ſomme de trente-deux livres, non compris le droit de contrôle. VU ladite Requête fignée DESMARESTS, Avocat de ladite Communauté ; l'Arrêt du Grand Conſeil du 19 Mars dernier, l'Exploit de fignification qui en a été fait le 26 du même mois, les Arrêts du Conſeil d'Etat du 23 Juillet 1683, & 10 Octobre 1687, & tout ce qui a été mis pardevers le ſieur Laugeois, Conſeiller du Roi en ſes Conſeils, Maître des Requêtes ordinaires de ſon Hôtel, Commiſſaire à ce député ; & tout confideré, LE ROI EN SON CONSEIL, ayant égard à la Requête, ſans s'arrêter à l'Arrêt du Grand-Conſeil du 19 Mars 1706, ni au Privilege porté par icelui, fait défenſes audit Hebert de s'en ſervir ni de tenir Boutique ouverte en vertu d'icelui : condamne ledit Hebert aux dépens du préſent Arrêt, liquidés à trente-deux livres, non compris le droit du contrôle. FAIT au Conſeil d'Etat privé du Roi, tenu à Verſailles le dix-feptiéme jour de Mai mil ſept cent-ſix. Collationné. *Signé*, DU BUC.

A la requéte des Jurés-Gardes de la Communauté des Maîtres Queulx-Cuiſiniers-Portes-chappes & Traiteurs de la Ville & Fauxbourgs de Paris, qui ont élû leur domicile en la Maiſon de Maître François Deſmareſts, leur Avocat au Conſeil, demeurant rue du Jour, Paroiſſe ſaint Euſtache, ſoit ſommé & interpellé Louis Hebert en ſon domicile, rue de l'Arbre-Sec, de fermer ſa Boutique, conformément à l'Arrêt du Conſeil ci-deſſus ; ſinon, & à faute de ce faire, proteſte de ſe pourvoir par toutes voyes dûes & raiſonnables pour l'y faire contraindre, conformément audit Arrêt du Conſeil, le ſommant & interpellant en outre de payer & rembourſer auxdits ſieurs Jurés la ſomme de trente-deux livres d'une part, pour les frais & coût du préſent Arrêt, & quatre livres pour le droit de contrôle, portées par icelui Arrêt, faute dequoi il y ſera contraint par toutes voyes dûes & raiſonnables, à ce qu'il n'en ignore. Dont Acte.

Le 22 Mai 1706, à la requête de la Communauté des Maitres Traiteurs de Paris, le présent Arrêt du Conseil a été signifié, & d'icelui laissé copie, ensemble de l'Acte étant ensuite, aux fins y contenues, audit Louis Hebert y nommé, en son domicile à Paris, rue de l'Arbre-Sec, parlant à sa femme, à ce qu'il n'en ignore, & ait à y satisfaire. Par nous Huissier ordinaire du Roi en ses Conseils.

Signé, *JARY.*

Le préfent Arrêt obtenu du tems de Gaspard Bondal, Guillaume Mahuet, Martin Guibert & Hilaire Cheriot, Jurés en charge de ladite Communauté.

ARREST

DU CONSEIL D'ÉTAT DU ROI,

Du 17 Janvier 1707.

Q U I déboute le Sieur Hebert de l'opposition par lui formée à l'Arrêt du Conseil du 17 Mai 1706, qui avoit annullé un Privilége de Traiteur à la fuite du Grand Conseil.

Extrait des Regiftres du Conseil d'Etat Privé du Roi.

V U au Confeil du Roi les Requêtes qui ont été préfentées par Louis Hebert, Maitre Rotiffeur à Paris, & Marchand Cuifinier-Potager, Privilegié fuivant la Cour & le Grand Confeil, d'une part ; les Jurés de la Communauté des Bacheliers, Maitres Queulx, Cuifiniers, Porte-chapes & Traiteurs de la Ville, Fauxbourgs & Banlieue de Paris, d'autre part : celle dudit Hebert tendante pour les caufes y contenues, à ce qu'il plaife à Sa Majefté le recevoir oppofant à l'exécution de l'Arrêt du Confeil du dix-fept Mai 1706, faifant droit fur fon oppofition, débouter les Cuifiniers-Traiteurs de Paris des conclufions

fions qu'ils ont prifes dans la Requête inférée audit Arrêt , avec dépens , fauf à eux à fe pourvoir au Grand-Confeil contre l'Arrêt du dix-neuf Mars 1706 par les voyes ordinaires , ladite Requête fignée Hebert , & Baifé Avocat au Confeil ; au bas eft un Acte de donné copie de ladite Requête à Me Defmarefts Avocat defdits Jurés Cuifiniers-Traiteurs de Paris. Significa-tion du 29 Mai 1706. Requête defdits Jurés de la Commu-nauté des Cuifiniers-Traiteurs de Paris , tendante pour les cau-fes y contenues , à ce qu'il plaife à Sa Majefté leur donner acte de ce que , pour réponfe à la Requête d'oppofition dudit Hebert du 29 Mai , ils employent le contenu en ladite Requête ; ce fai-fant , fans avoir égard à l'oppofition dudit Hebert , le déclarer non recevable & mal-fondé en ladite oppofition par lui formée audit Arrêt , avec dépens ; ladite Requête fignée Defmarefts Avocat au Confeil. Acte au bas de donné copie d'icelle , & la fignification d'icelle du 31 du même mois de Mai 1706. Acte du même jour 31 Mai 1706 , par lequel l'Avocat de ladite Communauté des Cuifiniers-Traiteurs de Paris , a dé-claré à celui dudit Hebert , qu'il donneroit fa Requête pour faire commettre un Rapporteur en l'Inftance d'oppofition d'entre les Parties. Requête defdits Jurés de la Communauté des Cui-finiers-Traiteurs de Paris , au bas de laquelle eft l'Ordonnance du Confeil du 7 Juin 1706 , qui commet le fieur Rioult Douilly , Confeiller du Roi en fes Confeils , Maitre des Requêtes ordinai-res de fon Hôtel , pour Rapporteur de ladite Inftance d'oppo-fition. Signification du 8 du même mois de Juin. Arrêt du Con-feil du 17 Mai 1706 , intervenu fur la Requête defdits Jurés de la Communauté des Maitres Cuifiniers-Traiteurs de la Ville de Paris , auquel ledit Hebert a formé oppofition ; par lequel Sa Majefté ayant égard à la Requête , fans s'arrêter à l'Arrêt du Grand-Confeil du 19 Mars 1706 , ni au Privilége porté par icelui , fait défenfes audit Hebert de s'en fervir , ni tenir Bou-tique ouverte en vertu d'icelui , & le condamne aux dépens dud. Arrêt , liquidés à trente-deux livres. Signification dudit Arrêt audit Hebert , du vingt-deux du même mois de Mai 1706. Inventaire de production. Piéces & Ecritures des Parties. Dé-miffion faite par Jean Faucher Notaire à Paris , le douze Mars 1706 , de la place de marchand Cuifinier-Potager fuivant la Cour & le Grand-Confeil , en faveur de Louis Hebert , maitre

K

Rôtiffeur à Paris. Requête dudit Hebert préfentée au Grand-Confeil , aux fins d'être reçû en la place de marchand Cuifinier-Porager à la fuite de la Cour & du Confeil, en la place dudit Feucher, en conféquence de la démiffion faite en fa faveur : Ordonnance au bas de *foit montré* , & les conclufions du Sieur Procureur-Général de fa Majefté audit Grand-Confeil, qu'il n'empêche ; à la charge par ledit Hebert de rendre fervice actuel à la fuite du Confeil , à peine de déchéance de fon Privilége. Arrêt du Grand-Confeil du 19 Mars 1706 , qui reçoit ledit Hebert en ladite place de Cuifinier-Privilégié à la fuite du Grand-Confeil, au lieu & place dudit Feucher, pour en jouir & des Priviléges y attribués , tenir Boutique ouverte à Paris , & par-tout ailleurs où ledit Confeil fera fa réfidence ; à la charge de rendre fervice audit Confeil , & de ne défemparer , à peine de déchéance dudit Privilége : fait défenfes à toutes perfonnes de l'y troubler , à peine de cinq cent livres d'amende , dépens , dommages & intérêts ; & en cas de trouble , lui permet de faire affigner audit Grand-Confeil. Signification dudit Arrêt à la Requête dudit Hebert au fieur Goredal, maitre Cuifinier-Pâtiffier à Paris , à préfent en charge , à ce qu'il n'ait à troubler ledit Hebert fur les peines dudit Arrêt du 26 Mars 1706. Extrait non figné ni certifié , contenant une Lifte de tous les Officiers & Artifans qui jouiffent des places de leurs Arts & Métiers, aufquelles ils ont été reçûs par ledit Grand-Confeil depuis 1675 jufqu'en 1703. Arrêt du Grand-Confeil du 20 Septembre 1652 , qui reçoit Pierre Gille pour fon Cuifinier. Certificat du Greffier du Grand-Confeil , du 24 Septembre 1652, comme ledit Gille s'étoit rendu en la Ville de Mantes pour le Service du Grand-Confeil. Sentence de la Prevôté de l'Hôtel du 4 Décembre 1652 , qui enregiftre l'Arrêt du Grand-Confeil du 20 Septembre précédent , qui avoit nommé ledit Gille pour Cuifinier-Potager. Signification faite le 9 Mai 1655 à la Requête dudit Gille, defdits Arrêts du Grand-Confeil ; & Sentence de la Prevôté de l'Hôtel à la Communauté des maitres Cuifiniers-Traiteurs de Paris. Arrêts du Grand-Confeil du 13 Mars 1657, qui ordonne que ledit Gille jouira de la place de Cuifinier, & le nommé de Lavie , de celle de Rôtiffeur à la fuite du Grand-Confeil. Démiffion faite le 2 Avril 1657 par ledit Gille , de fa place de Cuifinier-Privilégie à la fuite du

Grand-Conſeil , en faveur de Jacques Feucher. Requête préſentée au Grand-Conſeil par ledit Feucher , pour être reçû au lieu dudit Gille. Ordonnance de *ſoit montré au Procureur Général,* du 4 Avril 1657 & ſes concluſions , qu'il ne l'empêche point , à la charge de rendre ſervice actuel , à peine de déchéance de ſon Privilége & place de Cuiſinier. Arrêt du Grand-Conſeil du 14 Avril 1657 , qui reçoit ledit Feucher en lad. place de Cuiſinier-Privilégié au lieu dudit Gille , pour en jouir & des Priviléges y attribués , de tenir Boutique ouverte & travailler , tant dans la Ville de Paris , que par-tout ailleurs où le Grand-Conſeil tiendra ſa ſéance , à la charge de rendre ſervice actuel à la ſuite dudit Grand-Conſeil , à peine de déchéance de ſon Privilége. Sentence de la Prevôté de l'Hôtel du 17 Avril 1657 , d'enregiſtrement dudit Arrêt du Grand-Conſeil. Exploit de ſignification faite le 28 Avril 1657 à la Requête dudit Feucher , dudit Arrêt du Grand-Conſeil ; & Sentence de la Prévôté de l'Hôtel à la Communauté des Maîtres Cuiſiniers-Traiteurs de Paris. Arrêt du Grand-Conſeil du 24 Mai 1657 , rendu ſur la Requête dudit Feucher , afin d'aſſigner les Jurés Cuiſiniers de Paris , & que les choſes ſur lui ſaiſies lui ſeroient rendues. Autre Arrêt dudit Grand-Conſeil du 29 Mai 1657, rendu ſur la Requête dudit Feucher , qui caſſe une Sentence du Châtelet de Paris , & le décharge de l'aſſignation qui lui avoit été donnée à la Requête deſdits Jurés Traiteurs de Paris. Significations des 30 Mai & premier Juin 1657. Démiſſion faite le huitiéme Juin 1685 par ledit Feucher de ſadite place de Marchand Cuiſinier-Potager & Privilegié ſuivant la Cour & le Grand-Conſeil , en faveur de Jean Feucher ſon fils. Requête dudit Jean Feucher au Grand-Conſeil , afin d'être reçû à la place de ſon pere. Ordonnance au bas du Procureur Général , portant qu'il n'empêche. Arrêt du Grand-Conſeil du 8 Août 1685 , qui reçoit ledit Jean Feucher à la place de ſon pere. Signification dudit Arrêt à la Communauté des Maîtres Cuiſiniers de Paris , du 23 du même mois de Mars 1685 , qui autoriſe les Statuts de la Communauté des Maîtres Traiteurs-Porte-Chapes & Cuiſiniers de la Ville & Fauxbourgs de Paris. Copie de Sentence du Châtelet de Paris du 24 Mars 1599 , portant enregiſtrement deſdits Statuts & Lettres-Patentes. Copie d'autres Lettres-Patentes du 28 Novembre 1599 adreſſantes au Parlement de Paris, afin d'y faire enregiſtrer les Statuts de ladite Communauté des Maîtres Traiteurs-Porte-Chapes de Paris. Copie d'autres Lettres-Patentes du mois de Décembre 1612, portant confirmation deſdits Statuts deſdits Cuiſiniers-Traiteurs-Porte-Chapes de Paris, en conſéquence d'une ſeconde finance par eux payée. Autre copie de Lettres-Patentes du mois de Juin 1645, portant confirmation des Statuts de ladite Communauté des Traiteurs de Paris. Imprimé de nouveaux Statuts augmentés & interpretés pour ladite Communauté des Jurés, Anciens & Bacheliers, Maîtres Queulx, Cuiſiniers-Porte-chapes & Traiteurs de Paris ; enſuite eſt l'Avis des Lieutenant Civil & Procureur du Roi au Châtelet de Paris, que ſous le bon plaiſir du Roi elles peuvent être accordées, du 9 Juillet 1663. Lettres-Patentes du mois d'Août 1663, qui confirment leſdits Statuts enregiſtrés au Parlement le 29 Janvier 1664, ſuivant l'Arrêt du même jour. Déclaration du Roi du 4 Juillet 1693, qui réunit à la Communauté deſdits Traiteurs-Cuiſiniers de Paris, les Offices de Jurés de leur Communauté, crées par Edit du mois de Mars 1661, en payant par eux la ſomme de trois mille livres, & les confirme dans leurs Droits & Priviléges accordés par les precedentes Lettres Patentes. Arrêt du Parlement du 12 Juillet 1693, portant enregiſtrement de ladite Déclaration. Quittance de Finance de trois mille livres, payée par ladite Communauté pour la réunion deſdits Offices de Jurés du 5 Août 1693. Arrêt du Conſeil du premier Mai 1703, qui réunit à la Communauté deſdits Traiteurs de Paris, les Offices de Tréſorier, Receveur & Payeur de leurs deniers communs, en payant trois mille livres. Déclaration du Roi du 15 Décembre 1704, portant confirmation de nouveaux Articles aux Statuts de ladite Communauté des Traiteurs. Imprimé d'Arrêts du Conſeil rendu ſur la Requête desTrailleurs de Paris, qui ordonne que le Privilege donné par la Bazoche au nommé Tamiſier de l'état de Tailleur, ſeroit caſſé & révoqué. Imprimé d'Arrêt du Conſeil rendu ſur la Requête de la Communauté des Tourneurs de Bois à Paris du 23 Décembre 1681, qui ordonne que les Brevets accordés par le Sieur Maréchal du Pleſſis à pluſieurs Particuliers, ſeroient rapportés. Arrêt du Conſeil rendu ſur la Requête de la Communauté des Barbiers-Baigneurs de Paris, qui caſſe un Privilege donné par le Grand-

Conseil au nommé Leftimé, & lui fait défenfes de s'en fervir.
Copie d'Arrêt du Conseil intervenu fur la Requête de la Communauté des Maîtres Diftillateurs de Paris, qui caffe un Brevet
accordé par le Sieur Grand-Prevôt de l'Hôtel, au nommé
Adam, & lui fait défenfes de s'en fervir ni de tenir Boutique
ouverte. Contredits defdits Jurés & Communauté des Cuifiniers-Traiteurs de Paris, contre la Production dudit Hebert.
Signé, Defmarefts. Signification du 5 Août 1706. Requête
dudit Hebert employée pour Contredits contre la Production
des Traiteurs de Paris, fignée, Dupradel fon Avocat. Ordonnance au bas portant Acte de l'emploi en jugeant du 13 Octobre
1706. Signification du 30 du même mois. Requête defdits Jurés de la Communauté des Maîtres Cuifiniers-Traiteurs de Paris, employée pour Salvations à la Requête de Contredits dudit Hebert, & de Production nouvelle de la pièce qui y eft
énoncée. Ordonnance au bas d'Acte. La pièce reçûe & communiquée, du 24 Novembre 1706. Signification du 25 du même
mois. La pièce nouvelle eft un imprimée d'Arrêt du Conseil du
dernier Août 1705, rendu en faveur des Maîtres Arquebufiers
de Paris, contre Antoine de Revil, Arquebufier à la fuite du
Grand-Conseil, & généralement tout ce qui a été mis, écrit &
produit de la part des Parties, pardevant le Sieur Rioult de
Douilly, Confeiller du Roi en fes Confeils, Maître des Requêtes ordinaires de fon Hôtel, Commiffaire à ce députe. Oui
fon rapport, après en avoir communiqué aux Sieurs de Maril-
lac, Chauvelin, Voifin, de Harlay, de Nointel, & Rouillé-
du-Coudray, Confeillers d'Etat ordinaires, auffi Commiffaires
à ce députés par Ordonnance du Conseil du 9 Août 1706. Et
tout confideré, LE ROI EN SON CONSEIL a débouté ledit
Hebert de l'oppofition par lui formée à l'Arrêt du Conseil du
17 Mai 1706, & l'a condamné en tous les dépens. FAIT au
Conseil d'Etat Privé du Roi, tenu à Verfailles le 17 Janvier
1707. Collationné. *Signé*, DEMONS.

*Le 25 Janvier 1707, fut laiffé copie à Me. Dupradel, Avocat
adverfe, en fon domicile, parlant à fon Clerc, par nous Huiffier
ordinaire du Roi en fes Confeils, approuvé ce vingt-cinquième.*

Signé, MACE'.

*Le préfent Arrêt obtenu du tems des Sieurs Martin Guibert, Hi-
laire Cheriot, Charles Neveu, & Louis Houffeau.*

ARREST

DE LA COUR DE PARLEMENT,

QUI fans s'arrêter à l'intervention des Suiffes privilégiés du Roi, de Monfeigneur le Duc d'Orléans, de Monfeigneur le Duc de Berry, ni à leur prife de Fait & Caufe, confirme la condamnation d'amende & de dommages & intérêts prononcée par la Sentence de Police, contre Charles Villeminot, Fermier du Privilége d'un Suiffe, pour avoir reçu en fa Maifon des Compagnies de Nôces, & entrepris fur la profeffion des Traiteurs.

Du 7 Août 1619.

LOUIS, par la grace de Dieu, Roi de France & de Navarre : Au premier des Huiffiers de notre Cour de Parlement, ou autre notre Huiffier ou Sergent fur ce requis, fçavoir faifons : Qu'entre Jacques Reffend, l'un des Cent-Suiffes de M. le Duc de Berry, prenant le fait & caufe de Charles Villeminot, Marchand de Vin à Paris, appellant de la Sentence rendue par le Lieutenant Général de Police du Châtelet de Paris le 14 Mars 1713, d'une part, & les Jurés & Communauté des Maitres Cuifiniers-Traiteurs à Paris, intimés, & entre lefd. Cuifiniers-Traiteurs, demandeurs aux fins des Requête & Exploit des 17 Août 1713, & Charles Villeminot, défendeur ; & entre Jacques-Louis Sacconnet, Antoine Pafquier, Eloi du Chêne, René de Fette, Cœur notre Suiffe, Jacques Sarain, François Pafquier, Jean-Denis Marroy, Claude de Aufferre, Cent-Suiffe de M. le Duc de Berry, Jean-Louis-Pierre Charles, Jacques Minou, Nicolas Duché, Cent-Suiffe de M. le Duc d'Orléans, intervenans & demandeurs en Requête du 15 Juin 1714, & les Jurés & Communauté des Maitres Cuifiniers-

Traiteurs de la Ville & Fauxbourgs de Paris , & lefd. Reffend & Villeminot, défendeurs, d'autre. Vû par notre Cour de Parlement la Sentence rendue par le Lieutenant Général de Police du Châtelet du 14 Mars 1713 , par laquelle l'avis du Subftitut de notre Procureur Général auroit été confirmé , & néanmoins les dommages & intérêts auroient été moderés à 10 liv. ledit Villeminot condamné en trois livres d'amende & en tous les dépens : Arrêt d'appointé au Confeil du 4 Septembre 1713, caufe & moyens d'appel dudit Reffend du 8 Février 1714. Requête defdits Cuifiniers-Traiteurs du 17 Février 1714, employée pour réponfe à caufes d'appel, production des Parties, contredits dudit Reffend du 17 Mars 1714. Requête defdits Cuifiniers-Traiteurs du 26 Février audit an , employée pour contredits. Requête defdits Cuifiniers-Traiteurs du 3 Mai audit an , employée pour falvations ; la Requête & demande defdits Cuifiniers-Traiteurs du 17 Août 1713 , aux fins de faire affigner en la Cour ledit Villeminot, pour voir déclarer l'Arrêt qui interviendroit fur l'appel interjetté par ledit Reffend de la Sentence du 14 Mars 1714 , commun avec lui ; ce faifant, que lad. Sentence feroit exécutée, & ledit Villeminot, enfemble ledit Reffend , condamnés folidairement aux dépens , & en outre aux dépens de ladite demande ; Exploit d'affignation donné en conféquence le même jour ; défenfes de Villeminot du Décembre 1718. Repliques defdits Cuifiniers-Traiteurs du 30 dudit mois de Décembre ; Arrêt d'appointé en droit & joint du 2 Janvier 1714. Requêtes defdits Cuifiniers-Traiteurs & Villeminot, des 10 Janvier & 10 Avril 1714 , employées pour écritures & productions ; Requête defdits Cuifiniers-Traiteurs du 3 Mai audit an , employée pour contredits ; fommation de contredire par ledit Villeminot ; la Requête d'intervention & demande defdits Sacconnet & confors du 13 Juin 1714 , à ce que faifant droit fur leur intervention, ils fuffent maintenus & gardés en la poffeffion & jouiffance des privileges, franchifes & libertés accordées aux Suiffes par les Rois nos Prédéceffeurs, de faire choix de tel Art & Métier que bon leur fembleroit, les Traiteurs condamnés aux dépens ; & où la Cour feroit difficulté de ftatuer fur ladite Requête, attendu que leurs privileges étoient émanés des Rois , à qui feul il appartenoit de les éteindre ou de les reftraindre , en ces cas ordonner que les

Parties fe pourvoyeroient au Confeil pour être jugées fur leurs contestations ; lefdits Traiteurs condamnés aux dépens , & que acte leur fût donné de l'emploi pour moyens d'intervention ; Arrêt du 22 Juin 1714 , par lequel lefdits Sacconnet & confors auroient été reçus Parties intervenantes , & acte de leur emploi porté par leur Requête pour moyen d'intervention ; & pour faire droit fur ladite intervention & demande , les Parties appointées en droit & joint. Requête defdits Cuifiniers-Traiteurs du 11 Juillet 1714 , employée pour réponfes ; production defd. Cuifiniers-Traiteurs ; Requête dudit Villeminot du 18 Juillet 1714 , employée pour écritures & production ; fommation de produire & contredire par lefdits Sacconnet & confors ; production nouvelle defdits Cuifiniers-Traiteurs , par Requête du 3 Août 1719. Requête dudit Reffend du 4 dudit mois , employée pour contredits ; fommation de la contredire par lefdits Villeminot , Sacconnet & confors ; acte de rediftribution , conclufions du Procureur Général du Roi , tout joint & confideré. LA COUR faifant droit fur le tout , fans s'arrêter à l'intervention & demande defdits Sacconnet, Pafquier & confors , portée par leur Requête du 15 Juin 1714 , a mis & met l'appellation au néant. Ordonne que ce dont a été appellé fortira effet , déclare le préfent Arrêt commun avec ledit Villeminot ; condamne ledit Reffend en l'amende de douze livres , & lefdits Reffend , Villeminot , Sacconnet & confors intervenans , aux dépens chacun à leur égard , envers lefdits Cuifiniers-Traiteurs. Si te mandons mettre le préfent Arrêt à exécution ; de ce faire te donnons pouvoir. Donné en Parlement le 7 Août 1719 , de notre Regne le quatriéme. *Collationné , figné ,* CHAPPOTIN.

Par la Chambre, GILBERT.

Le 23 Août 1719 , fignifié & baillé copie à Mes de Vicq , Marin & le Maire , Procureurs. *Signé ,* L'ESCHOT.

Ledit Arrêt obtenu du temps de Guillaume Baudet , Jacques le Breton , d'Etienne la Forge , & d'Adrien la Hoche , Jurés en charge.

LEMAISTRE , Proc.

SENTENCE

SENTENCE

DU CHASTELET DE PARIS,

ET ARREST CONFIRMATIF D'ICELLE,

Rendus au profit de la Communauté des Maîtres Cuisiniers - Traiteurs de la Ville & Fauxbourgs de Paris.

Contre Jean Barmand & Joseph Ropra, Suisses de Nation, & Marchands de Vin Associés.

QUI sans s'arrêter aux Priviléges prétendus par les Suisses, de se choisir tel Art, Métier & Profession que bon leur semble dans cette Ville de Paris, & par-tout le Royaume, sans faire d'Apprentissage, ni se faire recevoir Maitre ; ni à la demande desdits Suisses afin de jouir dudit Privilége, dont les Suisses sont déboutés, ordonne l'exécution des Statuts, Arrêts & Réglemens de la Communauté des Traiteurs : Pour y être contrevenu par Barmand & Ropra, & avoir fait le Métier de Traiteur, les condamne en trente livres de dommages & intérêts, trente livres d'amende, & en tous les dépens, avec défense de récidiver, sous plus grande peine.

Extrait des Registres du Greffe de la Chambre de M. le Procureur du Roi au Châtelet.

Du Mardi sixieme Février mil sept cent vingt.

ENTRE Sieurs Etienne de la Forge, Adrien de la Hoche, Jean Duthé & Jacques Dubuisson : tous Jurés de présent en charge de la Communauté des Maîtres Traiteurs à Paris, Demandeurs aux fins du Procès-Verbal du Sieur Commissaire Nicollet, le 19 Janvier dernier, & exploit fait en conséquen-

L

ce , par Floquet Huiffier le 26 dudit mois , contrôlé à Paris le 29 par Piton & préfenté : Tendant afin de repondre & procéder par les ci-après nommés , aux fins dudit Procès-verbal de contravention ; ce faifant & en conféquence, que les ci-après nommés feront condamnés aux dommages & intérêts des Demandeurs , pour lefquels ils fe reftreignent à la fomme de deux cent livres , & en telle amende qu'il plaira à Juftice arbitrer, pour la contravention & entreprife fur ladite Communauté , avec défenfes de récidiver fur plus grande peine , affiftés de M^e. Nicolas Royer J. L. leur Procureur ; contre Sieurs Barmand & Ropra, Marchands de vins affociés , Défendeurs & Défaillans ; oui ledit Royer en fon Plaidoyer , & par vertu du défaut donné contre les Défaillans non-comparans , ni Procureur pour eux dûement appellé : lecture faite du Procès-verbal & exploit fufdaté. NOUS Ordonnons que les Statuts , Arrêts & Réglemens de la Communauté des Maîtres Traiteurs feront exécutés felon leur forme & teneur ; & en conféquence , faifons défenfes aux Défaillans de plus entreprendre fur la Communauté des Demandeuts , & pour l'avoir fait , les condamnons en douze livres de dommages intérêts , trois livres d'amende & aux dépens ; Leur faifons défenfes de récidiver fur plus grande peine, & foit fignifié. Ce fut fait & donné par Meffire François Moreau , Confeiller du Roi en fes Confeils d'Etat ordinaire & privé , Honoraire en fa Cour de Parlement , Procureur de Sa Majefté au Châtelet de Paris , tenant le Siége lefdits jour & an fufdits. *Signé* , TAUXIER.

Sentence dont eft Appel , du 21 Juin 1720.

A TOUS ceux qui ces prefentes Lettres verront , Charles-Denis de Bullion , Chevalier, Marquis de Gallardon , Seigneur de Bonnelles & autres lieux , Prevôt de Paris : SALUT. Sçavoir faifons. Que fur la Requête faite en Jugement devant Nous à l'Audience de la Chambre de Police du Châtelet de Paris , par Maître Nicolas Royer I. L. Procureur des Sieurs Etienne de la Forge , Adrien de la Hoche , Jean Duthé , C. Jacques du Buiffon , tous Jurés de préfent en charge de la Communauté des Maîtres Traiteurs à Paris , Demandeurs aux fins de l'exploit fait par Flocquet Huiffier au Châtelet, le 12 Février dernier, contrôlé à Paris le quinze par Piton & préfenté ; tendant à ce que l'avis de Monfieur le Procureur du Roi, du 6 dudit mois de Février, qui ordonne que les Statuts, Arrêts & Réglemens de la Communauté des Maîtres Traiteurs feront exécutés felon leur forme & teneur, & qui fait défenfes aux ci-après nommés, de plus entreprendre fur la Communauté defdits Demandeurs, foit confirmé avec dépens, & encore Demandeurs aux fins de leurs moyens, fignifiés le 28 dudit mois de Février par Pique, auffi tendant à ce que ledit avis fufdaté foit infirmé, en ce qu'il ne condamne lefdits ci-après nommés, qu'en douze livres de dommages - intérêts, & trois livres d'amende ; ce faifant, que pour l'entreprife par eux faite fur la Profeffion defdits Traiteurs, & avoir donné à manger chez eux les jours défendus par l'Eglife, qu'ils feront folidairement condamnés en deux cent livres de dommages - intérêts envers la Communauté defdits Traiteurs, cinquante livres d'amende & aux dépens ; & que défenfes leur foient faites de récidiver fur plus grande peine, affifté de M^e. Pillon leur Avocat, contre M^e. Bourdon Procureur des Sieurs Barmand & Ropra, Suiffes de nation, Marchands de vins, Défendeurs à l'exploit & moyens fufdatés : oui ledit Pillon en fon Plaidoyer, & par vertu du défaut donné contre Edme Bourdon audit nom, non-comparant & dûement appellé, lecture faite des piéces & de l'avenir pour plaider à ce jourd'hui. NOUS, en tant que touche les dommages - intérêts, & l'amende portée par l'avis du Procureur du Roi, l'avons infirmé ; condamnons les défaillans en trente livres de dommages - intérêts envers les Parties de Pillon, vingt livres d'amende envers le Roi, & au furplus ledit avis confirmé avec dépens ; ce qui fera exécuté fans préjudice de l'appel, & foit fignifié : en témoin de ce Nous avons fait fceller ces Prefentes, qui furent faites & données par Meffire MARC-PIERRE D'ARGENSON, Chevalier, Confeiller du Roi en fes Confeils, Maitre des Requêtes, Lieutenant Général de Police, tenant le Siége, le Vendredi 21 Juin 1720. Collationné : *Signé,* TARDIVEAU ; Et fcellé le 6 Juillet 1720. DOYARD.

Extrait des Regiſtres du Parlement.

LOUIS par la grace de Dieu , Roi de France & de Navarre : Au premier notre Huiſſier ou Sergent ſur ce requis ; Sçavoir faiſons, qu'entre Barmand & Ropra , Suiſſes de nation, Marchands de vin aſſociés à Paris , Appellans de la Sentence du Lieutenant Général de Police du Châtelet de Paris du 21 Juin 1720 , & de ce qui a ſuivi d'une part ; & les Jurés en charge de la Communauté des Maitres Traiteurs de la Ville & Fauxbourgs de Paris , Intimés : & entre leſdits Jurés Traiteurs , Demandeurs aux fins de l'exploit donné devant le Lieutenant Général de Police du Châtelet de Paris , le 15 Septembre 1722 , évoqué en la Cour par Arrêt du 23 dudit mois de Septembre ; & Joſeph Ropra & Jean Barmand Suiſſes , Défendeurs : & entre leſdits Ropre & Barmand , Demandeurs en requeſte du 1 Février 1724 , & leſdits Jurés Traiteurs , Défendeurs : Et entre leſdits Ropra & Barmand , Demandeurs en requête du 24 Mars 1724 , & leſdits Jurés Traiteurs , Défendeurs : Et entre leſdits Barmand & Ropra , Demandeurs en requête du 26 Février 1725 , & leſdits Jurés Traiteurs , Défendeurs d'autre. VEU PAR LA COUR , la Sentence rendue par le Lieutenant Général de Police le vingt-un Juin mil ſept cent vingt , par laquelle en tant que touchoit les dommages & intérêts , & l'amende portée par l'avis du Subſtitut du Procureur Général du Roi , il auroit été infirmé ; leſdits Barmand & Ropra condamnés en trente livres de dommages & intérêts envers les Traiteurs , vingt livres d'amende envers le Roi , & au ſurplus ledit avis confirmé avec dépens. Arrêt d'appointé au Conſeil du 4 Avril 1721. Requête deſdits Barmand & Ropra du 10 Juillet 1721 , employée pour cauſes d'Apel. Requête deſdits Traiteurs du 13 Avril 1722 , employée pour réponſes à cauſes d'Appel. Productions des Parties. Requête deſdits Traiteurs du 8 Janvier 1723 , employée pour contredits. Sommation de contredire par leſdits Ropra & Barmand. L'Exploit d'aſſignation donné à la Requête deſdits Jurés Traiteurs auxdits Ropra & Barmand , devant le Lieutenant-Général de Police le 25 Septembre 1722 , à ce que leſdits Ropra & Barmand fuſſent condamnés en leur dommages & intérêts, pour leſquels ils ſe reſtraignoient à la ſomme de quatre cens livres, attendu la récidive, & en telle amende qu'il plairoit à Juſtice arbitrer pour la contravention, avec défenſes de récidiver. Arrêt d'évocation de ladite demande du 30 Septembre 1722. Défenſes deſdits Ropra & Barmand du 11 Décembre 1722. Repliques deſdits Traiteurs du 12 dudit mois de Décembre. Arrêt d'appointé en droit & joint du 14 dudit mois de Décembre. Requête deſdits Ropra & Barmand du 19 Janvier 1723, employée pour addition de défenſes & avertiſſement. Production deſdits Ropra & Barmand. Requête deſdits Traiteurs du 11 Janvier 1723, employée pour écritures & production, & à ce qu'attendu la contravention faite par leſdits Barmand & Ropra, aux Statuts, Arrêts & Reglemens, leur entrepriſe ſur ladite Communauté & leur récidive, ils fuſſent condamnés en leurs dommages & intérêts, pour leſquels ils ſe reſtraignoient à la ſomme de quatre cens livres & en telle amende qu'il plairoit à la Cour arbitrer, défenſes de récidiver ſous telles autres peines qu'il appartiendroit & aux dépens, ſur laquelle Requête auroit été mis ait Acte, & au ſurplus en jugeant. Additions de réponſes à cauſes d'Appel deſdits Traiteurs, par Requête du 18 Janvier 1723. Sommation de la contredire par leſdits Ropra & Barmand. Production nouvelle deſdits Traiteurs, par Requête du 12 Février 1724. Sommation de la contredire par leſdits Barmand & Ropra. La Requête & Demande deſdits Barmand & Ropra du premier Février 1724, à ce que faute par leſdits Traiteurs d'avoir rapporté & produit les Titres primordiaux de leur Inſtitution & les anciens Statuts à eux accordés par Henry IV au mois de Mars 1599, la confirmation faite par Louis XIII au mois de Décembre 1642, celle faite par Louis XIV le quatorze Juin 1645, ſans s'arrêter aux nouveaux Statuts & infirmant ladite Sentence & déchargeant leſdits Ropra & Barmand de toutes condamnations, leſdits Traiteurs fuſſent déclarés non-recevables dans leurs demandes formées tant au Châtelet qu'en la Cour, aux dommages, intérêts & dépens, & qu'Acte leur fût donné de l'emploi pour écriture & production ſur ladite demande, ſur laquelle Requête auroit été mis ſur la demande en droit, joint & Acte de l'emploi. Requête deſdits Traiteurs du 12 Février 1724 employée pour

défenſes , écritures & produÆion. La Requête & demande
deſdits Ropra & Barmand du 24 Mars 1724 , à ce que faute
par leſdits Traiteurs d'avoir ſatisfait à la ſommation du 21 dudit
mois de Mars , & ſuivant icelle produit les prétendus Titres
de création de leur Maîtriſe , enſemble l'Edit de création &
établiſſement de Jurande , qu'ils datoient du mois d'Avril 1597,
en leur adjugeant leurs concluſions , ladite Communauté fût
déclarée non-recevable , en tout cas mal fondée dans leur demande & prétentions , & condamné aux dépens , ſans préjudice auxdits Ropra & Barmand de leurs droits & privileges ,
& qu'Aſte leur fût donné de l'emploi pour écritures & produÆion ſur ladite demande , ſur laquelle Requête auroit été mis
ſur la demande en droit & joint , & AÆe de l'emploi. Requête
deſdits Traiteurs du 28 dudit mois de Mars , employée pour
fins de non-recevoir , défenſes , écritures & produÆion. ProduÆion nouvelle dudit Ropra , par Requête du 29 Mars 1724.
Requête deſdits Traiteurs du 30 dudit mois de Mars , employée
pour contredits. ProduÆion nouvelle deſdits Ropra & Barmand,
par Requête du 14 Août 1724. Requête deſdits Traiteurs du
27 Novembre audit an , employée pour contredits. ProduÆion
nouvelle dudit Ropra par Requête du 8 Janvier 1725. Requête
deſdits Jurés du 15 dudit mois de Janvier , employée pour contredits. La Requête & demande deſdits Barmand & Ropra du
26 Février 1725 , à ce que leur adjugeant leurs concluſions ,
ils fuſſent reçùs oppoſans aux Procès-Verbaux de prétendues
contraventions des 19 Janvier 1720 , & 22 Septembre 1722
& à tout ce qui a ſuivi ; leſdits Procès-verbaux fuſſent déclarés
nuls , leſdits Barmand & Ropra déchargés des condamnations
contre eux prononcées par ladite Sentence , leſdits Traiteurs
déclarés non-recevables & mal-fondés en toutes leurs demandes , ou en tout cas qu'ils en fuſſent deboutés & condamnés
en tous les dépens , & qu'Aſte leur fût donné de l'emploi pour
avertiſſement , écritures & produÆions ſur ladite demande , ſur
laquelle Requête auroit été mis ſur la demande en droit , joint
& AÆe de l'emploi. Requête deſdits Traiteurs du 27 dudit
mois de Février , employée pour défenſes , écritures & produÆions ; Concluſions du Procureur-Général du Roi : Tout
joint & conſideré. NOTREDITE COUR faiſant droit ſur le
tout , ſans s'arrèter aux demandes deſdits Barmand & Ropra ,

portées par leurs Requêtes des premier Février & 24 Mars
1724, & 26 du préfent mois de Février, dont elle les a deboutés ; a mis & met l'appellation au néant : Ordonne que ce dont
a été appellé fortira effet ; & fur la demande defdits Jurés Traiteurs portée par Exploit du 25 Septembre 1722 , condamne
lefdits Barmand & Ropra en trente livres d'amende : fur la demande afin de dommages & intérêts portée par ledit Exploit,
a mis & met les Parties hors de Cour : Condamne lefdits Barmand & Ropra en l'amende de 12 livres & en tous les dépens.
SI MANDONS mettre le préfent Arrêt à exécution : De ce faire
donnons pouvoir. FAIT en Parlement ce vingt-huit Février ,
l'an de grace mil fept cent vingt-cinq , & de notre Regne le
dixiéme. Collationné, CAVELIER. Par la Chambre. *Signé*,
YSABEAU. Et Scellé le dix-fept Mars. 1725. *Signé*, BOUCHET.

Au Raport de Monfieur l'Abbé ROUGEAULT.

LEMAISTRE , PROC.

*Le préfent Arrêt a été obtenu du tems de la Jurande de Nicolas
Guydamour , J. Meufnier , L. Moraux & J. Beffon, Jurés en
charge en l'année 1725.*

DECLARATION DU ROI,

Donnée à S. Germain-en-Laye le 29 Novembre 1680.

QUI maintient les Marchands Taverniers, & autres, de la Ville & Fauxbourgs de Paris, en la faculté d'acheter au-delà des vingt lieues, le Vin néceſſaire pour leur Commerce, & de le faire-venir en icelle, à la charge d'en mettre le tiers ſur l'Etape : Leur permet de donner à boire dans leurs Maiſons & Caves, & de fournir de Tables, Siéges, Nappes, Serviettes & Viandes à ceux qui prendront leurs Repas chez eux, en payant pour le Droit de Huitieme & Augmentation, ſix livres quinze ſols pour Muid, jauge de Paris, du Vin qu'ils débiteront, &c.

Regiſtrée en la Cour des Aydes le 18 Janvier 1681.

LOUIS, par la grace de Dieu, Roi de France & de Navarre : A tous ceux qui ces préſentes Lettres verront, Salut. Par notre Réglement du mois de Juin dernier, regiſtré en notre Cour des Aydes, Nous avons fixé notre droit de huitiéme, pour chaque muid, jauge de Paris, vendu en détail dans notre bonne Ville & Fauxbourgs de Paris, par les Taverniers vendans à pot, à cinq livres huit ſols ; & par les Cabaretiers vendans à aſſiette, à ſix livres quinze ſols ; ce qui a donné lieu aux Adjudicataires de notre Ferme générale des Aydes, d'empêcher les Taverniers vendans à pot, d'avoir en leurs maiſons des ſiéges, nappes & ſerviettes, pour en fournir à ceux qui y viennent boire, & qui apportent du pain & des viandes, ſi mieux ils n'aimoient, en ce faiſant, payer les droits comme les Cabaretiers, ainſi qu'il a été fait par pluſieurs

deſdits

defdits Taverniers, durant le temps des précédens Baux de nos Aydes. Et d'autant que lefdits Taverniers, qui font du Corps de la marchandife de Vin en notre bonne Ville de Paris, Nous ont très-humblement remontré, qu'ils ont eu de tout temps, par la permiffion des Adjudicataires de nos droits d'Aydes, la faculté de fournir des tables, fiéges & nappes à ceux qui viennent boire en leurs maifons, & qui apportent des viandes cuites, pour y prendre leurs repas, en indemmifant lefdits Adjudicataires, dont eux, ni les Cabaretiers, n'ont reçû aucun préjudice, attendu qu'il n'y a que le menu peuple feulement qui fe retire chez les Taverniers. Sur quoi ayant fait entendre en notre Confeil les Adjudicataires de notre Ferme des Aydes, & les principaux marchands Taverniers de notredite Ville & Faubourgs de Paris, du confentement réciproque des uns & des autres ; Nous avons réfolu d'y pourvoir. A CES CAUSES, & autres confidérations à ce Nous mouvans ; de l'avis de notre Confeil, & de notre grace fpéciale, pleine Puiffance & Autorité Royale ; Nous avons, par ces Préfentes fignées de notre main, maintenu & confervé, maintenons & confervons les marchands Taverniers & autres, qui n'ont eu, jufqu'à préfent, fuivant nos Edits & Ordonnances, que la faculté de vendre du Vin à huis-coupé & pot renverfé, qui font du Corps de la marchandife de Vin de notre bonne Ville & Fauxbourgs de Paris, en la faculté d'acheter au-delà de vingt lieues, le Vin néceffaire pour leur commerce, & de le faire venir en notredite Ville & Fauxbourgs, à la charge d'en mettre le tiers fur l'Etape & Place publique, en la maniere acoutumée. Leur permettons de donner à boire dans leurs maifons & caves, & de fournir des tables, fiéges, nappes, ferviettes & viandes à ceux qui prendront leurs repas en leurs maifons, à condition de payer pour le Droit de Huitiéme & d'Augmentation, fix livres quinze fols pour muid, jauge de Paris, qu'ils débiteront à pot ; fans néanmoins qu'ils puiffent avoir des Cuifiniers chez eux, étalage de viandes, loger, ni tenir Chambres garnies, & fans auffi qu'ils puiffent être réputés Cabaretiers, ni troublés en leurs Priviléges, pour la faculté que Nous leur avons accordée par ces Préfentes : Dans lefquelles déclarons n'entendre être compris les Officiers, Privilégiés, & Bourgeois qui vendront à huis-coupé & pot renverfé feulement, fans donner à

M

boire dans leurs caves & maiſons, ni tenir & donner tables ̃, & autres choſes défendues par nos Ordonnances. SI DONNONS EN MANDEMENT à nos amés & féaux Conſeillers les Gens tenans notre Cour des Aydes à Paris, que ces Préſentes ils faſſent lire, publier & regiſtrer, & le contenu en icelles garder & obſerver ſelon leur forme & teneur ; nonobſtant l'Article I. du Titre I. des Droits de la vente du Vin en détail, de l'Ordonnance du mois de Juin dernier, & tous les autres Edits, Déclarations & Arrêts à ce contraires, auſquels Nous avons dérogé & dérogeons par ces Préſentes : CAR tel eſt notre plaiſir. Donnée à Saint Germain en Laye, le vingt-neuviéme jour de Novembre, l'an de grace mil ſix cent quatre vingt ; Et de notre Régne le trente huitiéme. *Signé*, LOUIS. *Et ſur le reply*, Par le Roi, COLBERT. *Et à côté eſt écrit :* Regiſtrée en la Cour des Aydes, ce requérant le Procureur-Général du Roi, pour être exécutée ſelon ſa forme & teneur. A Paris, les Chambres aſſemblées, le dix-huitiéme jour de Janvier mil ſix cent quatre-vingt un. *Signé*, DUPUY. Et ſcellée du grand Sceau de cire jaune.

Extrait des Regiſtres de la Cour des Aydes.

VU par la Cour, les Chambres aſſemblées, les Lettres Patentes du Roi, en forme de Déclaration, données à Saint Getmain-en-Laye, le 29 Novembre dernier, *Signé*, LOUIS ; Et ſur le repli, Par le Roi : COLBERT, & ſcellées du grand Sceau de cire jaune : Par leſquelles & pour les cauſes y contenues, Sa Majeſté auroit maintenu & conſervé les marchands Taverniers & autres, qui n'ont juſqu'à préſent, ſuivant les Edits & Ordonnances, que la faculté de vendre vin à huis-coupé & pot renverſé, qui ſont du corps de la marchandiſe de Vin de la Ville & Fauxbourgs de Paris, en la faculté d'acheter au-delà de vingt lieues, le Vin néceſſaire pour leur commerce, & de le faire venir en cette Ville & ces Fauxbourgs ; à la charge d'en mettre le tiers ſur l'Etape & Place publique, en la maniere accoutumée : Et permis de donner à boire dans leurs maiſons & caves ; & de fournir des tables, ſiéges, nappes, ſerviettes & viandes à ceux qui prendront leurs repas en

leurs maifons ; à condition de payer pour le droit de huitiéme
& d'augmentation, fix livres quinze fols par muid, jauge de
Paris, qu'ils débiteront à pot, fans néanmoins qu'ils puiffent
avoir des Cuifiniers chez eux, étalage de viandes, loger, ni
tenir chambre garnie, & fans auffi qu'ils puiffent être réputés
Cabaretiers, ni troublés en leurs Priviléges, pour la faculté
que Sa Majefté leur a accordée par lefdites Lettres : Dans
lefquelles Elle auroit déclaré n'entendre être compris les Officiers, Privilégiés, & Bourgeois qui vendront à huis-coupé
& pot renverfé, fans donner à boire dans leurs caves & maifons, ni tenir & donner table & autres chofes défendues par
les Ordonnances, ainfi que plus au long eft contenu efdites
Lettres à la Cour adreffantes. Conclufions du Procureur-Général du Roi : Ouy, le Rapport de Maitre Louis Quatrehom-
me, Confeiller : Et tout confidéré, LA COUR a ordonné &
ordonne, lefdites Lettres être regiftées au Greffe d'icelle, pour
être exécutées felon leur forme & teneur. FAIT en la Cour
des Aydes, le dix-huitiéme jour de Janvier mil fix cent quatre-vingt un. Collationné. *Signé*, DU PUY.

Collationné aux Originaux par Nous Confeiller-Secretaire du
Roi, Maifon-Couronne de France & de fes Finances.

ARREST

DE LA COUR DE PARLEMENT,

Rendu en faveur des Maîtres Traiteurs-Queulx-
Cuifiniers de la Ville & Fauxbourgs de Paris.

Contre les Marchands de Vin.

Du 14 Mai 1701.

LOUIS, par la grace de Dieu, Roi de France & de Navarre, fçavoir faifons : Qu'entre Henri du Bleau, Cabaretier à Paris, appellant de la Sentence rendue par le Lieutenant

M ij

Général de Police du Châtelet du 27 Juin 1698 , d'une part , &
les Maitres Traiteurs-Cuifiniers-Queulx de la Ville & Fauxbourgs , Banlieue & Prevôté de Paris , intimés d'autre : & encore entre lefdits Maitres Traiteurs, appellans de lad. Sentence
du Lieutenant Général de Police du Châtelet dudit jour 26 Juin
1698 , & Etienne Regnault ,
Regnoult , auffi Cabaretier , intimés , & entre ledit Henri du
Bleau , appellant , en adherant de commandement, faifie & exécution de fes meubles à la Requête defdits Jurés Traiteurs , le 8
& 9 Juillet 1698 , & lefdits Jurés Traiteurs, intimés : & entre
lefdits Jur s & Communauté des anciens Bacheliers , Maitres
Queulx Cuifiniers Porte-chappes de la Ville, Banlieue , Pre-
voté & Vicomté de Paris , demandeurs en Requête & Exploit
du 10 Décembre 1698 , & les Maitres & Gardes du Corps de
la Marchandife de Vins de la Ville & Fauxbourgs de Paris ,
défendeurs ; & entre ledit Henri du Bleau, appellant d'une Sentence du Lieutenant Général de Police du 4 Décembre 1699 ,
& les Jurés & Communauté des Maitres Traiteurs à Paris, intimés , entre les Maitres & Gardes de la Marchandife de Vins
à Paris , demandeurs en Requête du 26 Avril 1701 , d'une part,
& lefdits Jurés & Communauté defdits Traiteurs , défendeurs.
Vû par la Cour la Sentence du 27 Juin 1698 , rendue par le
Lieutenant Général de Police du Châtelet , entre les Jurés de
la Communauté defdits Queulx-Cuifiniers - Traiteurs à Paris,
demandeurs fuivant l'Exploit du 21 Mai précédent , contre
Etienne Regnault , & les nommés du Bleau & Regnoult, Marchands de Vins , défendeurs , par laquelle fur la demande defdits
Cuifiniers & Traiteurs contre lefdits Regnault & Regnoult, les
Parties auroient été mifes hors du Cour : Et à l'égard defdits du
Bleau , artendu la déclaration par lui faite devant ledit Juge ,
qu'il avoit tiré falaire & loyer de fa Salle pour la Nôce en queftion , défenfes lui auroient été faites de récidiver ; & pour fa
contravention aux Statuts & Réglemens de Police ; il auroit été
condamné en fix liv. d'amende , pareille fomme de dommages
& intérêts envers lefdits Jurés Traiteurs , & aux dépens liquidés
à 26 liv. fans néanmoins que les Taverniers puiffent avoir chez
eux aucuns Cuifiniers , mais feulement uier de la faculté qui
leur eft attribuée par la Déclaration du Roi , du 29 Novembre
1690. Caufes d'appel du 17 dudit mois de Février defdits Jurés

Cuifiniers , contenant leurs conclufions , à 'ce qu'en tant que
touche l'appel par eux interjetté , l'appellation & ce fût mife au
néant ; émendant , pour les contraventions faites par lefdits Regnault & Regnoult aux Statuts & Réglemens defd. Jurés Cuifiniers , ils fuffent condamnés en leurs dommages & intérêts , &
en telle amende qu'il plairoit à la Cour ; que défenfes leur feroient
faites de plus y contrevenir , & qu'ils feroient condamnés aux
dépens, tant des caufes principales que d'appel. Réponfes à caufes
d'appel dud. Etienne Regnault du 27 Avril audit an. Caufes d'appel dud. du Bleau dud. jour 27 Avril. Réponfes à caufes d'appel
defdits Jurés Traiteurs & Cuifiniers , du 7 Mai enfuivant. Productions defd. Jurés Traiteurs , du Bleau & Regnault , & contredits par eux refpectivement fournis les 7 Mai & 15 Juin aud. an ;
ceux defdits du Bleau & Regnault , fervans de falvations. Requête du 17 Juin 1699 defdits Traiteurs , employée pour falvations ; les Exploits de commandement , faifie & exécution de
meubles des 8 & 9 Juillet 1698 , faits en vertu de lad. Sentence
du 27 Juin , à la requête des Jurés Traiteurs fur ledit du Bleau ,
faute de payement des dépens adjugés par ladite Sentence. Requête dudit du Bleau du 30 Avril 1699 , à ce qu'il fût reçu
appellant defd. commandement, faifies & exécution de meubles,
& acte de ce que pour caufes d'appel , écritures & production,
il employoit le contenu en fa Requête, & en conféquence les
appellations fuffent mifes au néant ; émendant, que main-levée
lui feroit faite des meubles fur lui faifis & exécutés , & qu'à la
repréfentation les Gardiens feroient contraints même par corps,
quoi faifant , déchargés , & condamner lefdits Jurés Traiteurs
aux dommages & intérêts dud. du Bleau , procedans defdites
contraintes , & en tous les dépens, tant des caufes principale
que d'appel ; au bas de laquelle Requête eft l'Ordonnance de
la Cour , par laquelle les Parties auroient été appointées au
Confeil, & joint, & acte de l'emploi. Réponfes à caufes d'appel defdits Jurés Traiteurs du 8 Mai 1699. Production defdits
Traiteurs fuivant lad. Ordonnance du 30 Avril. Requefte du 10
Décembre 1698 , defd. Jurés Traiteurs , à ce qu'il leur fût permis de faire affigner en la Cour les Jurés & Communauté des
Cabaretiers , Marchands de Vin de cette Ville & Fauxbourgs
de Paris , pour voir déclarer l'Arrêt qui interviendroit , tant fur
les appellations interjettées par lefdits Jurés & Communauté

defdits Traiteurs, par ledit du Bleau de ladite Sentence du 27.
Juin 1698 , commun avec eux ; ce faifant, que fuivant les Statuts defdits Traiteurs , défenfes feroient faites à tous les Cabaretiers, Vendeurs de Vin, d'avoir aucune Salle à faire Nôce,
& d'y recevoir aucune perfonne pour y faire Nôce, Banquets
ou Feftins, à payer contre chacun contrevenant d'amende, &
des dépens, dommages & intérêts defdits Traiteurs, qui feroient
arbitrés par chacune fois à la fomme de cent livres, & qu'ils
feroient condamnés aux dépens, fans préjudice à autres droits
& actions plus amplement demandés : l'Exploit d'affignation du
même jour 10 Décembre 1698 , donné en la Cour, à la requête
des Traiteurs à la Communauté defd. Cabaretiers & Marchands
de Vin à Paris, aux fins de la Requête : défenfes du 4 Juillet 1699
des Maitres & Gardes de la Marchandife de Vin à Paris. Repliques de la Communauté defd. Traiteurs du 7 dud. mois de Juillet.
Arrêt d'appointement en droit & joint du 18 dud. mois de Juillet.
Production defd. Maitres & Gardes de la Marchandife de Vin.
Requête defd. Jurés & Communauté defd. Traiteurs, des 3 Août
& 18 Décembre 1699 , employée pour écritures , production
& contredits : fommation de contredire par lefdits Maitres &
Gardes de la marchandife de vin. Requête du 30 Avril 1699 ,
d'Etienne Regnault, à ce qu'en procédant au jugement de l'appel de ladite Sentence du 27 Juin 1698 , lefdits Jurés Traiteurs
fuffent déclarés non-recevables en l'appel par eux interjetté de
ladite Sentence , & en conféquence l'appellation fût mife au
néant ; ordonner que ce dont eft appel fortiroit effet, & condamner lefdits Jurés Traiteurs en l'amende, & aux dépens de la
caufe d'appel & de ladite demande , fur laquelle requête auroit été réfervé à faire droit en jugeant, icelle fignifiée. Requête du 8 Mai 1699, defdits Jurés Traiteurs, employée pour défenfes contre la précédente. La Sentence du Lieutenant Général de Police du Châtelet du 4 Décembre 1699, rendue entre
les Jurés & Communauté defdits Traiteurs , Demandeurs aux
fins de l'Exploit & Requête du 6 Novembre 1699 , contre Henry du Bleau Marchand de vin défendeur , par laquelle les défenfes dudit Juge auroient été réiterées, & pour la contravention ledit du Bleau auroit été condamné en neuf livres de dommages
& intérêts, & au dépens liquidés à vingt livres, fi mieux n'ai-
moit la taxe, ce qui feroit exécuté fans préjudice d'appel. Ar-

rêt du 26 Avril 1700, par lequel auroit été ordonné que l'appointement feroit reçu, & fuivant icelui, ledit du Bleau auroit été reçu oppofant à l'Ordonnance en queftion : faifant droit fur l'oppofition, fur l'appel de ladite Sentence du 4 Décembre 1699, les Parties auroient été appointées au Confeil, & joint. Caufes d'appel dudit du Bleau du 4 Mai 1700. Requefte du 30 Juin audit an, de la Communauté des Traiteurs, employée pour réponfes. Requefte du 2 Janvier defdits Jurés & Communauté defdits Traiteurs, employée pour écritures & production fur ledit appel. Requefte du 22 Juin enfuivant dudit du Bleau auffi employée pour écritures & production, contenant fes conclufions, à ce que l'appellation & ce fuffent mis au néant, émendant il fût déchargé des condamnations portées par ladite Sentence avec dépens, tant des caufes principale, que d'appel ; & où la Cour feroit difficulté à l'égard de ladite Sentence du 4 Décembre, & voudroit éclairer fa religion fur la vérité de la déclaration portée par le Procès-verbal du Commiffaire Bourfin, fi est permis audit du Bleau de faire preuve pardevant tel des Confeillers qu'il plairoit à la Cour commettre, que ladite déclaration auroit été extorquée de la maniere portée dans fes caufes d'appel par lefdits Jurés Traiteurs, & ledit Commiffaire Bourfin fans Robe & en habit de Ville, fous prétexte d'un autre écôt, qui vouloit avoir place dans la chambre où étoit le nommé Loge & fes confreres ; que véritablement les neuf livres dont ils étoient convenus avec ledit du Blau, n'étoit pas le loyer de ladite chambre, mais le payement de douze falades, de quarante à cinquante couverts, & trois livres de chandelles à fes frais & fans réception ; qu'enfin de caufe fur laquelle requefte a été mis, ait acte, & au furplus à faire droit en jugeant, & icelle fignifiée. Requefte defdits Jurés Traiteurs du 30 dudit mois de Juin, employée pour contredits contre l'emploi de production dudit Bleau : la requefte du 26 Avril 1701, des Maitres & Gardes de la marchandife de vin de la Ville & Faubourgs de Paris, employée pour plus amples défenfes, écritures & production contenant leurs conclutions à ce qu'il fût ordonné que les Arrêts du Confeil, Lettres Patentes & Arrêts des 10 Juin, 20 Août 1698, & 14 Mars 1701, feroient exécutés felon leur forme & teneur ; & conformément à iceux, que les Marchands de vin de la Ville & Faubourgs de Paris, pourront don-

ner à boire à toutes fortes de perfonnes dans leurs maifons &
caves, & de fournir des Tables, Sieges, Napes, Serviettes &
Viande, conformément aufdits Arrêts du Confeil. Lettres-Patentes & Arrêt de la Cour ; & en conféquence lefdits Jurés
Cuifiniers fuffent déboutés de leur requefte & demande du 10
Décembre 1698, & les con amner aux dépens. Et acte aufdits
Maîtres & Gardes de la marchandife de vin, de ce que pour
écritures & production ils employent le contenu en leur requête ; au bas de laquelle eft l'Ordonnnance de la Cour, portant
ait acte, & que les défendeurs fourniroient des défenfes, &
produiroient dans le jour, attendu l'état de l'inftance, & joint.
Requefte du 27 dudit mois d'Avril defdits Jurés de la Communauté defdits Traiteurs, employée pour défenfes, écritures &
production fuivant ladite Ordonnance. Production nouvelle
defdits Regnault & du Bleau, par requefte du 16 Juin 1699.
Requefte du 22 dudit mois defdits Jurés Traiteurs, employée
pour contredits contre icelle. Production nouvelle dudit du
Bleau par requefte du 4 Août audit an. Requefte du 8 dudit
mois defdits Traiteurs, employée pour contredits. Production
nouvelle de la Communauté defd. Traiteurs par requefte du 2 Janvier 1700. Requefte du 6 Juil. enfuivant dud. du Bleau, employée pour contred. contre icelle, contenant auffi production
nouvelle. Requête du 9 dud. mois de Juil. defd. Jurés Traiteurs,
employée pour contred. contre icelle. Salvations dudit du Bleau
du 14 dudit mois de Juillet. Arrêt du dernier Avril 1699, rendu entre lefdits Jurés & Maîtres Traiteurs de la Ville & Fauxbourgs de Paris, appellants de ladite Sentence du Juge de Police du Châtelet du 27 Juin 1698, d'une part ; & Regnoult,
Cabaretier à Paris, intimé, par lequel pour juger le profit du
défaut, il auroit été joint à l'inftance diftribuée à Me. Gilles
Brunet, Confeiller. Conclufions de notre Procureur-Général :
Tout joint & confideré. NOTREDITE COUR faifant droit
fur le tout, fans s'arrêter aux Requêtes defdits Regnault & du
Bleau des 30 Avril & 22 Juin 1700, en tant que touche les
appellations dudit du Bleau des Sentences des 27 Juin 1698,
4 Décembre 1699, faifie & exécution de meubles, a mis &
met lefdites appellations au néant ; ordonne que ce dont a été
appellé fortira fon effet, condamne ledit du Bleau en l'amende
de douze livres, fur l'appel defdits Jurés de la Communauté

des

des Traiteurs de la même Sentence du 27 Juin , & adjugeant le profit dudit défaut, a mis ladite appellation & ce dont a été appellé au néant , émendant , condamne lefdits Etienne Regnault & Regnoult en chacun fix livres d'amende , pareille fomme de fix livres de dommages & intérêts , & aux dépens , tant des caufes principale que d'appel ; & ledit du Bleau aux dépens des caufes d'appel envers lefdits Jurés Traiteurs , chacun à fon égard : Sur les demandes refpectives defdits Traiteurs & Gardes du Corps de la Marchandife de Vin à Paris , déclare le préfent Arrêt commun avec lefdits Marchands de Vin , Cabaretiers de la Ville & Fauxbourgs de Paris , leur fait défenfes de faire chez eux les Feftins d'aucunes Nòces. Comme auffi ne pourront faire aucuns Feftins dans lefquels il entre aucun ragoût, à peine de cent livres d'amende ; & au furplus ordonne que la Déclaration du Roi du 29 Novembre 1680 , Lettres-Patentes du premier Juillet 1698 , & Arrêt du 14 Mars 1701 feront exécutés , & fur le furplus des demandes a mis les Parties hors de Cour, condamne lefdits Marchands de Vin en la moitié des dépens envers lefdits Traiteurs , l'autre moitié compenfée. Si Mandons au premier des Huiffiers de notre Cour de Parlement , ou autre notre Huiffier ou Sergent, mettre à exécution le préfent Arrêt. Donné en Parlement le quatre Mai mil fept cent-un. Collationné avec paraphe, par la Chambre. *Signé* , DU TILLET. *Et à la marge eft écrit* : Scellé le quatorze Mai mil fept cent-un. *Signé*, CARPOT , avec paraphe.

Le 25 Mai 1701 fignifié & baillé copie à Mes. Gaignant & Coçeu , Procureurs. Signé , FAVIER , avec paraphe.

Et ledit jour 25 Mai 1701 , fignifié & baillé copie au Sieur Regnault, Cabaretier, en fon domicile , parlant à fa perfonne ; audit du Bleau auffi Cabaretier , en fon domicile , parlant à fa perfonne ; & aux Marchands de Vin , au domicile du Sieur Trumeau, Grand-Garde de ladite Marchandife , en parlant à une Servante, par moi Huiffier en Parlement, fouffigné. Ainfi *Signé* , FAVIER , avec paraphe. *Et plus bas* : Contrôlé à Paris le 27 Mai mil fept cent-un. R. 120. F. 129. *Signé*, SALART , avec paraphe.

ARREST

DE LA COUR DE PARLEMENT,

Rendu en faveur des Maîtres Queulx - Cuiſiniers-
Traiteurs-Porte-Chappes de la Ville, Fauxbourgs
& Banlieue de Paris.

*Contre Michel Filaſtreau , & les Gardes Marchands
de Vin , Parties intervenantes.*

Du premier Août 1705.

LOUIS, par la grace de Dieu, Roi de France & de Navarre : Sçavoir faiſons, qu'entre Michel Filaſtreau , Marchand de Vin à Paris, Appellant de la Sentence du Lieutenant
Général de Police du Châtelet, du 14 Juin 1703 , d'une part ;
& les Jurés & Communauté des Maitres Queulx - Cuiſiniers
de la Ville , Fauxbourgs & Banlieue de Paris , Intimés d'autre.
Et entre ledit Filaſtreau, Appellant d'autre Sentence du Lieu-
tenant Général de Police, du 21 Novembre 1704. Et les Jurés
& Communauté deſdits Queulx - Cuiſiniers , Intimés. Et encore entre les Maitres & Gardes de la Communauré des Mar-
chands de Vin , demandeurs en Requête d'intervention du 17
Février 1705. Et la Communauté deſdits Maitres Queulx &
Cuiſiniers , & Filaſtreau , défendeurs. Et entre ledit Filaſtreau,
Appellant d'une Sentence rendue par le Lieutenant Général de
Police le 2 Décembre 1701. Et les Jurés & Communauté des
Queulx-Cuiſiniers à Paris , défendeurs. Vû par la Cour la Sentence de Police du Châtelet de Paris, du 15 Juin 1703 , rendue entre les Jurés de la Communauté des Maitres Queulx-
Cuiſiniers-Traiteurs à Paris , demandeurs aux fins de l'Exploit
du 23 Novembre 1702, contre ledit Michel Filaſtreau , Marchand de Vin à Paris , défendeur ; par laquelle ledit Filaſtreau
auroit été condamné en vingt-cinq livres de dommages-intérêrs

envers lefdits Jurés & Communauté defdits Maitres Queulx &
Cuifiniers , en cent fols d'amende & aux dépens. La Sentence
dudit Lieutenant de Police du 21 Novembre 1704 , rendue
entre lefdits Maitres Queulx & Cuifiniers, demandeurs ; contre ledit Filaftreau , défendeur ; par laquelle itératives défenfes
auroient été faites audit Filaftreau de récidiver fur telles peines
qu'il appartiendroit ; & pour la contravention , il auroit été
condamné en fix livres de dommages-intérêts , & aux dépens ;
ce qui feroit exécuté fans préjudiee de l'appel. Arrêt d'appointé
au Confeil & joint , des 4 Décembre 1704 , & 27 Février
1705. Caufes d'appel dudit Filaftreau du 19 Mars dernier , &
réponfes à caufes d'appel defdits Cuifiniers du 15 Avril enfuivant. Productions des Parties & contredits refpectivement fournis les 15 & 19 Avril audit an. Salvations & réponfes à caufes
d'appel , & contredits dudit Filaftreau du 4 Mai. Autres contredits dudit Filaftreau du 20 dudit mois de Mai , fervant de
Salvations à réponfes & caufes d'appel. Requête du 22 dudit
mois de Mai defdits Maitres Cuifiniers , employée pour Salvations. La Requête du 17 Février 1705 defdits Maitres & Gardes
de la Communauté des Marchands de Vin , à ce qu'ils fuffent
reçus Parties intervenantes en l'Inftance d'entre lefdits Cuifiniers-
Traiteurs & ledit Filaftreau , & acte de ce que pour moyens
d'intervention , ils employent le contenu en leur Requête ;
faifant droit fur leur intervention , il fût ordonné que la Déclaration du Roi du 29 Novembre 1680 , Lettres-Patentes du
premier Juillet 1698 , & Arrêt d'enregiftrement du 14 Mai
1701 , feront exécutés felon leur forme & teneur ; ce faifant ,
& en conféquence ils fuffent maintenus dans le droit & poffeffion qu'ils ont de donner à boire & à manger chez eux à
toutes fortes de perfonnes , même de donner à boire & fournir
leurs Vins aux compagnies de Nôces qui viennent chez eux ,
avec déclaration de leur part que , conformément à l'Arrêt du
4 Mars 1701 , ils n'entendent faire chez eux aucun Feftin de
Nôces pour les viandes & ragoûts dont ils auront befoin ; &
que lefdits Traiteurs fuffent condamnés aux dépens. Arrêt du
27 dudit mois de Février , par lequel lefdits Maitres & Gardes
des Marchands de Vin , auroient été reçus Parties intervenantes ; & pour faire droit fur l'intervention , les Parties auroient été appointées en droit & joint. Requête defdits Mar-

chands de Vin du 26 Mars enſuivant , employée pour avertiſſement , écritures & produſtion. Requête du 5 dudit mois
de Mars deſdits Cuiſiniers-Traiteurs , employée pour défenſes ,
écritures & produſtion. Contredits reſpeſtivement fournis par
leſdits Traiteurs & Marchands de Vin des 17 Avril & 26 Mai
dernier. Requête du 22 dudit mois de Mai deſdits Marchands
de Vin , employée pour Salvations. Sommation de fournir de
reponſes & moyens d'Intervention , produire & contredire par
ledit Filaſtreau. La Sentence du Lieutenant-Général de Police
du 2 Décembre 1701 , rendue entre leſdits Jurés Traiteurs-
Queulx-Cuiſiniers à Paris , demandeurs aux fins de l'Exploit
du 22 Novembre 1702 , contre ledit Filaſtreau , par laquelle
défenſes auroient été faites audit Filaſtreau de plus à l'avenir
entreprendre ſur le Métier deſdits Traiteurs-Cuiſiniers ſur les
peines qu'il appartiendroit , & ledit Filaſtreau condamné en
dix livres de dommages & intéréts envers leſdits Cuiſiniers-
Traiteurs , & aux dépens , ce qui ſeroit exécuté ſans préjudice
de l'appel Requête du 7 Mai dernier dudit Filaſtreau , à ce
qu'il fût reçû Appellant , en adherant à ladite Sentence du 2
Décembre 1701 faiſant droit ſur l'appel , attendu que ledit Filaſtreau n'avoit fourni que du pain , du vin , des ſalades & des
couverts , qu'il n'avoit fait aucuns Feſtins de Nôces ni fourni
aucuns ragoûts ni fricaſſées aux gens de la Nôce , dont étoit
queſtion , l'Appellation & ce fût miſe au néant , émendant
ledit Filaſtreau fût déchargé des condamnations contre lui prononcées par ladite Sentence. Que défenſes fuſſent faites aux
Cuiſiniers-Traiteurs, de plus à l'avenir troubler ledit Filaſtreau
dans le droit & poſſeſſion , où lui & tous les Marchands de
Vin étoient de fournir du pain , du vin , des ſalades & des
couverts , indifféremment à tous ceux qui viennent chez eux
pour y boire & manger,& qu'ils fuſſent condamnés aux dépens,
tant des cauſes principale que d'apel , & que ſes autres concluſions lui fuſſent adjugées , & Aſte de ce que pour cauſes
d'appel , écritures & produſtion, il employe le contenu en ſa
Requête , au bas de laquelle eſt l'Ordonnance de la Cour , par
laquelle ledit Filaſtreau auroit été reçû Appellant , ſur l'appel
les Parties appointées au Conſeil , & Aſte de l'employ, &
ordonne que les Intimés fourniroient de réponſes à cauſes d'appel , produiroient dans trois jours , & joint. Requête du 18

dudit mois de Mai defdits Cuifiniers-Traiteurs , employée pour réponfes à caufes d'appel , écritures & production fuivant ladite Ordonnance. Requête du 8 Juin defdits Marchands de Vins , auffi employée pour réponfes , écritures & productions fuivant la même Ordonnance. Requête du 13 dudit mois de Juin dudit Filaftreau , à ce qu'en procédant au Jugement de l'inftance , lui adjugeant fes conclufions , lefdits Jurés & Communauté des Cuifiniers-Traiteurs fuffent condamnés en tous les dépens , que ledit Filaftreau avoit été & feroit obligé de faire allencontre des Jurés & Gardes de la Communauté des Marchands de Vin , fur leur intervention en l'inftance , & en ceux de ladite demande ; fur laquelle Requête auroit été réfervé à faire droit en jugeant , & icelle fignifiée. Requête du 17 dudit mois de Juin defdits Cuifiniers Traiteurs , employée pour réponfes à la précedente. Production nouvelle de la Communauté defdits Jurés-Traiteurs par Requête du 20 Avril dernier. Contredits contre icelle , defdits Filaftreau & Marchands de Vin , des 4 & 22 Mai audit an. Production nouvelle dudit Filaftreau par Requête du 20 dudit mois de Mai. Requêtes des 25 & 29 dudit mois defdits Cuifiniers-Traiteurs , & de la Communauté defdits Marchands de Vin , employées pour contredits contre icelle. Production nouvelle dudit Filaftreau par Requête du 13 Juin audit an. Requête du 16 dudit mois defdits Cuifiniers-Traiteurs , employée pour contredits contre icelle. Production nouvelle defdits Marchands de Vin , par Requête du 15 dudit mois de Juin. Requête du 17 defdits Traiteurs , employée pour contredits contre icelle. Production nouvelle dudit Filaftreau par Requête du 22 Juillet. Requête du 23 dudit mois defdits Traiteurs , employée pour contredits contre icelle. Autre Production nouvelle dudit Filaftreau par Requête du 24 dudit mois de Juillet , contenant fes conclufions , à ce qu'attendu qu'il demeuroit pour conftant que ledit Filaftreau n'avoit fourni aucunes viandes aux Affemblées de Nôces qui avoient été trouvées chez lui le 13 Novembre 1702 non plus qu'aux autres Nôces , pour raifon defquelles les Sentences dont eft appel étoient intervenues , les conclufions qu'il avoit prifes lui fuffent adjugées ; & où la Cour ne trouveroit pas la preuve fuffifante par les piéces produites par ladite Production nouvelle , il fût donné Acte audit Filaftreau de ce qu'il

mettoit en fait n'avoir fourni aucunes viandes , foit de Rotiffe-
ries , Fricaffées , Ragoûts ni autrement , aufdites Compagnies
de Nôces , & qu'il ne leur avoit donné autre chofe que le Vin ,
le Pain , les Salades & les couverts néceffaires , & en conféquence , avant faire droit fur le fond des conteftations des Parties , il lui fût permis d'en faire preuve , en cas que lefdits Cuifiniers-Traiteurs en difconviennent , en la maniere accoûtumée,
pour ce fait & rapporté , être ordonné ce que de raifon. Au bas
de laquelle Requête eft l'Ordonnance de la Cour , portant
qu'elle & les piéces feroient communiquées à Parties pour y
fournir de contredits , au furplus refervé à faire droit en jugeant,
& icelle fignifiée. Requête du 27 dudit mois defdits Cuifiniers ,
employée pour contredits contre ladite Production nouvelle ,
& défenfes contre ladite Requête en jugeant. Requête du 11
Juillet dernier defdits Cuifiniers , employée pour Salvations aux
contredits fournis contre leurs Productions par lefdits Filaftreau
& les Marchands de Vin , avec le Mémoire imprimé defdits
Cuifiniers. Requête du 20 dudit mois de Juillet defdits Marchands de Vin , employée pour réponfes au Mémoire defdits
Cuifiniers , avec le Mémoire imprimé defdits Marchands de
Vin. Requête du 21 dudit mois de Juillet defdits Jurés Cuifiniers , auffi employée pour réponfe au Mémoire defdits Marchands de Vin. Conclufions de notre Procureur Général : Le
tout joint & confidéré , NOTREDITE COUR , faifant
droit fur le tout , fans s'arrêter aux Requêtes dudit Filaftreau
des 13 & 24 Juillet derniers , a mis & met les appellations
par lui interjettées au néant ; ordonne que ce dont eft appel
fortira effet ; le condamne en trois amendes de chacune douze
livres , & aux dépens envers lefdits Cuifiniers-Traiteurs. Sur
l'intervention defdits Maitres & Gardes de la Communauté
des Marchands de Vin , ordonne que la Déclaration du 29
Novembre 1680 , Lettres Patentes du premier Juillet 1698 ,
& Arrêts des 14 Mars & 4 Mai 1701 , feront exécutés felon
leur forme & teneur ; ce faifant , permet auxdits Marchands
de Vin de donner à boire dans leurs maifons à ceux qui y
viendront prendre leurs repas , leur fournir Nappes , Serviettes
& Viandes qu'ils pourront faire rôtir chez eux fur le gril & en
broche , fans néanmoins qu'ils puiffent avoir des Cuifiniers ,
étalages de viandes , loger ni tenir chambres garnies , apprê-

ter, ni faire apprêter aucuns ragoûts, ni fous quelque prétexte que ce foit, faire chez eux les Feſtins de Nôces, recevoir en leurs Maiſons les compagnies de Nôces, ni leur y
fournir aucunes choſes, à peine de cinquante livres d'amende,
& des dommages & intérêts deſdits Cuiſiniers-Traiteurs; &
ſur le ſurplus de la demande deſdits marchands de Vin, les
Parties miſes hors de Cour, dépens compenſés entre leſdits
Traiteurs & Marchands de Vin. Mandons au premier notre
Huiſſier ou Sergent mettre à exécution le préſent Arrêt. Donné
en Parlement le premier Août mil ſept cent cinq. Collationné.
Par la Chambre, *Signé*, DU TILLET.

*Le 11 Août 1705, ſignifié à Maitres le Sueur & Allier,
Procureurs des Parties adverſes, en leurs domiciles, parlant à
leurs Clercs.*

Signé, MORTIER.

*Le 17 Août 1705, ſignifié & baillé copie audit Filaſtreau,
Marchand de Vin, en ſon domicile, parlant à ſon Garçon; &
aux Maitres & Gardes de la marchandiſe de Vin, en leur Bureau, parlant à une Servante, par moi Huiſſier au Parlement,
ſouſſigné.*

Signé, JEUNESSE, avec paraphe.

Contrôlé à Paris le 18 Août 1705, Regiſtre 74, Folio 95.

Signé, BRODARRE, avec paraphe.

LETTRES PATENTES

POUR les Cuisiniers & Traiteurs de la Ville de Paris.

Portant confirmation des Statuts de ladite Communauté.

Du 29 Mai 1708.

LOUIS, par la grace de Dieu, Roi de France & de Navarre, A tous ceux qui ces préfentes Lettres verront, Salut. Les Marchands de Vin de notre bonne Ville & Fauxbourgs de Paris Nous ayant fait remontrer, que les défeufes qui leur étoient faites par les Statuts des Maitres Queulx & Cuifiniers-Traiteurs de notredite Ville de Paris, d'entreprendre aucunes nôces, feftins, banquets, colations & autres chofes dépendantes de leur Art, leur caufoient un préjudice confiderable, & gênoient même la liberté publique ; Nous aurions ordonné par notre Déclaration du 12 Juillet 1707, que lefdits Marchands de Vin pourroient donner à boire dans leurs maifons & caves, fournir des-tables, fieges, nappes, ferviettes & viandes, lefquelles ils pourroient faire rôtir fur gril & en broche, conformément à l'Arrêt de notre Parlement de Paris, du premier Août 1705, pour ceux qui viennent prendre leurs repas dans leurs maifons, même y recevoir toutes compagnies de nôces & toutes fortes de perfonnes indiftinctement, fans néanmoins pouvoir avoir aucunes enfeignes de Traiteurs ni de Cuifiniers chez eux, étalage de viande, loger ni tenir chambres garnies, & pouvoir être réputés Cabaretiers ; à l'effet dequoi Nous aurions, en tant que befoin, dérogé aux Statuts defdits Maitres Cuifiniers-Traiteurs, & aux Arrêts de notredit Parlement, qui pouvoient être contraires à la difpofition de ladite Déclaration, en confidération dequoi Nous aurions déchargé lefdits Maitres Traiteurs de la finance qu'ils étoient tenus de Nous payer pour la réunion à leur Communauté des Offices de Greffiers des Brevets d'apprentiffage & de Contrôleurs des poids & mefures : Et comme cette Déclaration n'expliquoit rien au fujet des vifites

que

que lefdits Cuifiniers-Traiteurs font en droit de faire chez lefd. Marchands de Vin , & que cette obmiffion pouvoit être une fource de procès entr'eux , Nous aurions par Arrêt de notre Confeil du 22 Novembre de ladite année 1707 , & Lettres Patentes expédiées en conféquence le 30 dud. mois, maintenu lefdits Traiteurs dans la faculté d'aller en vifite toutefois & quantes que bon leur fembleroit , ainfi qu'ils avoient accoutumé , dans les maifons & caves defdits Marchands de Vin , fur les avis des contraventions qui s'y pourroient commettre au préjudice de leur Communauté , dans les points & articles qui n'étoient pas autorifés par ladite Déclaration. Mais ayant été depuis informé que ladite Déclaration, ni lefdites Lettres Patentes n'avoient pû être enregiftrées en notredit Parlement de Paris à caufe des oppofitions formées , tant de la part defd. Traiteurs que defdits Marchands de Vin ; que d'ailleurs , il n'étoit pas du fait des Marchands de Vin de faire le même métier des Traiteurs , qui feroient ruinés fi cette nouveauté pouvoit avoir lieu , & que même lefdites Déclarations , Arrêts & Lettres Patentes avoient déja donné matiere à plufieurs conteftations entre lefdits Marchands de Vin & lefdits Cuifiniers-Traiteurs , & en pouvoient faire naître beaucoup d'autres ; Nous aurions réfolu pour les faire ceffer , & toutes celles qui pourroient furvenir par la fuite , de remettre les Parties au même état qu'elles étoient avant lefdites Déclarations , Arrêts & Lettres Patentes , & pour cet effet d'accepter les offres defdits Cuifiniers-Traiteurs , de Nous payer les taxes fur eux faites pour la réunion à leur Communauté des Offices de Greffiers des Brevets d'apprentiffage & de Contrôleur des poids & mefures. A ces caufes & autres à ce nous mouvans , de notre certaine fcience , pleine puiffance & autorité Royale , Nous avons par ces Préfentes fignées de notre main , dit, déclaré & ordonné, difons, déclarons & ordonnons, voulons & nous plaît, que les Maitres Queulx & Cuifiniers-Traiteurs de notre bonne Ville & Fauxbourgs de Paris , foient mis & rétablis , comme nous les mettons & rétabliffons au même état qu'ils étoient avant noftredite Déclaration du 12 Juillet 1707 , Arrêt du 22 Novembre fuivant, & Lettres Patentes du 30 dudit mois, auxquels pour cet effet Nous avons dérogé & dérogeons par ces mêmes Préfentes. Faifons défenfes en conféquence auxdits Marchands de Vin de

O

notredite Ville & Fauxbourgs de Paris, à toutes autres perſonnes généralement quelconques, de tel art, métier & condition qu'elles puiſſent être, de recevoir chez eux aucunes compagnies de nôces, ni d'entreprendre aucuns feſtins, banquets, colations & autres choſes dépendantes de l'art & métier deſdits Cuiſiniers-Traiteurs, que nous avons maintenus & confirmés, comme nous les maintenons & confirmons par ceſdites Préſentes, conformément à nos Lettres Patentes du mois d'Août 1663, & Déclaration du 15 Decembre 1704, dans les Statuts à eux accordés par Nous & les Rois nos Prédéceſſeurs, que nous voulons, ainſi que les Déclarations, Réglemens & Arrêts rendus en conſéquence, tant en notre Conſeil qu'en notredit Parlement de Paris, être exécutés ſelon leur forme & teneur : les maintenons & confirmons en outre dans tous leurs droits, privileges, facultés & fonctions exprimés, tant dans leurſdits Statuts, que dans les Déclarations, Ordonnances, Réglemens & Arrêts de notredit Parlement de Paris ſur ce rendus : Et de la même autorité que deſſus, Nous avons, en tant que beſoin eſt ou ſeroit, uni & incorporé, uniſſons & incorporons à ladite Communauté des Maitres-Queulx & Cuiſiniers-Traiteurs, les Offices héréditaires de Contrôleurs-Viſiteurs des poids & meſures, & de Greffiers des Brevets d'apprentiſſages de leur Communauté, créés par nos Edits des mois de Janvier & Août 1704, pour jouir par eux des gages & droits y attribués, ſans que pour raiſon deſdits Offices, ils ſoient tenus de prendre de Nous aucunes Lettres de Proviſions, dont nous les avons diſpenſé & diſpenſons, ni de payer ci-après aucune taxe pour confirmation d'hérédité deſdits Offices, ni autres ſous quelque prétexte que ce puiſſe être, dont Nous les avons dès-à-préſent déchargé & déchargeons, à la charge par eux de payer la ſomme de trois mille livres, & les deux ſols pour livre d'icelle, à quoi nous avons réduit & moderé la finance deſdits Offices, leſquelles ſommes Nous leur avons permis & permettons d'emprunter, ſi bon leur ſemble : Si donnons en mandement à nos amés & féaux Conſeillers les Gens tenans notre Cour de Parlement à Paris, que ces Préſentes ils ayent à faire lire, publier & enregiſtrer, & du contenu en icelles, jouir & uſer leſdits Maitres Queulx & Cuiſiniers-Traiteurs de notredite Ville & Fauxbourgs de Paris, pleinement & paiſiblement ſelon leur forme & teneur, nonobſtanr toutes lettres & choſes à ce contraires, auxquelles Nous avons dérogé & dérogeons par ceſdites Préſentes : Car tel eſt notre plaiſir. En témoin de quoi Nous avons fait mettre notre Scel à ceſdites Préſentes. Donné à Marly le vingt-neuviéme jour de Mai, l'an de grace mïl ſept cent huit, & de notre Regne le ſoixante-ſixiéme. *Signé*, LOUIS : *Et plus bas* : Par le Roi, *Signé*, PHELYPEAUX, *avec Paraphe*. Vû au Conſeil, *Signé*, DESMARETZ. *Et plus bas eſt écrit* :

Regiſtrées, ouï le Procureur Général du Roi, pour être exécutées ſelon leur forme & teneur, ſuivant & conformément à l'Arrêt du premier Août 1705, & à celui de ce jour. A Paris, en Parlement, le 19 Décembre 1709.

Signé, LORNE, avec paraphe.

ARREST

DU CONSEIL D'ÉTAT DU ROI,

Du 30 Octobre 1708.

QUI renvoye les Marchands de Vin au Parlement, pour procéder ſur leur oppoſition à l'enregiſtrement de la Déclaration du Roi du 29 Mai 1708.

Extrait des Regiſtres du Conſeil d'Etat.

VU au Conſeil d'Etat du Roi la Requête préſentée en icelui par les Maitres & Gardes du Corps des Marchands de Vin de la Ville & Fauxbourgs de Paris, tendante à ce qu'il a plû à Sa Majeſté les recevoir oppoſans à l'exécution de la Déclaration rendue en faveur des Maitres Jurés Cuiſiniers-Traiteurs de la même Ville, le vingt-neuviéme Mai de la préſente année 1708, par laquelle, conformément aux Statuts deſdits Cuiſiniers-Traiteurs, Déclarations, Arrêts & Réglemens, rendus en conſéquence, il eſt fait défenſes auſdits Marchands de

vin, & à toutes autres perfonnes généralement quelconques, de
tel Art, Métier & condition qu'elle puiffent être, de recevoir
chez eux aucunes compagnies de Nopces, ni d'entreprendre
aucuns Feftins, Banquets, Colations, & autres chofes dépendantes de l'Art & Métier defdits Cuifiniers-Traiteurs, & ordonner en conféquence que celle du 12 Juillet 1707, & les Lettres-
Patentes du 30 Novembre enfuivant, foient exécutées felon
leur forme & teneur; lefdits Marchands de vin prétendans que
cette Déclaration du 29 Mai 1708, eft contraire à celle du 29
Novembre 1680, par laquelle en confidération de l'augmentation de 27 fols par muid de vin fur le Droit de huitiéme, il leur
eft permis de donner à boire dans leurs maifons & caves, & de
fournir des tables, fiéges, nappes, ferviettes & viandes à ceux
qui prendront leurs repas en leurs maifons, fans néanmoins qu'ils
puiffent avoir des Cuifiniers chez eux, étalages de viandes,
loger ni tenir chambres garnies, & fans auffi qu'ils puiffent être
réputés Cabaretiers; que ladite Déclaration de 1680, ne contenant point d'exception pour les compagnies de Nôces, ils peuvent les recevoir de même que d'autres compagnies, autrement le public fe trouveroit extrêmement gêné, & la Ferme générale des Aydes fouffriroit un préjudice confidérable, puifque
les petites gens, qui ne font pas en état d'aller chez les Traiteurs, continueroient de fortir de la Ville & des Faubourgs de
Paris, pour aller faire leurs Nôces dans des endroits où les droits
d'entrée, de Gros & de Huitiéme ne font pas établis; au lieu
que s'il leur étoit permis d'aller chez les Marchands de vin,
tous ces droits feroient payés; à quoi ils ajoûtent que ladite
augmentation de 27 fols, qui produit tous les ans plus de deux
cent mille livres, n'a été impofée qu'à caufe de la permiffion
qui leur a été accordée de donner à boire chez eux, & de fournir des viandes à toutes fortes de perfonnes; que néanmoins leur
deffein n'étoit point d'entreprendre fur le métier des Cuifiniers-
Traiteurs, lefquels ne fçauroïent fe plaindre, du moment que lefdits Marchands de vin n'auront pas de Cuifiniers chez eux, ni
d'étalages de viandes, & qu'ils ne fourniront autre chofe que ce
qui leur eft permis par ladite Déclaration de 1680, ce qu'ils
pourroient reconnoître dans leurs vifites : la réponfe defdits Maîtres Jurés Cuifiniers & Traiteurs contenant, que les Marchands de
vin n'ont aucuns Titres ni Statuts qui puiffent les autorifer dans

leurs oppofitions à l'enregiftrement de la Déclaration du 29 Mai 1708 , par laquelle entre autres chofes Sa Majefté a , pour les caufes y contenues , derogé à celle du 12 Juillet 1707 , & aux Lettres-Patentes du 30 Novembre enfuivant ; ni dans leur prétention de recevoir chez eux des compagnies de Nôces ; qu'ils n'ont jamais eu cette faculté , qu'au contraire elle leur a toujours été défendue autant de fois qu'ils ont tenté de l'obtenir ; que les Cuifiniers-Traiteurs ont une Maitrife établie dès l'année 1599 , fuivant les Statuts qui leur ont été accordés en ladite année , par le Roi Henri IV, dûement vérifiés & enregiftrés ; que ces Statuts ont été depuis confirmés par le feu Roi Louis XIII, d'heureufe mémoire en 1612 , & par Sa Majefté en 1646 , qu'il a encore plû à Sa Majefté leur donner en 1704 , une Déclaration confirmative defdits Statuts , lefquels font connoître que ce qu'il y a de plus effentiel dans leur métier , eft le privilege de recevoir les compagnies de Nôces ; que cette faculté eft défendue à toutes perfonnes généralement quelconques , de tel Art , métier & condition qu'elles puiffent être , tant par l'Article XXII defdits Statuts , que par l'Article VI de la Déclaration de 1704 , & par l'Arrêt contradictoire du Parlement de Paris du 1 Août 1705 , par lequel il eft fait défenfes aux Marchands de vin de faire chez eux , fous quelque prétexte que ce foit , les feftins de Nôces , recevoir en leurs maifons les compagnies de Nôces , ni leur fournir aucunes chofes à peine de cinquante livres d'amende ; que les Marchands de vin alléguerent lors de cet Arrêt la Déclaration de 1680 , l'intérêt de la Ferme , & toutes les mêmes raifons fur lefquelles ils fe fondent aujourd'hui , mais qu'elles furent trouvées fi foibles , que l'on n'y eut aucun égard ; que c'eft par le même principe que le Roi a eu la bonté de rendre la Déclaration du 29 Mai 1708 , qui ne donne aucune atteinte à celle de 1680 , fuivant laquelle il eft feulement permis aux Marchands de vin de donner à boire & de fournir des tables , nappes , ferviettes & viandes à ceux qui prendront leurs repas dans leurs maifons ; ce qui ne peut s'entendre que des particuliers qui n'ont point de ménage , des ouvriers & autres gens , qui fe trouvant éloignés de leurs quartiers , ont befoin de prendre leur refection, ou des perfonnes qui viennent à Paris pour leurs affaires , qui logent dans des chambres garnies , & qui font obligées d'aller prendre leurs repas de côté & d'autre, & non pas des compagnies.

de Nôces, de quelque qualité qu'elles foient , pour lefquelles la Communauté des Cuifiniers-Traiteurs a un privilege exclufif ; qu'il eft inutile aufdits Marchands de vin de dire qu'ils ne veulent point entreprendre fur le métier des Cuifiniers - Traiteurs , c'eft-à-dire , donner des ragoûts , faire des feftins , colations , & autres chofes dépendantes de leur métier , puifqu'il fuffit qu'il leur foit défendu de recevoir des compagnies de Nôces , pour condamner leur prétention , de quelque maniere que ce foit & qu'ils la colorent : c'eft pourquoi les Cuifiniers-Traiteurs qui font fondés en bons titres bien & dûement vérifiés , fupplient très-humblement Sa Majefté d'avoir la bonté , en déboutant lefdits Marchands de vin des fins & conclufions portées par leurs requefte , de renvoyer les Parties au Parlement de Paris , pour procéder fur l'oppofition que les Marchands de vin ont formée à l'enregiftrement de ladite Déclaration du 29 Mai 1708. V e u auffi lefdits Statuts defdits Cuifiniers-Traiteurs dûement regiftrés au Parlement , les Lettres de Confirmation ; ladite Déclaration de 1680 , celle de 1704 , l'Arrêt dudit Parlement du 1 Août 1705 , ladite Déclaration du 12 Juillet 1707 , les Lettres-Patentes du 30 Novembre enfuivant , ladite Déclaration du 29 Mai 1708 , l'Acte d'oppofition formée par les Marchands de vin à l'enregiftrement de ladite Déclaration du 29 Mai. Requête defdits Cuifiniers-Traiteurs préfentée audit Parlement contre lefdits Marchands de vin , du 12 Juil. enfuivant , à ce que lefdits Marchands de vin fuffent déboutés de ladite oppofition , & paffé outre à l'enregiftrement de ladite Déclaration , & autres piéces & Mémoires des Parties. Oui le rapport du Sieur Defmarets Confeiller ordinaire au Confeil Royal , Contrôleur Général des Finances. LE ROI EN SON CONSEIL , fans s'arrêter à la requête defdits Marchands de vin , ayant égard à celle des Cuifiniers-Traiteurs , a renvoyé les Parties au Parlement de Paris , pour y proceder fur l'oppofition que les Marchands de vin ont formée à l'enregiftrement de la Déclaration du 29 Mai 1708. Fait au Confeil d'Etat du Roi , tenu à Verfailles le 30e jour d'Octobre 1708. Collationné. *Signé ,* De Laistre.

De la Jurande de Charles le Neveu , de Louis Houffeau , d'Antoine Bondal , & de Nicolas le Noir.

ARREST

DE LA COUR DE PARLEMENT,

Du 19 Décembre 1709.

QUI permet aux Cuisiniers-Traiteurs de faire des Visites chez les Marchands de Vin, en présence d'un Commissaire du Châtelet, tel qu'ils voudront choisir.

Extrait des Registres de Parlement.

LOUIS, par la grace de Dieu, Roi de France & de Navarre : au premier Huissier de notre Cour de Parlement, & autre sur ce requis. SALUT, sçavoir faisons qu'entre les Jurés de la Communauté des Cuisiniers-Traiteurs de la Ville de Paris, opposans à l'Enregistrement de la Déclaration du 12 Juillet 1707, & Défendeurs d'une part ; & les Maîtres & Gardes du Corps des Marchands de Vin de cette Ville de Paris, Défendeurs à ladite opposition, & Demandeurs en Requête du 21 Novembre 1707, d'autre ; & encore entre lesdits Maîtres & Gardes du Corps des Marchands de Vin de Paris, Demandeurs en Requête du 30 Janvier 1708, & lesdits Jurés & Communauté des Cuisiniers-Traiteurs de cette Ville. Et encore entre lesdits Maîtres & Gardes des Marchands de Vin, opposans à l'Enregistrement de la Déclaration du Roi du 9 Mai 1708, & Défendeurs ; & lesdits Maîtres Traiteurs & Cuisiniers de Paris, Défendeurs à ladite opposition, & Demandeur en Requête du 12 Juillet 1708. Et encore entre lesdits Maîtres & Gardes des Marchands de Vin, Demandeurs en Requête du 2, signifiée le 4 Mars 1709 ; & lesdits Traiteurs, Défendeurs. Vû par la Cour les Lettres-Patentes du Roi du 12 Juillet 1707, en forme de Déclaration, obtenues par les Marchands de Vin ; par lesquelles, conformément à la Déclaration du 29 Novembre 1680, & Lettres-Patentes du premier Juillet 1698, Sa Majesté accorde que les Marchands de Vin de la Ville & Faubourgs de Paris puissent donner à boire dans leurs maisons & caves, fournir des Tables, Siéges, Nappes, Serviettes & Viandes, lesquelles ils pourront faire rôtir sur le gril & en broche, conformément à l'Arrêt du premier Août 1705, pour ceux qui viennent prendre leurs repas dans leurs maisons, même y recevoir toutes Compagnies de Nôces & toutes sortes de personnes sans distinction, sans néanmoins qu'ils puissent avoir aucunes Enseignes de Traiteurs, ni de Cuisiniers chez eux, étalage de viande, loger ni tenir Chambre garnie; sans aussi qu'ils puissent être réputés Cabaretiers, auquel effet en tant que besoin le Roi dérogeoit aux Statuts des Maîtres Queux-Cuisiniers-Traiteurs de la Ville & Faubourgs de Paris, & aux Arrêts de la Cour qui pourroient être contraires ausd. Lettres Patentes, & veut qu'au surplus lesdits Arrêts & Statuts soient exécutés selon leur forme & teneur; & en considération la Communauté desdits Traiteurs auroit été déchargée du payement de la finance qu'elle seroit tenue pour la réunion des Offices de Contrôleurs, Visiteurs, & des poids & mesures, & de Greffier des Brevets d'Aprentissage, lesquels demeureront réunis à leur Corps, sans qu'ils puissent recevoir aucuns Droits attribués ausdits Offices. La Requête du 21 Novembre 1707 desdits Marchands de Vin, à ce que sans s'arrêter à l'opposition formée par la Communauté desdits Cuisiniers-Traiteurs, il fût ordonné qu'il seroit procedé & passé outre à l'enregistrement de la Déclaration du Roi du 12 Juillet 1707, pour être exécutée selon sa forme & teneur. Autre Requête du 30 Janvier 1708, desd. Marchands de vin, à ce qu'en déboutant lesdits Traiteurs de leur opposition à l'enregistrement de la Déclaration du Roi du 12 Juillet 1707, il leur fût donné acte de ce qu'ils se rapportoient à la Cour d'ordonner ce qu'il lui plairoit sur l'enregistrement; en ce cas le droit de visite de question demeureroit restraint aux jours que les Marchands de vin auroient chez eux compagnies de nôces; & en tout cas, que les Traiteurs ne pourroient faire aucune visite qu'avec un Commissaire du Châtelet, & en conséquence de l'Ordonnance du Lieutenant Général de Police, & les contestans condamnés aux dépens. Les Lettres Patentes en forme de Déclaration du 29 Mai 1708, obtenues par lesd. Maîtres Queulx-Cuisiniers-Traiteurs de la Ville & Fauxbourgs

de

de Paris , par lefquelles Sa Majefté veut qu'ils foient mis &
rétablis , ainfi qu'il les rétablit , au même état qu'ils étoient
avant la Déclaration du 12 Juillet 1707 , Arrêt du 22 Novembre
fuivant & Lettres Patentes du 30 dudit mois , auxquelles Sa
Majefté dérogeoit ; & en conféquence fait défenfes auxdits
Marchands de vin de la Ville & Fauxbourgs de Paris , & à
toutes autres perfonnes généralement quelconques , de tel Art,
Métier & condition qu'elles puiffent être , de recevoir chez
eux aucunes compagnies de nôces , ni d'entreprendre aucuns
feftins , Banquets , colations & autres chofes dépendantes de
l'Art & Métier de Cuifiniers-Traiteurs qui auroient été maintenus & confirmés , conformément aux Lettres Patentes du mois
d'Août 1663 , & Déclaration du 15 Décembre 1704 , dans les
Statuts à eux accordés par le Roi & les Rois fes prédéceffeurs,
qu'il veut , ainfi que les Déclarations , Réglemens & Arrêts
rendus en conféquence , tant au Confeil qu'en la Cour , être
exécutés felon leur forme & teneur , & les maintient & confirme
en outre dans tous leurs droits , privileges , facultés & fonctions
exprimés , tant dans leurfdits Statuts que dans les Déclarations,
Ordonnances , Réglemens & Arrêts de la Cour fur ce rendus,
& en tant que befoin eft ou feroit, a réuni à lad. Communauté des
Maitres Queulx & Cuifiniers-Traiteurs , les Offices héréditaires
de Contrôleurs-Vifiteurs des poids & mefures , des Greffiers des
Brevets d'apprentiffage de leur Communauté , créés par Edits
des mois de Janvier & Août 1704 , pour jouir par eux des
droits & gages y attribués , fans que pour raifon defdits Offices
ils foient tenus de prendre aucunes Lettres & Provifions dont
ils étoient difpenfés , ni de payer ci-après aucunes taxes , à la
charge par eux de payer la fomme de trois mille livres & les
deux fols pour livre , à quoi la finance defdits Offices auroit été
modérée. L'acte d'oppofition du 22 Juin 1708 , formée à l'enregiftrement defdites Lettres Patentes , à la requête defdits
Marchands de vin. La Requête du 12 Juillet enfuivant defdits
Maitres Queulx-Cuifiniers & Traiteurs , à ce qu'il fût ordonné,
que fans s'arrêter à l'oppofition formée par lefdits Marchands
de vin à l'enregiftrement de la Déclaration donnée en faveur
defdits Cuifiniers-Traiteurs le 29 Mai 1708 , dont ils feroient
déboutés , il fût ordonné qu'il feroit paffé outre à l'enregiftrement de ladite Déclaration , & lefdits Marchands de vin con-

P

damnés aux dommages & intérêts defdits Cuifiniers-Traiteurs, & aux dépens. Arrêt du 9 Janvier 1709, par lequel fur les oppofitions refpectives des Parties elles auroient été appointées en droit. Autre Arrêt du 21 Janvier audit an , par lequel , fans s'arrêter à l'oppofition defdits Cuifiniers à l'exécution dudit Arrêt du 9 Janvier , dont ils auroient été déboutés & condamnés aux dépens, auroit été ordonné que ledit Arrêt feroit exécuté fur les qualités fignifiées à la requête defdits Marchands de vin. Avertiffement defdits Marchands de vin du 29 dudit mois de Janvier. Productions des Parties. Contredits defdits Marchands de vin du 15 Mai dernier. Requête du premier Juin enfuivant defdits Traiteurs , employée pour contredits & falvations. La Requête defdits Marchands de vin du 2 Mars , fignifiée le 4 dudit mois , à ce qu'en les recevant oppofans à la Déclaration du Roi du 29 Mai 1708 , en conféquence de la déclaration faite par Requête du 30 Janvier précédent , qu'ils fe rapportoient à la Cour d'ordonner ce qu'il lui plairoit fur l'enregiftrement des Lettres Patentes du 30 Novembre 1707 , à condition néanmoins que les droits de vifite accordés par icelle aux Traiteurs , demeureront reftraints aux jours que les Marchands de vin auroient chez eux des compagnies de nôces, & qu'en tout cas ils ne pourroient faire aucunes vifites qu'avec un Commiffaire du Châtelet , & en conféquence de l'Ordonnance du Lieutenant Général de Police ; & fans s'arrêter à l'oppofition des Traiteurs dont ils feroient déboutés , il fût ordonné qu'il feroit procedé & paffé outre à l'enregiftrement de la Déclaration du Roi du 12 Juillet 1707 , & les Traiteurs condamnés aux dépens ; & acte de ce que pour écritures & productions lefdits Marchands de vin employoient le contenu en leur Requête ; au bas de laquelle eft l'Ordonnance de la Cour, par laquelle fur la demande les Parties auroient été appointées en droit , joint , & acte de l'emploi. Requête du 16 Juillet dernier defdits Traiteurs , employée pour défenfes , écritures & production, fuivant ladite Ordonnance. Production nouvelle defdits Cuifiniers Traiteurs , par Requête du 17 Juin 1709. Requête defdits Marchands de vin du 28 dudit mois de Juin, fignifiée le premier Juillet audit an defdits Marchands de Vin , employée pour contredits contre icelle & pour falvations. Autre production nouvelle defdits Traiteurs , par Requête du même jour 17 Juin. Requête du premier Juillet audit an defdits Marchands de Vin , employée pour contredits contre icelle. Production nouvelle defdits Marchands de Vin , par Requête du premier Juillet audit an. Requête du 16 dudit mois defdits Traiteurs , employée pour contredits contre icelle. Autre production nouvelle defdits Traiteurs , par Requête du 2 Août enfuivant. Requête du 3 dudit mois defdits Marchands de Vin , employée pour contredits contre icelle. Conclufions du Procureur Général du Roi : Tout joint & confidéré, LA COUR , fans s'arrêter à l'oppofition formée par lefdits Marchands de Vin à l'enregiftrement des Lettres Patentes obtenues par lefdits Cuifiniers-Traiteurs du 29 Mai 1708 , dont Elle les a déboutés , ordonne que lefdites Lettres feront regiftrées au Greffe de la Cour , pour être exécutées felon leur forme & teneur , conformément à l'Arrêt du premier Août 1705. Permet auxdits Cuifiniers-Traiteurs de faire des Vifites chez les Marchands de Vin , en préfence d'un Commiffaire du Châtelet , tel qu'ils voudront choifir ; & en conféquence déboute lefdits Marchands de Vin de leur Requête du 2 Mars 1709 , à fin d'enregiftrement des Lettres Patentes du 12 Juillet 1707 , & de leurs autres demandes , & les condamne au quart de tous les dépens , les trois autres quarts compenfés. Si te mandons mettre le préfent Arrêt à exécution felon fa forme & teneur ; de ce faire te donnons pouvoir. Donné à Paris en Parlement le dix-neuvieme Décembre mil fept cent neuf , & de notre Regne le foixante-feptieme. Collationné, MANGOT. *Signé* par la Chambre, LORNE.

Le 2 Janvier 1710 , fignifié & baillé copie à la Communauté des Marchands de Vin , en leur Bureau , rue Grenier-fur-l'eau , parlant à une Servante , par moi Huiffier en Parlement , fouffigné. Signé, JEUNESSE. Et contrôlé ledit jour & an. Signé, MONTBUT.

Et le 2 Janvier 1710 , fignifié & baillé Copie à Me. Allier , Procureur , en fon domicile , parlant à fon Clerc. Signé, HERMAND.

De la Jurande de Henri Elloin , Charles Neveu , François de la Croix , & Vincent Babu , le 19 Décembre 1709.

ARREST

DE LA COUR DE PARLEMENT,

Rendu en faveur de la Communauté des Cuisiniers-Traiteurs à Paris.

Contre les Jurés Vendeurs & Contrôleurs de Vins à Paris.

Du 5 Août 1711.

LOUIS, par la grace de Dieu, Roi de France & de Navarre, sçavoir faisons : Qu'entre Charles le Neveu, Cabaretier-Traiteur de cette Ville de Paris, appellant d'une Sentence de l'Hôtel de cette Ville du 20 Juin 1709, d'une part ; & les anciens Jurés de la Communauté des Vendeurs & Contrôleurs de Vins de cette Ville & Fauxbourgs, intimés, d'autre : Et les Jurés & Communauté des Cuisiniers-Traiteurs à Paris, demandeurs en intervention, suivant leur Requête du 2 Juillet 1709, d'une part ; & lesdits anciens Jurés Vendeurs de Vins, & ledit Neveu, défendeur, d'autre : Et entre ladite Communauté des Cuisiniers-Traiteurs de la Ville & Fauxbourgs de Paris , & Charles le Neveu, l'un d'eux, & Marchand de Vin à Paris, demandeurs en Requête du 4, signifiée le 5 Décembre 1710, d'une part ; & les anciens Vendeurs de Vins, défendeurs, d'autre : Et entre la Communauté des anciens Vendeurs & Contrôleurs de Vins , demandeurs en Requête du 23 Février 1711, d'une part ; & lesdits Neveu & Communauté des Cuisiniers-Traiteurs de Paris, défendeurs, d'autre : Et entre ladite Communauté des Jurés Vendeurs de Vin , demandeurs en Requête du 9 Juin 1711, d'une part ; & la Communauté des Maîtres Cuisiniers-Traiteurs, défendeurs, d'autre. Vû par notre Cour de Parlement, ladite Sentence de l'Hôtel de Ville rendue entre les Syndic & Communauté des anciens Vendeurs de Vin de cette Ville, demandeurs ; & Charles Neveu, Maître Traiteur en cette Ville, défendeur, du 20 Juin 1709, par laquelle, Parties ouies, ledit Neveu auroit été condamné à payer auxdits Syndic & Communauté des anciens Vendeurs de Vin, la somme de trente livres cinq sols neuf deniers pour leurs droits, suivant leur attribution, à raison de quarante sols par muid de la quantité de treize muids & demi dix septiers, que ledit Neveu auroit fait arriver depuis le 27 Août 1708, jusqu'au 27 Octobre audit an, & aux dépens, & seroit ladite Sentence exécutée nonobstant opposition ou appellation quelconques faites ou à faire, & sans préjudice d'icelles. Requête desdits Jurés & Communauté des Cuisiniers-Traiteurs de Paris, du 24 Juillet 1709, à ce qu'ils fussent reçus Parties intervenantes en la Cause d'appel d'entre lesdits Neveu & la Communauté des anciens Jurés Vendeurs & Contrôleurs de Vin ; faisant droit sur icelle, acte leur fût donné de ce qu'ils se joignoient avec led. Neveu : ce faisant, l'appellation & ce dont est appel, fussent mis au néant ; émendant, lesdits Vendeurs & Contrôleurs de Vin fussent déboutés de leur demande, au-pardessus du tiers qui leur est dû, conformément à l'Edit de 1703, & condamnés ès dépens. Arrêt du 2 Septembre 1709, par lequel lesdits Jurés & Communauté des Cuisiniers auroient été reçus intervenans, & pour faire droit sur l'appel, les Parties appointées au Conseil, & sur l'intervention en droit & joint. Requête desdits Neveu, & la Communauté des Maitres Queulx-Cuisiniers-Traiteurs, du 21 Janvier 1710, employée pour causes & moyens d'appel d'intervention, & avertissement sur l'intervention & demande ; ce faisant, ayant égard à l'intervention, l'appellation & ce fussent mis au néant ; émendant, lesdits Neveu & Cuisiniers-Traiteurs, condamnés de leur consentement, & suivant leurs offres, à payer auxdits Jurés Vendeurs & Contrôleurs de Vin, quatorze sols pour le tiers de quarante-deux sols de chacun muid de vin, qu'ils vendroient en leur maison, & déchargés du surplus des condamnations portées par lad. Sentence ; avec défenses auxdits Jurés Vendeurs & Contrôleurs de vin, de lever plus grand droit, & condamnés aux dépens, tant des causes principale que d'appel desdits Jurés Vendeurs & Contrôleurs de vin, du 16 Juin 1710, servant, en tant que besoin seroit, de défenses & avertissement. Production des Parties. Requête desd. Neveu & Communauté des Cuisiniers-Traiteurs, du 16 Juin 1710, employée pour contredits. Contredits des anciens Jurés Vendeurs & Contrôleurs de vin, du 30 dudit mois de Juin. Production nouvelle defdits Jurés Vendeurs de vin , par Requête du 17 dudit mois de Juin 1710. La Requête & demande defdits Neveu & Communauté des Cuifiniers-Traiteurs, du 4, fignifiée le 5 Décembre 1710, employée pour contredits contre ladite production , & à ce qu'en s'expliquant, en tant que befoin feroit, les conclufions par eux prifes, l'appellation & ce fuffent mifes au néant ; émendant, ordonne que l'Edit du mois d'Octobre 1703 feroit exécuté. Et fuivant icelui, que ledit Neveu, l'un defdits Traiteurs, enfemble tous ceux qui compofent ladite Communauté des Cuifiniers-Traiteurs qui ont des titres de Marchands de vin en cette Ville de Paris, ne payeroient, fuivant leurs offres, que quarante-deux fols pour droits de contrôle & vingtiéme en fus pour chacun muid de vin du tiers de la totalité de leurs vins qu'ils vendoient à pot & affiette, lefquelles offres feroient déclarées valables ; défenfes auxdits anciens Jurés Vendeurs & Contrôleurs de vin, d'exiger defdits Cuifiniers-Traiteurs plus grands droits ; lefdits Jurés Vendeurs Contrôleurs de vins , condamnés à reftituer auxdits Cuifiniers-Traiteurs ce qu'ils pourroient avoir reçu au par-delà dudit tiers, depuis ledit Edit du mois d'Octobre 1703 , vérifié en la Cour, & aux dépens defdits Cuifiniers-Traiteurs, tant des caufes principale que d'appel ; & qu'acte lui fût donné de l'emploi pour écritures & production : au bas de laquelle Requête eft l'Ordonnance de la Cour, portant acte de l'emploi ; les défendeurs tenus à fournir de défenfes ; écriroient & produiroient, & joint au furplus fur la Requête & pieces communiquées à voir. Requête defdits Jurés Vendeurs & Contrôleurs de vins , du 23 Février 1711 , employée pour falvations, contredits, défenfes , écritures & production , en exécution de l'Ordonnance du 4 Décembre 1710, contenant demande, à ce qu'attendu que led. Neveu n'avoit été condamné par la Sentence dont eft appel, qu'en qualité de Maitre Traiteur-Cuifinier de cette Ville , & non point comme Marchand de vin, n'ayant point pris, & ne pouvant point prendre cette qualité, & que ce ne font que les feuls Cabaretiers de cette Ville & Fauxbourgs , qu foient déchargés, par l'Edit du mois d'Octobre 1703 , du payement des deux tiers de leurs vins, & non autre, il fût donné acte auxd. Jurés Vendeurs de vins defd. emplois ; & procedant au jugement

de l'Inftance, mettant l'appellation au néant, & déboutant lefd.
Maitres Cuifiniers-Traiteurs, de leur requête du 5 Décemb. 1710,
ledit Neveu fût condamné à payer audits Jurés-Vendeurs & Contrôleur de vins, leurs droits de Regiftre & Contrôle de la totalité des vins qu'il avoit fait arriver de la campagne en contravention, depuis qu'il avoit été reçu Maître Traiteur-Cuifinier,
jufqu'au jour de l'Edit du mois de Novembre 1704, à raifon de
quarante fols par chaque muid, & quarante-deux fols depuis
l'Edit de 1704, fuivant les extraits de vente defd. vins qu'ils rapporteroient, & continuer à l'avenir tant que led. Neveu exerceroit
fon état de Maitre Cuifinier-Traiteur, à la déduction de ce qui
fe trouveroit avoir été reçu par leurs reventes fur lefdits vins, &
fauf à fe pourvoir par eux dans la fuite contre les particuliers
qui fe trouveront être Maitres Traiteurs & Cuifiniers, pour être
payés de leurs droits fur la totalité des vins qu'ils avoient
fait & faifoient arriver en cette Ville de Paris, & de tous les autres droits, actions & prétentions, & qu'acte leur fût donné de
l'emploi pour écritures & production : ce faifant, leurs conclufions leur fuffent adjugées avec dépens. Et au bas de laquelle requête eft l'Ordonnance de la Cour, portant ait acte fur la demande en droit joint, & acte de l'emploi. Requête defdits Cuifiniers-Traiteurs du 27 Mars 1711, employée pour défenfes,
écritures & production, contredits, fommation de contredire
par les Jurés Vendeurs & Contrôleurs de vins. Production nouvelle defdits anciens Jurés Vendeurs & Contrôleurs de vins,
par requête du 28 Mars 1711. Requête defd. Maitres Queulx,
Cuifiniers-Traiteurs du 23 Avril 1711, employée pour contredits. Production nouvelle des Jurés Vendeurs & Contrôleurs
de vins, par requête du 29 Avril 1711, employée pour réponfes & falvations aux deux requêtes defdits Maitres Cuifiniers-
Traiteurs, des 17 Mars & 13 Avril 1711. Sommation & contredits par lefdits Maitres Cuifiniers Traiteurs. Production nouvelle defdits Maitres Cuifiniers-Traiteurs, par requête du 16
Mai 1711, employée pour réponfe & contredits contre la requête & production nouvelle defdits Jurés Vendeurs & Contrôleurs de vins, du 29 Avril audit an. Requête defdits Jurés
Vendeurs & Controleurs de vins, du 1 Juin audit an, employée pour contredits. La requête & demande defdits Jurés
Vendeurs & Controleurs de vins du 9 dudit mois de Juin 1711,

à ce qu'en leur adjugeant les conclusions par eux prises en l'instance, défenses fussent faites audit Neveu, & tous autres Maitres Cuisiniers-Traiteurs, d'exercer ni faire le métier de Marchand de vin tout ensemble, attendu l'incompatibilité des deux professions, qui sont communautés & fonctions toutes distinctes & séparées, sous telle peine qu'il plairoit à la Cour prononcer contre les contrevenans : requérant à cet effet l'injonction du Procureur Général du Roi, & qu'acte leur fût donné de l'emploi pour écritures & production : au bas de laquelle requête est l'Ordonnance de la Cour, portant sur la demande en droit joint, & acte de l'emploi. Requête desdits Jurés Traiteurs-Cuisiniers du 17 Juin 1711, employée pour défenses, production & contredits. Requête desdits Jurés Vendeurs & Contrôleurs de vins, du 25 dudit mois de Juin, employée pour réponses & contredits, contre ladite requête du 17 dudit mois de Juin. Requête desdits Neveu & Communauté desdits Maitres Cuisiniers-Traiteurs, du 14 Juillet 1711, à ce qu'en mettant l'appellation & ce au néant, déboutant lesdits Jurés Vendeurs de vins de leurs demandes, acte leur fût donné de ce que pour éviter tous doutes sur leurs offres, ils auroient toujours entendu offrir, & offroient encore de payer ausdits Jurés Vendeurs & Contrôleurs de vins, le droit de contrôle à raison de quarante sols, & les augmentations qui étoient survenues depuis sur ledit droit de quarante sols, pour le tiers de vins qu'ils auroient fait & faisoient venir en cette Ville de Paris, suivant la faculté & liberté qu'ils en avoient par la Déclaration de 1680, & à la charge de mettre ledit tiers à l'étape, suivant ladite Déclaration & l'usage, sauf au cas que lesdits Jurés Traiteurs-Cuisiniers qui sont Marchands de vins, en vendroient en gros plus que ledit tiers, d'en payer le droit dudit plus aux anciens vendeurs, comme il s'est toujours pratiqué; & lesdits Jurés anciens vendeurs de vins condamnés en tous les dépens; sur laquelle requête auroit été réservé à faire droit en jugeant. Requête desdits anciens Jurés Vendeurs & Contrôleurs de vins, du 22 Juillet 1711, employée pour réponse. Conclusions de notre Procureurs Général, tout joint & consideré : NOTREDITE COUR faisant droit sur le tout, sans s'arrêter aux requêtes desd. vendeurs de vins, du 23 Fév. & 9 Juin dern. dont elle les a déboutés ; ayant égard à l'intervention desdits Cuisiniers-Traiteurs, a mis & met à l'ppellation & ce dont a été ap-

pellé

pellé au néant. Emendant , ordonne que lefdits Neveu & Cuifiniers-Traiteurs payeront le tiers de quarante-deux fols attribués
aux Jurés Vendeurs de vins : condamne lefdits Jurés Vendeurs ,
rendre audit Neveu & aufdits Cuifiniers-Traiteurs , ce qu'ils juftifieront avoir payé au pardeffus depuis le 5 Décembre 1710 ;
condamne lefdits Jurés Vendeurs aux dépens, envers lefdits
Neveu & Cuifiniers-Traiteurs des caufes principale d'appel ,
intervention & demande. Mandons au premier notre Huiffier
ou Sergent , mettre à exécution le prefent Arrêt. DONNÉ en
Parlement le 5 Août 1711 , & de notre Regne le 69. Collationné : *Et plus bas* , par la Chambre, *Signé* , GUIHOUX ,
avec paraphe. Et à côté eft écrit :

Le 17 Aouft 1711 , fignifié & baillé copie à Maître Chreftiennot ,
Procureur en fon domicile , parlant à fon Clerc , Signé CHOREL ,
avec paraphe. Et au bas dudit Arrêt eft écrit :

Le 18 Aouft 1711 , fignifié & baillé copie du prefent Arrêt aufdits
Sieurs Jurés Vendeurs & Contrôleurs de vins à Paris , en leur Bu-
reau rue des Barres , en parlant à leur Communauté , à ce qu'ils n'en
ignorent ; & à eux fait commandement de fatisfaire audit Arrêt , finon
qu'ils y feroient contraints & exécutés. Laiffé copie dudit Arrêt & du
prefent , par moi Huiffier en Parlement , fouffigné : ainfi figné ,
THORE' , avec paraphe.

Contrôlé à Paris le 19 Aouft 1711. Regiftre 190 , folio 32.
Signé, DE MAUBUY.

Le prefent Arrêt obtenu à la diligence de Charles le Neveu , & im-
primé pendant la Jurande de Jean Jolivet , Jean Rouffe , Antoine
Payen , & Philippe Delaunay.

ARREST

DU CONSEIL D'ÉTAT DU ROI,

Du 19 Août 1713.

Rendu en faveur de la Communauté des Maîtres Traiteurs - Cuiſiniers - Queulx de la Ville, Fauxbourgs & Banlieue de Paris.

Contre la Communauté des anciens Jurés Contrôleurs & Vendeurs de Vins de la Ville, Fauxbourgs & Banlieue de Paris.

Extrait des Regiſtres du Conſeil d'Etat du Roi.

ENTRE la Communauté des anciens Jurés Contrôleurs & Vendeurs de Vins de la Ville & Fauxbourgs de Paris, demandeurs aux fins de la requête inférée en l'Arrêt du Conſeil du 10 Mai 1712, & aſſignation donnée en conſéquence le 9 Juin ſuivant, d'une part ; & les Jurés de la Communauté des Maitres Cuiſiniers-Traiteurs de la Ville, Fauxbourgs & Banlieue de Paris, défendeurs d'autre, ſans que les qualités puiſſent nuire ni préjudicier aux parties. Vû au Conſeil d'Etat du Roi l'Inſtance d'entre les parties, ledit Arrêt du 10 Mai 1712, & requête y inférée, tendante à ce qu'il plût à Sa Majeſté caſſer, révoquer & annuller l'Arrêt du Parlement de Paris du 5 Août 1711, ce faiſant, renvoyer les parties en tel autre Parlement, ou autre Cour ſupérieure qu'il plaira à Sa Majeſté, & condamner Neveu & la Communauté des Maitres Cuiſiniers-Traiteurs de Paris aux dépens, tant au Conſeil, qu'au Parlement & Bureau de la Ville ; ladite requête ſignée Girardin, de Poirier, & de Sacy, anciens Avocats au Conſeil ; au bas eſt l'Arrêt intervenu ſur icelle, après qu'elle a été communiquée au Bureau

du sieur Pelletier, Conseiller d'Etat, & autres Commissaires
députés pour les cassations, par lequel Sa Majesté a ordonné
qu'aux fins de ladite requête, la Communauté des Cuisiniers-
Traiteurs de Paris & ledit Neveu seroient assignés au Conseil
dans les délais de l'Ordonnance. L'exploit d'assignation donnée
en conséquence au Conseil, à la requête de la Communauté desd.
anciens Jurés Contrôleurs & Vendeurs de vins. Acte par lequel
Me Michel François Desmaretz, Avocat au Conseil, déclare qu'il
occupera pour lesdits Jurés de la Communauté des Maitres
Cuisiniers-Traiteurs de la Ville, Fauxbourgs & Banlieue de
Paris, & pour ledit Neveu, comme étant du Corps de ladite
Communauté ; au bas est l'enregistrement au Greffe & la signification. Requête présentée au Conseil par ladite Communauté
des Cuisiniers-Traiteurs, au bas de laquelle est l'Ordonnance
qui a commis le sieur Taschereau de Baudry, Maître des
Requêtes, Rapporteur de l'Instance du 4 Juillet 1712, signifiée le 6 dudit mois. Appointement signé du même jour, par
lequel les parties ont été reglées à se communiquer, écrire &
produire de huitaine en huitaine pour leur être fait droit : la
signification étant ensuite, du 18 dudit mois. Avertissement
servant d'Inventaire de production de ladite Communauté des
anciens Jurés Contrôleurs & Vendeurs de vins, employé pour
satisfaire à l'appointement de reglement, signé en l'Instance,
en conséquence casser, révoquer & annuller l'Arrêt du Parlement de Paris du 5 Août 1711 ; ce faisant, pour faire droit aux
parties sur l'appel de la Sentence de l'Hôtel-de-ville du 20 Juin
1709, rendu au profit desdits anciens Jurés Contrôleurs &
Vendeurs de vins, circonstances & dépendances, les renvoyer en tel autre Parlement, ou telle autre Cour qu'il plaira
à Sa Majesté, & condamner lesdits Cuisiniers-Traiteurs aux
dépens, tant en ceux faits au Parlement, que de ceux qui se
feront au Conseil. Requête présentée au Conseil par les Jurés
desdits Maitres Cuisiniers-Traiteurs de la Ville de Paris, employée pour satisfaire au reglement de l'Instance, & pour avertissement en icelle. En conséquence, faisant droit sur l'Instance, déclarer lesdits Jurés Contrôleurs & Vendeurs de vins
non-recevables & mal fondés dans leur demande en cassation
de l'Arrêt du Parlement de Paris du 5 Août 1711, dont ils seront
déboutés, & condamnés en l'amende de trois cens livres envers

Sa Majefté, & cent cinquante livres envers ladite Communauté des Cuifiniers-Traiteurs, & en tous les dépens ; au bas eft l'Ordonnance d'acte d'emploi, au furplus en jugeant fera fait droit du 8 Octobre 1712, fignifiée le 21 dudit mois. Vû auffi les écritures & productions des parties. Imprimé d'Arrêt du Parlement de Paris, rendu entre les Jurés Vendeurs de vins, le fieur Proeureur général du Parlement & autres, par lequel il eft ordonné que les Marchands de vins de ladite Ville ne pourront acheter aucuns vins dans l'étendue de vingt lieues autour de Paris ; que les vins deftinés pour être vendus en gros ne pourront être encavés, & qu'ils feront mis dans les Ports pour être vendus, & autres cas y fpécifiés, du 14 Août 1577. Autre imprimé d'Arrêt dudit Parlement, par lequel il eft enjoint aux Marchands de vins de laiffer fur les Ports & Marchés aux vins, un tiers des vins qu'ils feront arriver, pour être vendus au public, du 8 Octobre 1594. Autre imprimé d'Arrêt dudit Parlement rendu en exécution de ceux ci-deffus, entre les Jurés Vendeurs de vins & plufieurs Cabaretiers, qui condamne les Marchands de vins à aumôner les Prifonniers de la Conciergerie de la fomme de quatre cens livres, pour avoir contrevenu auxdits Arrêts, & autres cas y fpécifiés, du 24 Mars 1623. Autre imprimé d'Arrêt dudit Parlement, rendu entre les Maitres & Gardes des marchandifes de vins de la ville de Paris, & les Vendeurs de vins de ladite Ville, par laquelle celui ci-deffus du 14 Mars eft déclaré exécutoire à l'encontre des Marchands de vins, Hôteliers & Cabaretiers, & autres cas y fpécifiés, du 21 Juin 1623. Autre imprimé d'Arrêt du Parlement, qui ordonne que lefdits Marchands de vins feront tenus de garnir les Ports des vins qu'ils feront venir, defquels les Marchands prendront des billets pour la defcente, & autres cas y fpécifiés, du 12 Janvier 1652. Autre imprimé d'Edit de Sa Majefté, rendu au fujet des Vins, Cidres, Boiffons & autres, avec augmentation de droits attribués aux Jurés Contrôleurs & Vendeurs de vins en la ville de Paris, du mois de Février 1644. Autre imprimé de Déclaration de Sa Majefté, qui maintient les Marchands Taverniers & autres de la ville de Paris dans la faculté d'acheter des vins au-delà de vingt lieues, à la charge que de la quantité qu'ils feront venir, il en reftera un tiers dans les Marchés ; en conféquence permis à eux de donner à boire dans leurs maisons, caves & autres, & de fournir des tables, fieges, nappes, ferviettes & viandes à ceux qui prendront leur repas chez eux, en payant pour le droit de huitieme & augmentation fix livres quinze fols pour muids jauge de Paris, du vin qu'ils débiteront, du 29 Novembre 1680. Autre imprimé d'Édit de S. M. portant création de vingt nouveaux Offices de Contrôleurs & Vendeurs de vins en la ville de Paris, & de fuppreffion des feize fols huit deniers attribués aux Officiers créés par Edit du mois de Mars 1703, & autres cas y fpécifiés, en date du mois d'Octobre 1703. Copie de Sentence rendue en l'Hôtel de ville entre le nommé Aubron & les anciens Jurés Vendeurs de vins, par laquelle il eft ordonné qu'il ne payera les droits de contrôle que fur le tiers des vins qu'il avoit fait venir, du 2 Décembre 1706. Exploit d'affignation donnée à la requête de la Communauté des Jurés Contrôleurs & Vendeurs de vins à Charles Neveu, pour comparoir à l'Hôtel-de-ville, & payer trente cinq livres cinq fols neuf deniers pour les droits de regiftre & contrôle de treize muids & demi de vins, du 27 Mai 1709. Sentence de l'Hôtel-de-ville, qui condamne Neveu à payer aux Jurés Marchands de vins la fomme de trente livres cinq fols neuf deniers ci-deffus, du 20 Juin 1709. Requête préfentée au Parlement de Paris par ledit Neveu, aux fins d'être reçu appellant de la Sentence du Bureau de la Ville ci-deffus, du 20 Juin audit an. Autre Requête préfentée audit Parlement par la Communauté des Jurés Cuifiniers-Traiteurs de la ville de Paris, aux fins d'être reçus parties intervenantes aux conteftations d'entre Neveu & les Jurés Marchands de vins, & acte de ce qu'ils prenoient fon fait & caufe, du 24 Juillet audit an. Sentence rendue par le fieur Lieutenant Général de Police, par laquelle il eft ordonné que le nomme Cheret, Traiteur, fera reçu Marchand de vins en payant les frais ordinaires, & la fomme de deux cens livres, du 28 Mars 1710. Imprimé de Déclaration de Sa Majefte, qui porte défenfes aux Traiteurs de donner chez eux d'autre vin que celui qu'ils auront dans leurs caves, du 8 Juillet 1710. Requête préfentée au Parlement de Paris par la Communauté des Cuifiniers-Traiteurs, employée pour contredits aux pieces produites en ladite Cour par la Communauté des Jurés Marchands de vins, du 5 Décembre 1710. Duplicata des conclufions du fieur Procureur général du Parlement de Paris, par lefquelles il requiert pour le Roi que l'Inftance d'entre les parties foit communiquée au fieur Lieutenant de Police, au fieur Prevôt des Marchands, à fon Subftitut au Châtelet, & à fon Subftitut du Bureau de la Ville, pour donner leurs avis fur la demande des anciens Jurés Contrôleurs & Vendeurs de vins, du 11 Juillet 1711. Imprimé d'Arrêt du Parlement de Paris, rendu entre la Communauté des Maitres Cuifiniers-Traiteurs, les Jurés Contrôleurs & Vendeurs de vins & ledit Neveu, par lequel faifant droit fur les appellations & demandes des parties du Bureau de la Ville, fans s'arrêter aux requêtes des Jurés Vendeurs de vins, dont ils font déboutés, ayant égard à l'intervention des Cuifiniers-Traiteurs, a mis l'appellation & ce dont a été appellé au néant; émendant, ordonne que lefdits Neveu & Cuifiniers-Traiteurs payeront le tiers de quarante - deux fols attribués aux Jurés Vendeurs de vins; & lefdits Jurés Vendeurs de vins condamnés de rendre audit Neveu & Cuifiniers - Traiteurs ce qu'ils juftifieront avoir payé au par-deffus, à compter depuis le 5 Décembre 1710, & lefdits Jurés Vendeurs de vins condamnés aux dépens envers lefdits Neveu & Cuifiniers - Traiteurs, tant des caufes principale que d'appel, intervention & demande du 5 Août 1711. Quittance de Jean Aubron, Traiteur & Marchand de vins, par laquelle il paroît qu'il a payé trois cens quatre livres dix - huit fols pour les droits de regiftre & contrôle de cent quinze muids de vin, du 26 Octobre 1711. Exploit d'affignation donnée à la requête des anciens Jurés Contrôleurs & Vendeurs de vins à Jean Rouffe, Marchand de vin, du 26 Octobre 1711. Exploit d'affignation donnée à la requête des anciens Jurés Contrôleurs & Vendeurs de Vins, à Jean Rouffe, Marchand de vins, pour comparoir à l'Hôtel-de-ville, & fe voir condamner à payer auxdits Jurés Vendeurs de vins la fomme de foixante-deux livres quatre fols pour droits de regiftre & contrôle de vingt - deux muids de vin & trois quarts, du 10 Mai 1712. Copie de Sentence de l'Hôtel-de-ville, rendue entre les Jurés Vendeurs de vins & Jean Rouffe, par laquelle ledit Rouffe eft condamné de payer le droit du tiers des vins par lui amenés, du 14 Juin 1712. Requête préfentée au Confeil par les Jurés Traiteurs, employée pour contredits contre la production de la Communauté des anciens Vendeurs de vins & de pro-

duction nouvelle des pieces ci-après ; au bas eſt l'Ordonnance
de ſoient les pieces reçues & communiquées, au ſurplus en
jugeant, du 26 Janvier 1713, ſignifié le 27 dudit mois. Enſuite
eſt l'acte de donné copie des pieces reçues dudit jour 27 Janvier
aud. an. Quatre Quittances des Jurés Contrôleurs & Vendeurs de
vins, par leſquelles il paroît qu'ils ſe contentent de recevoir le
droit ſur le tiers des vins que les Maitres Traiteurs font venir, en
date des 10 & 14 Janvier 1713. Autre Requête préſentée au
Conſeil par les anciens Jurés Vendeurs & Contrôleurs de vins,
employée pour contredits, tant contre la production des Jurés
Traiteurs, qu'à la requête de production nouvelle ci-deſſus ; au
bas eſt l'Ordonnance d'ait acte & ſoit ſignifié, du 12 Mars 1713,
ſignifiée le 13 dudit mois. Dire deſdits Jurés Traiteurs employé
pour réponſes à la requête des Jurés Contrôleurs & Vendeurs de
vins ci-deſſus. Enſuite eſt la ſignification du 24 Mars 1713.
Requête préſentée au Conſeil par la Communauté des Jurés
Contrôleurs & Vendeurs de vins, aux fins de faire nommer des
Commiſſaires ; au bas eſt l'Ordonnance qui ordonne que le ſieur
Baudry, Rapporteur de l'Inſtance communiquera icelle aux
ſieurs de Caumartin, Dargouges, de Harlay, Bignon de Blanzy,
l'Abbé Bignon & l'Abbé de Pomponne, Conſeillers d'Etat
ordinaires, du 3 Avril 1713, ſignifiée le 5 dudit mois, & généralement tout ce qui a été remis par-devers le ſieur Taſchereau
de Baudry, Conſeiller du Roi en ſes Conſeils, Maître des
Requêtes ordinaire de ſon Hôtel, qui en a communiqué auxdits ſieurs Commiſſaires : Ouï ſon rapport, & tout conſidéré :
LE ROI EN SON CONSEIL, a débouté & déboute les
anciens Jurés Contrôleurs & Vendeurs de vins de la ville de
Paris de leur demande en caſſation, & les a condamné en
l'amende de quatre cens cinquante livres, & aux dépens. Fait
au Conſeil d'Etat du Roi, tenu à Verſailles le dix-neuvieme
jour d'Août mil ſept cent treize. Collationné.

Signé, RANCHIN.

*Le vingt-neuf Septembre mil ſept cent treize, laiſſé copie à Me.
Caſtel, Avocat adverſe, pour ſon abſence au Greffe du Conſeil, en
parlant à Me. Ponſet, commis par nous Huiſſier ordinaire des Conſeils du Roi. Signé, COLINNE.*

Le onzieme jour d'Octobre mil ſept cent treize, à la requête
des Jurés de la Communauté des Maitres Cuiſiniers-Traiteurs

de la Ville, Fauxbourgs & Banlieue de Paris, le préfent Arrêt
du Confeil a été fignifié, & d'icelui laiffé copie aux fins y contenues, aux anciens Jurés Contrôleurs & Vendeurs de vins de
la ville de Paris, en leur Bureau, fis à Paris, rue de la Mor-
tellerie, au Jardinet, parlant à l'un d'eux, à ce qu'ils n'en ignorent, par nous Huiffier ordinaire du Roi en fes Confeils.

Signé, BRISSET.

Le préfent Arrêt a été obtenu fous la jurande d'Antoine Payen,
Philippe de Launay, Jacques Borel & Philibert Blanchard, accom-
pagné de Charles le Neveu, ancien de ladite Communauté.

SENTENCES

DE MONSIEUR

LE LIEUTENANT GÉNÉRAL DE POLICE

Du 11 Mai 1736.

En faveur de la Communauté des Maîtres Queulx-
Cuifiniers-Traiteurs à Paris, Demandeurs en va-
lidité de Saifies.

Contre le nommé le Comte, Marchand de Vin, rue
de Grenelle-Saint-Honoré, Défendeur.

A TOUS ceux qui ces prefentes lettres verront, GABRIEL-
JERÔME DE BULLION, Chevalier Comte d'Efclimont,
Prevôt de Paris : SALUT, fçavoir faifons : que fur la Requête
faite en Jugement devant Nous en la Chambre de Police du
Châtelet de Paris par Me. Jofeph Le Rebours, Procureur des
Sieurs Jurés de prefent en charge de la Communauté des Maîtres Queulx-Cuifiniers-Traiteurs à Paris, demandeurs aux fins
du procès-verbal de faifie, fait par Maître Renard le jeune,
Commiffaire en cette Cour, le 13 Juin dernier ; & exploit fait
en conféquence le 20, par Havin Huiffier à Verge en cette Cour,
dùement

dûement contrôlé & presenté ; & aux fins de la requête signifiée
le 5 Mars dernier , le tout tendant aux fins y contenues , assistés
de Maître Frouard Avocat : Contre Maître Pidou , Procureur
du Sieur Le Conte , Marchand de vin , à Paris , défendeur ,
assisté de Maître Sandrier , Avocat : Parties ouies , lecture faite
des piéces , Nous avons l'avis du Procureur du Roi du 2 Mars
dernier , confirmé : Disons que les Statuts & Réglemens de
la Communauté des Maitres Traiteurs seront exécutés selon leur
forme & teneur : Et pour y avoir par la Partie de Sandrier ,
contrevenu , en recevant chez lui la compagnie de Nôce en
question , le condamnons en trente livres de dommages-intérêts envers les Parties de Frouard,& en cinq liv. d'amende : Lui
faisons défenses de plus à l'avenir récidiver , sous plus grande
peine : Condamnons en outre la Partie de Sandrier aux dépens :
Et sera Notre presente Sentence lue , publiée affichée par tout
où besoin sera , à la diligence des Parties de Frouard , & aux
frais & dépens de celle de Sandrier : Ce qui sera exécuté nonobstant & sans préjudice de l'appel : En témoin de quoi Nous
avons fait sceller ces Présentes : Ce fut fait & donné par Mes-
sire René Herault , Chevalier , Seigneur de Fontaine-l'Abbé , Vaucresson , & autres lieux , Conseiller d'Etat , Lieutenant
Général de Police de la Ville , Prevôté & Vicomté de Paris ,
tenant le Siége le Vendredi onze Mai 1736. *Collationé , signé ,*
De Beauvais. Contrôlé & scellé : Signifié le 30 Mai 1736,
à Maître Pidou , Procureur , à domicile , *signé Brunet.*

Dudit jour onze Mai mil sept cent trente-six.

A TOUS ceux ces presentes Lettres verront , Gabriel-Jerôme de Bullion , Chevalier-Comte d'Esclimont ; Prevôt
de Paris : Salut , sçavoir faisons : Que sur la requête faite en
Jugement devant Nous en la Chambre de Police du Châtelet
de Paris, par Maitre Joseph Le Rebours , Procureur des Sieurs
Jurés , de present en charge , de la Communauté des Maitres
Queulx-Cuisiniers-Traiteurs , à Paris , demandeurs aux fins du
procès-verbal de saisie faite par Maitre Renard le jeune , Commissaire en cette Cour , le 21 Novembre dernier , & exploit fait
en conséquence le 12 Décembre suivant , ledit exploit fait par
Havin , Huissier à Verge en cette Cour , dûement contrôlé &

R

préfenté : Et aux fins de la requéte fignifiée le 5 Mars dernier : Le tout tendant aux fins y contenues, affiftés de Maitre Frouard, Avocat : Contre Maitre Pidou, Procureur du fieur Le Conte Marchand de vin à Paris, défendeur ; affifté de Maitre Sandrier, Avocat : Parties ouies : Lecture faite des piéces : Nous avons l'avis du Procureur du Roi du 2 Mars dernier, confirmé : Difons que les Statuts & Réglemens de la Communauté des maitres Traiteurs feront exécutés felon leur forme & teneur : Et pour y avoir par la partie de Sandrier, contrevenu, en recevant chez lui les compagnies de Nôce en queftion, le condamnons en trente livres de dommages-intérêts envers les parties de Frouard, & en cinq livres d'amende : Lui faifons défenfes de plus à l'avenir récidiver, fous plus grande peine : Condamnons en outre la partie de Sandrier aux dépens : Et Notre préfente Sentence fera lue, publiée & affichée par tout où befoin fera, à la diligence des parties de Frouard, & aux frais & dépens de celle de Sandrier : Ce qui fera exécuté nonobftant & fans préjudice de l'appel : En témoin de quoi Nous avons fait fceller ces Préfentes : Ce fut fait & donné par Meffire RENÉ HERAULT, Chevalier, Seigneur de Fontaine-l'Abbé, Vaucreffon & autres lieux, Confeiller d'Etat, Lieutenant Général de Police de la Ville, Prevôté & Vicomté de Paris, tenant le Siége le Vendredi 11 Mai 1736. *Collationné, figné, DE BEAUVAIS.* Contrôlé & fcellé. Signifié à Maitre Pidou Procureur, à domicile, le trente Mai 1736. *Signé,* BRUNET.

Dudit jour onze Mai mil fept cent trente-fix.

A TOUS ceux qui ces préfentes Lettres verront : Gabriel-Jerôme de Bullion, Chevalier, Comte d'Efclimont, Prevôt de Paris : SALUT, fçavoir faifons : Que fur la requête faite en Jugement devant Nous en la Chambre de Police du Châtelet de Paris, par Maitre Jofeph Rebours, Procureur des fieurs Jurés de préfent en charge, de la Communauté des maitres Queulx Cuifiniers-Traiteurs à Paris, demandeurs aux fins du procés-verbal de faifie fait par Maitre Renard le jeune, Commiffaire en cette Cour, le 26 Novembre dernier, & exploit fait en conféquence le 2 Décembre fuivant, ledit exploit fait par Havin, Huiffier à Verge en cette Cour, dûement contrôlé & préfenté : Et aux fins de la requête fignifiée le 5 Mars dernier : Le tout tendant aux fins y contenues, affifté de Maitre Frouard, Avocat : Contre Maitre Pidou, Procureur du fieur Le Conte Marchand de vin à Paris, défendeur, affifté de Maitre Sandrier, Avocat : Parties ouies : lecture faire des piéces : Nous avons l'avis du Procureur du Roi du 2 Mars dernier, confirmé : D fons que les Statuts & Réglemens de la Communauté des Maitres Traiteurs feront exécutés felon leur forme & teneur : Et pour y avoir par la partie de Sandrier, contrevenu, en recevant chez lui la compagnie de Nôce en queftion, le condamnons en trente livres de dommages - intérêts envers les Parties de Frouard, & en cinq livres d'amende : Lui faifons défenfes de plus à l'avenir récidiver, fous plus grande peine : Condamnons en outre la partie de Sandrier auxdépens : Et notre préfente Sentence fera lue, publiée & affichée par tout où befoin fera, à la diligence des parties de Frouard, & aux frais & dépens de celle de Sandrier : Ce qui fera exécuté nonobftant & fans préjudice de l'appel : En témoin de quoi nous avons fait fceller ces Préfentes : Ce fut fait & donné par Meffire René Herault, Chevalier, Seigneur de Fontaine - l'Abbé, Vaucreffon, & autre lieux, Confeiller d'Etat, Lieutenant Général de Police de la Ville, Prevôté & Vicomté de Paris, tenant le Siége le Vendredi 11 Mai 1736. *Collationné, figné* DE BEAUVAIS ; contrôlé & fcellé. Signifié & baillé copie à Maitre Pidou, Procureur, à domicile, le 30 Mai 1756. *Signé,* BRUNET.

Les Sentences ci-deffus ont été lûes & publiées à haute & intelligible voix, à fon de Trompe & cri public, en tous les lieux ordinaires & accoutumés, Halle, Places & Marchés de cette Ville de Paris, par moi Jacques Girard, Huiffier à cheval au Châtelet de Paris, Juré-Crieur ordinaire du Roi de la Ville, Prevôté & Vicomté de Paris, y demeurant rue des Arcis, Paroiffe S. Merry, au Roi Artus, accompagné de Louis-François Ambezard, Jacques Hallot & Claude-Louis Ambezard, Jurés-Trompettes, le 3 Juillet 1756, & affiché ledit jour efdits lieux. Signé, GIRARD, *avec paraphe. Et contrôlé.*

Imprimé à la diligence des Sieurs Pierre-Auguftin Gambin, Edme Avanda, Jean Lebras, & Charles Pafchal, Jurés en charge.
Signé, THUILLEZ.

SENTENCES DE POLICE,

Rendues au profit de la Communauté des Maîtres Traiteurs de cette Ville de Paris.

Contre le Sieur Gabriel Châtelet , Marchand de Vin à Paris.

PAR Procès - verbal fait par Me. Regnard , Commiſſaire-Enquêteur & Examinateur au Châtelet de Paris , à la requête des ſieurs Jurés de la Communauté des Maitres Traiteurs de cette Ville de Paris , le 8 Juin 1743 ;

Appert leſdits ſieurs Jurés Traiteurs s'être tranſportés avec ledit ſieur Commiſſaire Regnard , en la maiſon du ſieur Gabriel Chatelet , Marchand de Vin à Paris , ſiſe rue S. Sauveur , à la Gerbe d'or , & y avoir trouvé pluſieurs compagnies nombreuſes , compoſées de la Communauté des Maitres Tailleurs d'habits-pourpointiers à Paris , aſſiſes autour de pluſieurs tables , ſervies de plats d'aſperges , molue , raye , petits-pois , limandes , maquereaux frais , & autres mets apprêtés avec des ſauſſes blanches & rouſſes , ſalades , & Cuiſinier travaillant au feu de la cuiſine à faire des omelettes.

PAR Sentence contradictoire rendue en la Chambre de Police le 17 Janvier 1744 , entre les ſieurs Jurés Traiteurs , & le ſieur Gabriel Chatelet , Marchand de Vin à Paris ; ladite Sentence dûement collationnée , ſignée & ſignifiée le 5 Février ſuivant ;

Appert , pour faire droit aux Parties ſur toutes leurs demandes & conteſtations , avoir été ordonné que leurs pieces & doſſiers ſeroient remis ès mains de M. le Lieutenant Général de Police , pour en être délibéré , dépens , dommages & intérêts réſervés.

A TOUS, &c. Salut. Sçavoir faifons que fur la Requête faite en Jugement devant Nous à l'Audience de la Chambre de Police du Châtelet de Paris, par Me. le Rebours, Procureur des fieurs Jurés de préfent en charge de la Communauté des maitres Traiteurs, demandeurs aux fins des Procès-verbaux faits par Me. Regnard j. Commiffaire, & Gouffault, Huiffier à cheval en cette Cour, le même jour 8 Juin 1743, & des Exploits d'affignation donnés en conféquence le 3 Août de la même année, contrôlés & préfentés, défendeurs à la demande incidente portée aux défenfes fignifiées le 13 dudit mois d'Août, encore demandeurs aux fins de leur Requête du 27 du même mois, défendeurs à la demande incidente portée par les défenfes du 28 dudit mois d'Août, & encore demandeurs en exécution de la Sentence du 17 Janvier 1744, le tout tendant aux fins y contenues, avec dépens; contre Me. Regnard, Procureur du fieur Gabriel Chatelet, marchand de Vin à Paris, défendeur & demandeur, fans que les qualités puiffent nuire ni préjudicier: NOUS, après qu'il en a été délibéré fur les pieces & doffiers des Parties, ordonnons que les Statuts & Réglemens de la Communauté des maitres Traiteurs, Parties de le Rebours, feront exécutés felon leur forme & teneur: Faifons néanmoins main-levée de la faifie faite à leur requête fur la Partie de Regnard, par procès-verbal du 8 Juin 1743; & en infirmant l'avis du Procureur du Roi du 20 Août 1743, condamnons ladite Partie de Regnard en vingt livres de dommages & intérêts, & aux dépens; envers celles de le Rebours, en trois livres d'amende; & lui faifons défenfes de récidiver, fous plus grande peine; ce qui fera exécuté nonobftant & fans préjudice de l'appel, &c. Fait & jugé au Châtelet de Paris, le Vendredi 30 Avril 1745. Collationné. *Signé*, La Fontaine, avec paraphe. Scellé le 8 Mai 1745. *Signé*, Sauvage. Contrôlé le 10 Mai 1745. *Signé*, Heran. Signifié & baillé copie à Me. Regnard, Procureur, à domicile, le 10 Mai 1745.

Signé, PICQUE.

Ces Sentences ont été obtenues pendant la Jurande des Srs Claude Magnien, Louis Potherat, Antoine Bergoignon, & Antoine Tinot, Maîtres Traiteurs.

ARREST

DE LA COUR DE PARLEMENT,

Rendu en faveur de la Communauté des Maîtres Queulx-Cuiſiniers-Traiteurs de la Ville & Fauxbourgs de Paris.

Contre les Sieurs Denan, Demay & Leblanc, Marchands de Vin.

Et encore contre les Maîtres & Gardes du Corps des Marchands de Vin, Intervenans.

Portant défenſes aux Marchands de Vin de tenir ni loger en Chambres garnies, même de recevoir aucunes compagnies de nôces, ou de lendemain de nôces.

Du 18 Décembre 1745.

LOUIS, par la grace de Dieu, Roi de France & de Navarre: Au premier des Huiſſiers de notre Cour de Parlement, ou autre notre Huiſſier ou Sergent ſur ce requis, ſçavoir faiſons : Qu'entre les Jurés en charge de la Communauté des Maitres Queulx-Cuiſiniers-Traiteurs , Bacheliers & Portes-Chappe de la Ville & Fauxbourgs de Paris, appellans de Sentence du Sieur Lieutenant Général de Police au Châtelet de Paris, du 26 Juillet 1743, demandeurs en Requête du 12 Mars 1744, & défendeurs d'une part ; & Luce Denan, Marchand de vin à Paris, intimé, défendeur & demandeur en Requête du 17 Décembre, préſent mois, d'autre part ; & encore entre leſdits Jurés en charge de ladite Communauté des Maitres Queulx-Cuiſiniers-Traiteurs de la Ville & Fauxbourgs de Paris, appellans de Sentence du Sieur Lieutenant Général de Police du Châtelet, dudit jour 26 Mai 1743, demandeurs en Requête du 14 Décembre audit an 1743, & défendeurs, d'une part ; & le sieur Demay, Marchand de vin à Paris, intimé, défendeur & demandeur en Requête du 24 Mars 1744, d'autre part ; & encore entre lesdits Jurés en charge de la Communauté des Maitres Queulx-Cuisiniers-Traiteurs de la Ville & Fauxbourgs de Paris, appellans de deux Sentences du Lieutenant Général de Police du Châtelet de Paris, des 10 Janvier & 3 Juillet 1744, demandeurs en deux Requêtes des 28 Novembre 1744, & 17 Décembre présent mois, & défendeurs d'une autre part ; & Nicolas Leblanc, Marchand de vin à Paris, intimé, & demandeur en deux Requêtes des 28 Août 1745, & 17 Décembre présent mois, d'autre part : & encore entre les Maitres & Gardes du Corps des Marchands de vin de Paris, demandeurs en Requête du 15 Décembre présent mois, d'une part ; lesdits Jurés en charge de ladite Communauté des Maitres Traiteurs de Paris, le sieur Demay, Luce Denan, & Nicolas Leblanc, tous défendeurs d'autre part. Après que Nichault, Avocat de la Communauté des Traiteurs ; Prunget, Avocat de Demay ; Simon, Avocat de Leblanc ; Auvray, Avocat de Denan, & Buirette, Avocat de la Communauté des Marchands de vin, ont été ouis, ensemble Lefebvre d'Ormesson, pour notre Procureur Général. NOTREDITE COUR reçoit la Partie de Prunget, opposante à l'Arrêt par défaut, reçoit pareillement les Parties de Buirette, Parties intervenantes, sans s'arrêter à leur intervention ; faisant droit sur l'appel, a mis & met l'appellation, & ce dont est appel au néant ; émendant, ordonne que les Arrêts & Réglemens de notredite Cour, & notamment l'Arrêt d'icelle du mois d'Août 1705, feront exécutés selon leur forme & teneur ; en conséquence fait défenses aux Parties de Buirette d'entreprendre sur la Profession des Parties de Nichault, & notamment de tenir ni loger en chambres garnies, faire nôces & festins, même de recevoir aucunes compagnies de nôces ; ou de lendemain de nôces ; condamne les Parties d'Auvray, de Prunget, & de Simon, chacune en trois livres d'amende, leur fait défenses de récidiver ; condamne lesdites Parties de Prunget, Auvray, Simon & de Buirette, en tous les dépens, tant des causes principale, que d'appel & demandes, chacun à leur égard : Mandons mettre le préſent Arrêt à exécution, ſelon ſa forme & teneur : de ce faire te donnons pouvoir. Donné en notredite Cour de Parlement le dix-huit. Décembre, l'an de grace mil ſept cent quarante-cinq , & de notre Regne le vingt-uniéme. Collationné. *Signé*, LE SEIGNEUR. Par la Chambre. *Signé* , DUFRANC.

M^e. TISSERAND , Procureur de la Communauté.

Cet Arrêt a été obtenu de la Comptabilité & Jurande des ſieurs Louis Potherat, Antoine Bergoignon, Antoine Tinot ; & par les ſoins des ſieurs Jean de Reconſeille, Sébaſtien Charmois, & Benoît Tiſſier.

ARREST

DE LA COUR DE PARLEMENT,

Rendu en faveur de la Communauté des Traiteurs.

Contre celle des Marchands de Vin.

Qui confirme trois Sentences de Police du Châtelet de Paris, par leſquelles, ſans s'arrêter à l'intervention des Maîtres & Gardes du Corps des Marchands de Vin, dont ils ſont déboutés, ordonne l'exécution des Statuts des Maîtres Traiteurs, de la Déclaration du 29 Novembre 1680 , & des Arrêts du Parlement des 4 Mai & premier Août 1505 ; défend aux nommés Pégat , Fontaine, Delaiſtre , Villepoix , Chatelet & Lecomte , Marchands de Vin, de loger & tenir chambres garnies , ni en avoir enſeignes , écriteaux ou inſcriptions ; de faire nôces & feſtins , ni de recevoir

voir des compagnies de nôces ou lendemains ,
& les condamne en l'amende & aux dépens.

Du 17 Mai 1746.

LOUIS, par la grace de Dieu , Roi de France & de Navarre : Au premier des Huissiers de notre Cour de Parlement , ou autre notre Huissier ou Sergent sur ce requis ; Sçavoir faisons , qu'entre les Maîtres & Gardes du Corps des Marchands de Vin à Paris , & les nommés Pegat , Fontaine , Delaître & Villepoix , Marchands de Vin , Appellans des Sentences du Lieutenant-Général de Police du Châtelet , du 30 Avril
1745 , & Défendeurs d'une part ; & les Jurés en charge de la
Communauté des Maîtres-Queulx-Cuisiniers-Traiteurs de la
Ville & Faubourgs de Paris , Intimés , & Demandeurs en Requête du 14 Juin 1745 , d'autre part : Et encore entre les nommés Lecomte & Châtelet , aussi Marchands de Vin à Paris ,
aussi Appellans des Sentences dudit Lieutenant-Général de
Police , dudit jour 30 Avril 1745 , & Défendeurs d'une part ;
& lesdits Jurés Traiteurs , Intimés , & Demandeurs en deux
Requêtes du même jour 14 Juin 1745 , d'autre part : Et entre
ledit sieur Nicolas Lecomte , Marchand de Vin à Paris , Demandeur en Requête du 4 Février 1746 , d'une part ; & les
Jurés des Maîtres Queulx-Cuisiniers-Traiteurs de Paris , Défendeurs d'autre part : Et entre Gabriel Chatelet , Marchand
de Vin Cabaretier à Paris , Demandeur en Requête du 15 Février 1746 , d'une part ; lesdits Jurés Cuisiniers-Traiteurs de la
même Ville , Défendeurs d'autre part : Et entre lesdits Jurés en
charge de la Communauté des Maîtres Queulx-Cuisiniers-
Traiteurs de la Ville & Faubourgs de Paris , Demandeurs aux
fins de l'Exploit fait au Châtelet de Paris , le 10 Février 1746 ,
& depuis évoqué en notredite Cour , d'une part ; & Nicolas
Lecomte , Marchand de vin à Paris , Défendeur d'autre part :
Et entre lesdits Pegat , Fontaine , Delaître & Villepoix , Demandeurs en Requête du 23 Mars 1746 , d'une part ; & lesdits
Jurés en charge de la Communauté des Maîtres Queulx-Cuisiniers-Traiteurs de la Ville de Paris , Défendeurs d'autre part.
Vu par notredite Cour les Sentences dont est appel , contradictoirement rendues sur deliberé entre les Parties par le Lie-

S

tenant-Général de Police au Châtelet de Paris, le même jour
30 Avril 1745. La premiere Sentence rendue entre lesdits Jurés
Traiteurs & lesdits Pegat, Fontaine, Delaître, & ledit Villepoix, Marchands de vin, & les Maîtres & Gardes du Corps
desdits Marchands de vin, Intervenans, » par laquelle sans s'ar-
» rêter à l'intervention desdits Maîtres & Gardes du Corps
» desdits Marchands de vin, dont ils sont deboutés avec dé-
» pens, en confirmant les trois avis du Substitut de notre Pro-
» cureur-Général audit Siége de Police du Châtelet, du même
» jour 21 Juin 1743, en ce qui concerne lesdits Pegat, Fon-
» taine & Delaître ; en conséquence, sans avoir égard aux
» demandes de Pegat, Fontaine & Delaître, dont ils sont dé-
» boutés, il est ordonné que les Statuts & Réglemens de la
» Communauté des Maîtres Traiteurs, notamment notre Dé-
» claration du 29 Novembre 1680, & les Arrêts de notredite
» Cour, des 4 Mai & premier Août 1705, seront exécutés
» selon leur forme & teneur ; que lesdits Pegat, Fontaine &
» Delaître, seront tenus chacun à leur égard de faire ôter &
» effacer l'écriteau étant à leurs portes, portant indication de
» chambres garnies à louer, sinon & à faute de ce faire, après
» la premiere sommation, permet ausdits Jurés en charge de
» la Communauté des Maîtres Traiteurs de le faire ôter & effa-
» cer, aux frais desdits Pegat, Fontaine & Delaître, en pré-
» sence du Commissaire du quartier ; & pour la contravention,
» ils sont condamnés chacun à leur égard en douze livres de
» dommages-intérêts envers lesdits Jurés Traiteurs, en trois
» livres d'amende envers nous, & aux dépens ; leur est fait
» défenses de récidiver sous plus grande peine ; & en ce qui
» concerne ledit Villepoix, en infirmant l'avis dudit Substitut
» de notre Procureur Général audit Siége, du 13 Août 1743,
» faisant droit au principal, sans s'arrêter à l'intervention des-
» dits Maîtres & Gardes du Corps des Marchands de vin, ni
» à la demande dudit Villepoix, dont ils sont deboutés, il est
» pareillement ordonné, que les Statuts & Réglemens de la-
» dite Communauté des Maîtres Traiteurs, notamment l'Ar-
» rêt de notredite Cour, du premier Août 1705, seront exé-
» cutés ; ce faisant, il est ordonné que ledit Villepoix sera tenu
» de faire ôter l'inscription qui est à la porte de son Cabaret,
» portant indication de chambres garnies à louer, & de sup-

» primer les deux montres de Traiteur trouvées chez lui ; sinon
» & à faute de ce faire , il est permis ausdits Jurés de la Com-
» munauté des Maîtres Traiteurs de les faire ôter aux dépens
» dudit Villepoix, en présence du Commissaire du quartier ;
» & pour la contravention , il est condamné en douze livres
» de dommages & intérêts envers lesdits Traiteurs , trois livres
» d'amende envers nous , & aux dépens ; lui est fait défenses
» de récidiver sous plus grande peine. » La seconde Sentence
dont est appel du même jour , rendue entre les Jurés lors en
Charge de ladite Communauté des Maîtres Traiteurs , & Gabriel Châtelet , Marchand de vin , par laquelle il auroit été
ordonné » que les Statuts & Réglemens de la Communauté des
» Maîtres Traiteurs , feront exécutés selon leur forme & te-
» neur ; est fait néanmoins main-levée de la saisie faite à leur
» Requête sur ledit Chatelet , par Procès-verbal du 8 Juin
» 1743 ; & en infirmant l'avis du Substitut de notre Procureur
» Général audit Siége de la Police , du 20 Août 1743 , ledit
» Chatelet est condamné en vingt livres de dommages & inté-
» rêts , & aux dépens envers lesdits Jurés Traiteurs , en trois
» livres d'amende ; & lui est fait défenses de récidiver sous plus
» grande peine. » Et la troisiéme & derniére Sentence dont
est appel du même jour , rendue entre lesdits Jurés en charge
de la Communauté des Maîtres Traiteurs , ledit Nicolas Lecomte , Marchand de vin , & les Maîtres & Gardes du Corps
des Marchands de vin à Paris , Intervenans ; par laquelle » sans
» avoir égard à l'intervention & demande desdits Maîtres &
» Gardes du Corps des Marchands de vin , ni à l'opposition
» dudit Lecomte à la Sentence par défaut du 5 Avril 1743 ,
» dont ils sont déboutés, il est ordonné qu'elle sera exécutée
» selon sa forme & teneur ; en conséquence, en confirmant
» l'avis du Substitut de notre Procureur-Général audit Siége ,
» du 31 Mai 1743 , il est ordonné que les Statuts & Régle-
» mens de ladite Communauté des Maîtres Traiteurs , feront
» exécutés ; & pour la contravention commise par ledit Le-
» comte , il est condamné en quarante livres de dommages-
» intérêts envers lesdits Jurés Traiteurs , & en dix livres d'a-
» mende ; lui est fait défenses de récidiver sous plus grande
» peine ; & il est condamné , & lesdits Maîtres & Gardes du
» Corps des Marchands de vin , aux dépens envers lesdits Ju-

» rés Traiteurs. » Requête defdits Jurés en charge de la Communauté des Maîtres Traiteurs, du 14 Juin 1745, tendante à ce qu'attendu qu'aux termes des Articles XIII & XXII des Statuts de la Communauté des Traiteurs, il eft défendu à tous Marchands de vin d'entreprendre des repas, & de recevoir chez eux aucune compagnie de nôces ou autre ; & qu'il eft prouvé par le Procès-verbal du Commiffaire Rochebrune, du 30 Janvier 1743, que ledit Lecomte a fervi un repas confidérable à une nombreufe compagnie qui alloit chez lui, ledit Lecomte foit déclaré non-recevable dans fon appel de ladite Sentence de Police, du 30 Avril 1745 ; & où notredite Cour ne fe détermineroit pas par la fin de non-recevoir, l'appellation foit mife au néant, il foit ordonné que ce dont eft appel fortira fon plein & entier effet, & ledit Lecomte foit condamné en tous les dépens des caufes d'appel & demande, frais & mifes d'exécution. Autre Requête defdits Jurés Traiteurs de Paris, du même jour 14 Juin 1745, tendante à ce qu'attendu que par notre Déclaration du 29 Novembre 1680, il eft défendu aux Marchands de vin-Taverniers d'avoir chez eux des Cuifiniers, étalages de viandes, loger ni tenir chambres garnies ; & que par l'Arrêt de notredite Cour en forme de Réglement du premier Août 1705, ces mêmes défenfes ont été prononcées, tant contre les Maitres & Gardes du Corps des Marchands de vin, que contre le nommé Filaftreau, & que la Sentence du 30 Avril 1745, ne fait qu'ordonner l'exécution de ces deux Réglemens, tant lefdits Maitres Gardes du Corps des Marchands de vin, que lefdits Pegat, Fontaine, Delaître, & Villepoix, foient déclarés purement & fimplement non-recevables dans leur appel de ladite Sentence ; en conféquence, & pour prévenir de pareilles conteftations à l'avenir entre lefdits Jurés de la Communauté des Traiteurs & le Corps des Marchands de vin, que l'Arrêt qui interviendra fera infcrit fur le Regiftre des délibérations defdits Maitres & Gardes du Corps des Marchands de vin, lefquels feront tenus d'en certifier lefdits Jurés de la Communauté des Traiteurs, dans tel délai qu'il plaira à notredite Cour préfinir ; & en outre tant lefdits Maitres & Gardes du Corps des Marchands de vin, que lefdits Pegat, Fontaine, Delaître, & ledit Villepoix, foient condamnés aux dépens des caufes d'appel & demandes, frais & mifes d'exécution, faits chacun à leur égard , & en l'amende. Autre requête defdits Jurés Traiteurs de la Ville & Faubourgs de Paris , du même jour 14 Juin 1745 , tendante à ce qu'attendu que les dommages-intérêts à eux adjugés par la Sentence du 30 Avril 1745 , font une fuite des défenfes portées par les Statuts de leur Communauté , & par l'Arrêt de Réglement du premier Août 1705 , ledit Gabriel Chatelet foit déclaré purement & fimplement non-recevable dans fon appel de ladite Sentence, du 30 Avril 1745 , & condamné en l'amende & aux dépens des caufes d'appel & demandes , frais & mifes d'exécution. Arrêt du 26 Juin 1745 , par lequel fur les appellations les parties ont été appointées au Confeil , & fur les demandes en droit & joint. Fins de non-recevoir fervant d'avertiffement defdits Jurés Traiteurs de Paris , du 21 Juillet 1745. Caufes & moyens d'appel fervant d'avertiffement de Nicolas Lecomte , du 27 Janvier 1746. Caufes & moyens fervant auffi d'avertiffement de Gabriel Chatelet, du premier Février dernier. Autres caufes d'appel fervant d'avertiffement defdits, Pegat, Fontaine , Delaître & Villepoix, du 7 dudit mois de Février dernier ; productions des parties en exécution dudit Arrêt ; réponfes defdits Jurés Traiteurs , du 3 Mars dernier , aux caufes d'appel dudit Lecomte , fervant de contredits contre fa production. Autres réponfes defdits Jurés Traiteurs , du même jour 3 Mars dernier , aux caufes & moyens d'appel dudit Gabriel Chatelet , fervant auffi de contredits contre fa production. Autres réponfes defdits Jurés Traiteurs , du 18 Avril dernier , aux caufes d'appel defdits Pegat & conforts. Requête defdits Jurés Traiteurs , du 19 Avril dernier , employée pour contredits contre la production defdits Pegat & conforts. Sommations faites aufdits Maitres & Gardes du Corps des Marchands de vin , de fournir leurs caufes & moyens d'appel , écrire, produire & contredire & fatisfaire audit Arrêt du 26 Juin 1745 , finon qu'ils en demeureront forclos. Production nouvelle defdits Jurés Traiteurs , par requête du 7 Janvier dernier. Sommation de la contredire. Requête & demande dudit Nicolas Lecomte , du 4 Février dernier , tendante à ce que fans s'arrêter à la demande defdits Jurés Traiteurs, dont ils feront déboutés ; faifant droit fur l'appel, l'appellation & ce dont eft appel foient mis au néant ; émendant , ledit Lecomte foit déchargé des condamnations

contre lui prononcées , par la Sentence du 30 Avril 1745 , ladite Communauté des Maitres Traiteurs fût condamnée en
ſes dommages & intérêts , & aux dépens , tant des cauſes principale que d'appel ; au bas de laquelle requête auſſi employée
pour écritures & production ſur ladite demande , eſt l'Ordonnance de notredite Cour , qui l'auroit reglée en droit & joint à
ladite inſtance , & donne acte de l'emploi. Requête deſdits
Jurés Traiteurs , du 5 Mars dernier , employée pour fins de
non-recevoir , & défenſes contre ladite demande , écritures &
production , ſuivant l'Ordonnance étant au bas d'icelle. Requête & demandé de Gabriel Chatelet , Marchand de vin-Ca-
baretier à Paris , du 15 Février dernier , tendante à ce que ſans
s'arrêter à la demande des Jurés Traiteurs , dont ils ſeront déboutés , faiſant droit ſur l'appel dudit Châtelet de la Sentence
du 30 Avril 1745 , l'appellation & ce dont eſt appel fuſſent
mis au néant ; émendant , ledit Chatelet ſoit déchargé des
condamnations contre lui prononcés par ladite Sentence , les
Traiteurs fuſſent condamnés aux dommages-intérêts dudit Chatelet , & aux dépens tant des cauſes principale , que d'appel ;
au bas de laquelle Requête auſſi employée pour écritures &
production ſur ladite demande , eſt l'Ordonnance de notredite
Cour , qui l'auroit reglée en droit & joint à ladite Inſtance ,
& donné acte de l'emploi. Requête deſdits Jurés Traiteurs ,
du 5 Mars dernier , employée pour défenſes contre ladite demande , écritures & production , ſuivant l'Ordonnance au bas
d'icelle. Production nouvelle deſdits Jurés Traiteurs , par Requête du 9 Mars dernier ; ſommation de la contredire. Exploit
fait le 10 Février 1746 , à la requête deſdits Jurés Traiteurs ,
contenant baillé copie à Nicolas Lecomte , Marchand de vin
à Paris , d'un Procès-verbal de contravention fait contre lui à
leur requête , le 8 dudit mois de Février , avec aſſignation à
comparoir en la Chambre & pardevant le Subſtitut de notre
Procureur Général au Châtelet de Paris , pour voir dire & ordonner , que les Arrêts de notredite Cour , Sentences & Reglement de Police , Statuts & Réglemens de ladite Communauté
des Traiteurs , & notamment l'Arrêt de notredite Cour , du 18
Décembre dernier , ſeront exécutés ſelon leur forme & teneur ,
& que pour la contravention commiſe par ledit Lecomte , en
recevant & fourniſſant la compagnie de lendemain de nôces en

queſtion., il ſera condamné en deux cens livres de dommages &
intérêts envers leſdits Jurés Traiteurs , & en telle amende qu'il
plaira à.Juſtice arbitrer , avec défenſes de récidiver ſous plus
grande peine ; comme auſſi qu'il ſeroit tenu de faire ôter de ſa
Salle les luſtres & bras y étant , &·de faire démolir de ſa cuiſine les fourneaux qui y ſont , & de faire ôter les gardes-man-
gers grillés qui y ſont auſſi ; ſinon , & après un ſimple commandement , qu'il ſera permis auxdits Jurés Traiteurs de faire ôter
leſdits luſtres & bras de ladite Salle , & leſdits deux gardes-
mangers grillés , & faire tranſporter le tout en leur Bureau , le
tout aux frais & dépens dudit Lecomte , lequel ſera auſſi condamné aux dépens. Arrêt de notredite Cour , obtenu ſur Requête , par ledit Lecomte , le 18 Février dernier , par lequel il
auroit été ordonné que ſur la demande portée par l'Exploit ci-
deſſus , circonſtances & dépendances , les Parties procéderoient
en notredite Cour. Défenſes dudit Lecomte du 15 Mars dernier , contre ladite demande. Autre Arrêt de notredite Cour ,
du 27 Mars dernier , par lequel , ſur leſdites demandes & défenſes , les Parties ont été appointées en droit & joint à ladite
Inſtance , dépens réſervés. Avertiſſement deſdits Jurés Traiteurs , du 23 Mars dernier , & leur production en exécution
dudit Arrêt. Sommation faite audit Lecomte , de produire ,
contredire & ſatisfaire audit Arrêt , ſinon qu'il en demeurera
forclos. Requeſte & demande deſdits Pegat , Fontaine , Delaiſtre & Villepoix , du 23 Mars dernier , tendante à ce que ,
ſans s'arrêter à la Requeſte deſdits Jurés Traiteurs , dont ils ſeront déboutés , faiſant droit ſur l'appel deſdits Pegat & Con-
ſors , l'appellation & ce dont eſt appel ſoient mis au néant ;
émendant , leſdits Pegat & conſorts ſoient déchargés des condamnations contr'eux prononcées , & leſdits Jurés Traiteurs
ſoient déboutés de leurs demandes formées en Cauſe principale , & condamnés aux dépens , tant des cauſes principale
que d'appel ; au bas de laquelle Requeſte auſſi employée pour
écritures & productions ſur ladite demande , eſt l'Ordonnance
de notredite Cour , qui l'auroit reglée en droit & joint à
la 'ite Inſtance , & donné acte de l'emploi. Sommation de ſatisfaire à ladite Ordonnance. Requeſte deſdits Jurés Traiteurs ,
du 18 Avril dernier , employée pour défenſes contre ladite demande , écritures & production , ſuivant l'Ordonnance au bas

d'icelle. Requefte dudit Lecomte , du 11 Mai préfent mois , employée pour avertiffement , écritures & production , en exécution de l'Arrêt du 17 Mars dernier. Requefte des Maitres & Gardes en charge du Corps des Marchands de vin , du 11 Mai préfent mois , employée pour caufes & moyens d'appel , écritures & production , en exécution dudit Arrêt , du 26 Juin 1745. Sommations générales faites à toutes les Parties , de fatisfaire à tous les Arrêts & Réglemens de l'Inftance. Conclufions de notre Procureur Général , tout joint & confidéré.

Notredite Cour , faifant droit fur le tout , fans s'arrêter aux Requeftes & demandes defdits Lecomte , Chatelet , Pegat, Fontaine , Delaiftre & Villepoix , par Requeftes des 4, 15 Février & 23 Mars derniers , dont ils font déboutés , a mis & met les appellations au néant ; ordonne que ce dont eft appel fortira fon plein & entier effet ; les condamne , & les Maitres & Gardes des Marchands de vin , en l'amende de douze livres, & chacun à leur égard en tous les dépens des caufes d'appel & demandes , frais & mifes d'exécution envers lefdits Jurés Cuifiniers Traiteurs ; & ayant aucunement égard à la demande defdits Jurés Cuifiniers-Traiteurs , portée par Exploit du 10 Février dernier , fait défenfes audit Lecomte de récidiver , & le condamne pour la récidive en 100 livres de dommages & intérefts envers lefdits Maitres Traiteurs , & aux dépens auffi à cet égard : fur le furplus des autres demandes , fins & conclufions , met les Parties hors de Cour. Si mandons mettre le préfent Arrêt à dûe & entiere exécution : de ce faire te donnons pouvoir. Donné en notredite Cour de Parlement le dix-fept Mai , l'an de grace mil fept cent quarante-fix , de norre Régne le trente-uniéme. Collationné , BAILLIF. Par la Chambre , DUFRANC.

Mᵉ. TISSERAND , Procureur de la Communauté.

Cet Arrêt a été obtenu pendant la comptabilité & Jurande des Sieurs Louis Potherat , Antoine Bergoignon , Antoine Tinot.

SENTENCE

SENTENCE DU BUREAU DE LA VILLE,

RENDUE SUR DELIBERE',

QUI décharge le Sieur Aubry, Maître Traiteur, de la demande contre lui formée par le Fermier de l'Etappe à Vin de la Place de Greve.

Du 29 Août 1749.

A TOUS ceux qui ces préfentes Lettres verront Louis-Bafile de Bernage, Chevalier Seigneur de Saint Maurice, Vaux, Chaffy & autres Lieux, Confeiller d'Etat ordinaire, Grand Croix de l'Ordre Royal & Militaire de Saint Louis, Prevòt des Marchands, & les Echevins de la Ville de Paris. SALUT, fçavoir faifons qu'aujourd'hui date defdites préfentes, comparans en Jugement devant Nous Mᵉ. Jean Caron, Procureur d'Anne-Jeanne de Lamery, fille majeure, Heritiere par bénéfice d'inventaire de défunt Jean de Lamery fon pere, cidevant Fermier des Solles & Celliers de l'Hôtel de cette Ville & des droits attribués au Garde de l'Etape à vin, en la Place de Greve, Demandereffe aux fins des Exploits faits par Remy, Huiffier, Commiffaire en cette Jurifdiction, les 6 Octobre 1746, & 30 Janvier 1747, contrôlés par Piton le 9 Octobre 1746, & premier Février 1747, des moyens & Acte fignifiés par ledit Defaint, Huiffier Commiffaire en cette Jurifdiction, & Forgeot auffi Huiffier Commiffaire en cette Jurifdiction, les 24 Avril & 31 Mai 1747 ; & en exécution de notre Sentence du 28 Février dernier & Défendereffe, Mᵉ. Jean-Babtifte Houallé Procureur d'Antoine Aubry, Maître Traiteur-Cuifinier-Queulx à Paris, ancien Juré de fa Communauté & Rotiffeur privilegié du Roi fuivant la Cour, Défendeur & Demandeur aux fins de la Requête verbale fignifiée par Defaint, Huiffier Commiffaire en cette Jurifdiction le 11 Avril 1747. Vu les Piéces & Mémoires des Parties mis ès mains du fieur Cochin l'un de Nous Echevin, en exécution de notredite Sentence du 28 Fé-

T

vrier dernier. Oui le Raport dudit ſieur Cochin, enſemble le Procureur du Roi & de la Ville en ſes concluſions, & après en avoir deliberé, Nous avons dechargé la Partie d'Houallé de la demande de celle de Charon avec dépens. Ce fut fait & donné au Bureau de la Ville de Paris, l'Audience tenante le Mardi vingt-neuviéme jour d'Avril mil ſept cent quarante-neuf. *Signé*, TAITBOUT. Contrôlé & Scellé le 12 Mai 1749.

Signé, HASTANIER.

SENTENCE

DE MONSIEUR

LE LIEUTENANT GÉNÉRAL DE POLICE,

QUI condamne le Sieur Deſaigles, Marchand de Vin, en 20 liv. de dommages & intérêts envers la Communauté des Maîtres Traiteurs, pour avoir reçu chez lui une compagnie de nôce, & avoir prêté ſa maiſon à un Maître Traiteur.

Du premier Septembre 1752.

A TOUS ceux qui ces preſentes Lettres verront: Gabriel-Jérôme de Bullion, Chevalier, Comte d'Eſclimont, Prevôt de Paris : SALUT. Sçavoir faiſons que, ſur la requête faite en Jugement devant nous à l'Audience de la Chambre de Police du Châtelet de Paris, par Mᵉ Le Fevre, Procureur des Jurés en charge de la Communauté des Maîtres Traiteurs à Paris, demandeurs ſuivant le procès-verbal de contravention, dreſſée par Mᵉ Regnaudet Commiſſaire, le 4 Juillet 1751, & exploit donné en conſéquence le 20 du même mois, par Durand Huiſſier à cheval en cette Cour, contrôlé le trois par Berthet, & préſénté ce jour par Bellot, défendeurs à la requête verbale du 8 Novembre, & demandeurs incidemment ſuivant leurs moyens du 24 du même mois, & 8 Février dernier, & en exécution de notre Sentence du 28 Avril dernier , contre Me Bidault J. Procureur du sieur Desaigles , Marchand de vin, défendeur & demandeur ; Parties ouies , ensemble noble homme M. Me Moreau , premier Avocat du Roi , en ses conclusions , sans que les qualités puissent nuire ni préjudicier. Nous avons l'avis des Gens du Roi homologué , en conséquence, l'avis du Procureur du Roi du 27 Août 1751 , infirmé ; en conséquence disons que les Statuts , Arrêts , & Réglemens de la Communauté des Traiteurs , & notamment l'article 22 desd. Statuts , seront exécutés selon leur forme & teneur : & pour la contravention commise par la partie de Bidault , en entreprenant sur la profession des Traiteurs , en recevant chez lui une compagnie de Nôce , & en prêtant sa maison à un Maitre Traiteur , le condamnons en vingt livres de dommages & intérêts envers la Communauté des parties de Le Fevre. Disons que notre présente Sentence sera imprimée , lue , publiée , & affichée aux frais de la partie de Bidault , que nous condamnons aux dépens. Ce qui sera exécuté nonobstant & sans préjudice de l'appel. En témoin de ce , nous avons fait sceller ces Présentes. Ce fut fait & donné par Me Nicolas-René BERRYER, Chevalier , Conseiller d'Etat , Lieutenant Général de Police au Châtelet de Paris , tenant le Siége , le Vendredi 1 Septembre 1752. Collationné. *Signé*, LA FONTAINE. Scellé le 4 Sept. 1752. *Signé*, SAUVAGE. Contrôlé. *Signé*, HERANT.

La Sentence ci-dessus a été lue , publiée , & affichée , à son de trompe & cri public , par moi Henry de Valois , Juré-Crieur ordinaire du Roi , de la Ville , Prevôté Vicomté de Paris , étendue & Banlieue de ladite Prevôté & Vicomté , demeurant à Paris , rue & Paroisse S. Jacques de la Boucherie , soussigné , accompagné de Louis François Ambezar , Jacques Hallot , & Claude - Louis Ambezar , Jurés-Trompettes , dans tous les lieux & endroits ordinaires & accoutumés ; le septième jour de Septembre 1752. Signé , DE VALOIS.

ARREST

DE LA COUR DE PARLEMENT,

Qui maintient les Maîtres Queulx-Cuisiniers-Traiteurs dans le droit & possession d'avoir dans leurs Caves les Vins nécessaires pour la fourniture des Repas, Noces, Festins & Banquets qu'ils entreprennent, soit dans leurs propres maisons, soit chez les Particuliers, & fait défenses aux Marchands de Vin de les y troubler.

Du 5 Août 1761.

LOUIS par la grace de Dieu, Roi de France & de Navarre, au premier Huissier de notre Cour de Parlement, ou autre notre Huissier ou Sergent sur ce requis ; sçavoir faisons, qu'entre les Maîtres & Gardes du Corps des Marchands de Vin de la Ville & Fauxbourgs de Paris, Appellans de Sentence de la Police du Châtelet de Paris, du 8 Août 1755 . demandeurs en requête du 30 Octobre aud. an, & défendeurs d'une part ; & Antoine Aubry, Maître Cuisinier-Traiteur à Paris, défendeur & demandeur en requête du 29 Décembre de la même année 1755 , d'autre part : & entre ledit Antoine Aubry, Cuisinier-Traiteur à Paris, & ancien Juré de sa Communauté, demandeur aux fins des requête & exploit du 27 Janvier 1756 d'une part ; & les Jurés & Communauté des Maîtres Cuisiniers-Traiteurs de la Ville & Faubourgs de Paris, défendeurs d'autre part : & entre ledit Aubry, demandeur en requête du 30 dudit mois de Janvier, défendeur d'une part ; & les Maîtres & Gardes du Corps des Marchands de Vin de la Ville & Fauxbourgs de Paris, défendeurs & demandeurs en requête du 26 Février 1756 , d'autre part : & entre les Jurés, Corps & Communauté des Maîtres Queulx-Cuisiniers Traiteurs de la Ville & Fauxbourgs de Paris, demandeurs en requête du 5 Mars 1756 , tendante à ce qu'ils

fuſſent reçus Parties intervenantes , & autres concluſions d'une
part ; & leſdits Maîtres & Gardes du Corps des Marchands de
Vin de Paris, & ledit Aubry, défendeurs d'autre part ; & entre
leſdits Maîtres & Gardes du Corps des Marchands de Vin, demandeurs en requête du 12 dudit mois de Mars, d'une part ; &
les Jurés & Communauté des Traiteurs, & ledit Aubry, défendeurs d'autre part : & entre ledit Aubry, demandeur en requête
du 28 Avril 1756, d'une part ; & leſdits Maîtres & Gardes du
Corps des Marchands de Vin, & les Jurés & Communauté des
Traiteurs, défendeurs d'autre part. Vû par notredite Cour la Sentence dudit jour 8 Août 1755, dont eſt appel, rendue entre les
Parties, ſur déliberé & ſur les concluſions de notre Avocat du
Châtelet, par laquelle il auroit été dit que les Statuts, Arrêts &
Réglemens du Corps des Marchands de Vin, ſeroient exécutés
ſelon leur forme & teneur ; en conſéquence a déclaré la ſaiſie de
ſix bouteilles de vin faite par leſdits Maîtres & Gardes du Corps
des Marchands de Vin ſur ledit Aubry , bonne & valable ; a été
ordonné qu'elles demeureroient acquiſes & confiſquées au profit
du Corps des Marchands de Vin ; a fait main-levée audit Aubry
du ſurplus des vins ſaiſis, à la repréſentation deſquelles bouteilles
de vin ſaiſies, les Gardiens contraints par corps , quoi faiſant,
déchargés ; comme auſſi a déchargé ledit Aubry de la garde &
repréſentation deſdits vins, dont main-levée a été faite ; ledit
Aubry condamné en cinquante livres de dommages & intérêts
au profit du Corps des Marchands de Vin ; ſur le ſurplus des demandes & conteſtations des Parties, les a mis hors de Cour & de
procès, & condamné ledit Aubry en tous les dépens. Requête
& demandes deſdits Maîtres & Gardes du Corps deſdits Marchands de Vin, du 30 Octobre 1755 , tendante à ce qu'en ce
qui touchoit l'appel par eux interjetté de la Sentence de Police
du Châtelet de Paris, du 8 Août 1755 , au chef qui fait main-
levée de la ſaiſie , l'appellation & ce dont eſt appel, fuſſent mis
au néant, émendant quant à ce, la ſaiſie faite ſur ledit Aubry ,
par exploit du 19 Juillet 1751 , fût déclarée bonne & valable ;
ce faiſant, il fût ordonné que tous les vins ſaiſis ſeroient confiſ-
qués au profit du Corps des Marchands de Vin , à la repréſentation deſquels, le Gardien, comme dépoſitaire de biens de juſtice, ſeroit contraint, quoi faiſant, déchargé ; ce faiſant, il fût
ordonné que les Statuts, Arrêts & Réglemens du Corps des

Marchands de Vin feroient exécutés felon leur forme & teneur ;
en conféquence ils fuffent maintenus & gardés dans le droit de
faire feuls le commerce de vins dans la Ville & Fauxbourgs de
Paris ; il fût fait défenfes audit Aubry & à tous autres Traiteurs
d'entreprendre fur l'état & commerce des Marchands de Vin ,
de tenir des magafins de vin , & d'en faire le debit au public , en
quelque forte & maniere que ce foit , à peine de confifcation
defdits vins , & de tous dépens , dommages & intérêts : il fût fait
défenfes audit Aubry de refcidiver , fous telles peines qu'il appartiendroit ; & pour la contravention par lui commife , & le tort par
lui fait au Corps des Marchands de Vin , il fût condamné en trois
mille livres de dommages intérêts , en telle amende qu'il plairoit
à notredite Cour arbitrer , & en tous les dépens d'appel & demandes ; il fût en outre ordonné que l'Arrêt qui interviendroit
feroit imprimé , lû , publié & affiché par-tout où befoin feroit ,
& infcrit fur le regiftre des délibérations de la Communauté des
Cuifiniers-Traiteurs. Requête d'Antoine Aubry , du 29 Décembre 1755 , & employée pour moyens de nullité , fins de non-
recevoir & défenfes contre la demande des Marchands de Vin ,
portée par leur précédente requête , & tendante à ce que fans s'arrêter aux demandes des Marchands de Vin , dans lefquelles ils
feroient déclarés non-recevables , en tous cas déboutés , ils fuffent pareillement déclarés non-recevables en leur appel de la
Sentence du Lieutenant général de Police , du 8 Août 1755 , en
tous cas l'appellation fût mife au néant , avec amende & dépens ;
il fût ordonné que les Statuts , Edits , Déclarations , Arrêts &
Réglemens du Corps des Maîtres Cuifiniers-Traiteurs de Paris ,
feroient exécutés felon leur forme & teneur , enfemble les Arrêts
de notredite Cour ; en conféquence ils fuffent maintenus & gardés dans le droit exclufif qu'ils ont feuls de faire le commerce de
Cuifiniers-Traiteurs dans la Ville & Fauxbourgs de Paris ; il fût
fait défenfe auxdits Marchands de Vin & à tous autres , d'entreprendre fur leur état & commerce de Maîtres Cuifiniers-Traiteurs , & dans le droit & poffeffion d'avoir des caves & magafins , d'acheter & faire venir des Provinces tous les vins dont ils
ont befoin pour la fourniture de leurs repas , nôces & feftins que
le public veut prendre chez eux & à leurs Hôtes ; il fût fait défenfes aux Marchands de Vin de les y troubler , fous telles peines qu'il appartiendroit , & ils fuffent condamnés en trois mille

livres de dommages intérêts, & en telle amende qu’il plairoit à notredite Cour, & en tous les dépens ; il fût ordonné que l’Arrêt qui interviendroit feroit imprimé, lû, publié & affiché partout où befoin feroit, & infcrit fur les regiftres des délibérations de la Communauté des Marchands de Vin, & à leurs frais, fous la réferve que ledit Aubry faifoit de fe pourvoir contre la Sentence au chef qui lui fait préjudice & grief, & de tous autres droits, actions & conclufions. Arrêt du 9 Février 1756, qui fur l’appel, a appointé les Parties au Confeil, & fur les demandes en droit, & joint. Production des Parties fuivant ledit Arrêt. Requête dudit Aubry, du 13 Avril 1756, employée pour avertiffement, caufes & moyens d’appel defdits Maîtres & Gardes du Corps des Marchands de Vin de Paris, du 26 Avril 1756, fervant d’avertiffement. Requête dudit Aubry, du 29 Janvier 1756, tendante à ce qu’en conféquence de la litifpendance en notredite Cour, fur l’appel des Marchands de Vin de Paris, de la Sentence de Police du 8 Août 1755, leurs demandes & celles dudit Aubry, il fût permis audit Aubry d’y faire affigner aux rifques, périls & fortunes defdits Marchands, les Jurés en charge de la Communauté des Maîtres Cuifiniers-Traiteurs de Paris, pour voir dire qu’il auroit acte de la fommation & dénonciation qu’il leur faifoit par ladite requête, de l’appel interjetté par les Maîtres & Gardes du Corps des Marchands de Vin de Paris, de la Sentence du Lieutenant général de Police du Châtelet de Paris, intervenue entre eux & ledit Aubry le 8 Août 1755, en ce qu’elle fait main-levée audit Aubry de leur faifie de fes vins étant dans fes caves & magafins, & de leur requête & demande donnée fur ledit appel le 3 Octobre 1755, & de ce qui a fuivi, à ce que les Jurés de ladite Communauté n’en ignoraffent, & euffent à intervenir en ladite conteftation, & de fe joindre à lui pour foutenir le bien jugé du chef de ladite Sentence, & que les Traiteurs ont le droit d’avoir du vin chez eux, & dans leurs caves & magafins, & d’en fournir leurs tables & repas ; finon & à faute de ce faire, que lefdits Jurés demeureroient garans & refponfables en leurs propres & privés noms, envers la Communauté & fes Membres de tout événement, faute par eux d’avoir foutenu les droits de la Communauté, ainfi qu’ils y font obligés conformément aux Statuts d’icelle ; & en cas de conteftation, ils fuffent condamnés aux dépens, fous la réferve de fes droits & actions ; au bas de laquelle requête est l'Ordonnance de foient Parties appellées. Exploit d'assignation dudit jour 27 Janvier 1756 , donné en vertu de la susdite Ordonnance , à la requête dudit Aubry, aux Jurés en charge de la Communauté des Maîtres Cuisiniers-Traiteurs , pour procéder sur & aux fins de ladite requête & Ordonnance. Autre requête dudit Aubry, du 30 dudit mois de Janvier 1756 , tendante à ce qu'il lui fût donné acte de la sommation & contre-sommation qu'il faisoit aux Marchands de Vin, & Maîtres & Gardes de ladite Communauté, aux risques, périls & fortunes des Jurés de la Communauté desdits Maitres Traiteurs , de la demande en dénonciation de l'appel & demande des Marchands de Vin, portée par ses requête, Ordonnance & exploit du 26 dudit mois de Janvier, à ce qu'ils n'en ignorassent ; ce faisant , en adjugeant audit Aubry les conclusions par lui prises, lesdits Maîtres & Gardes des Marchands de Vin fussent condamnés l'acquitter des condamnations qui pourroient intervenir contre lui , au profit de la Communauté des Maîtres Traiteurs, & en tous les dépens faits tant en demandant, défendant, que de la sommation, dénonciation & contre-sommation , & les uns à l'encontre des autres , en tous cas ceux d'entre eux qui succomberoient. Requête des Maîtres & Gardes de la Communauté des Marchands de Vin , du 26 Février audit an 1756 , tendante à ce que sans s'arrêter ni avoir égard à la demande & contre-sommation formée contre eux par ledit Aubry, Cuisinier-Traiteur , aux fins de sa requête du 30 Janvier précédent , dans laquelle il seroit déclaré non-recevable, ou en tous cas débouté ; ce faisant , les conclusions précédemment prises par lesd. Maîtres & Gardes du Corps des Marchands de Vin , leur fussent adjugées , & que ledit Aubry fût condamné aux dépens. Requête des Jurés, Corps & Communauté des Maîtres Queulx-Cuisiniers-Traiteurs de la Ville & Faubourgs de Paris, du 5 Mars audit an 1756 , tendante à ce qu'ils fussent reçus Parties intervenantes en ladite Instance, il leur fût donné acte de l'emploi de ladite requête pour moyen d'intervention , & de ce qu'ils se joignoient audit Aubry, & adheroient aux conclusions par lui prises par sa requête du 29 Décembre 1755 ; ce faisant, l'appellation fût mise au néant avec amende & dépens, il fût ordonné que les Statuts, Edits, Déclarations, Arrêts & Réglemens intervenus en faveur desdits Cuisiniers-Traiteurs , seroient

exécutés

exécutés felon leur forme & teneur ; en conféquence ils fuffent maintenus & gardés dans le droit & poffeffion d'avoir dans leurs caves les vins néceffaires pour la fuite & fourniture des repas de nôces , feftins & banquets qu'ils entreprennent , foit dans leurs propres maifons , foit chez les part'culiers ; il fût fait défenfes auxdits Marchands de Vin de Paris de les y troubler , fous telles peines qu'il appartiendroit , & pour l'avoir fait , ils fuffent condamnés en trois mille livres de dommages intérêts , & en telle amende qu'il plairoit à notredite Cour fixer , & en tous les dépens faits par lefdits Jurés , Corps & Communauté defd. Queulx-Cuifiniers-Traiteurs , à l'encontre de toutes les Parties ; il fût ordonné que l'Arrêt qui interviendroit feroit imprimé , lû , publié & affiché par-tout où befoin feroit , & infcrit fur les regiftres des délibérations des deux Communautés , aux frais & dépens des Corps & Communauté des Marchands de Vin. Requête de ladite Communauté des Marchands de Vin , du 12 Mars audit an 1756 , tendante à ce qu'il leur fût donné acte de ce qu'ils confentoient que les Jurés Traiteurs & Cuifiniers de Paris fuffent reçues Parties intervenantes dans ladite Inftance ; ladite Requête employée pour défenfes à ladite intervention , & tendante à ce que lefdits Jurés Traiteurs fuffent purement & fimplement déclarés non-recevables dans leurfdites intervention & demandes , ou en tout cas ils en fuffent déboutés , il fût fait défenfes auxdits Cuifiniers-Traiteurs & tous autres , d'entreprendre fur l'état & commerce de vin , d'avoir des caves & magafins de vin , & d'en vendre , débiter , fournir à qui que ce foit , à peine de confifcation defdits vins , & de tous dépens , dommages & intérêts ; il fût ordonné que l'Arrêt qui interviendroit feroit imprimé , lu , publié & affiché par-tout où befoin feroit , & infcrit fur le livre des délibérations des Cuifiniers , à leurs frais & dépens ; il fût donné acte auxdits Maîtres & Gardes du Corps des Marchands de vin , de ce qu'ils fommoient & dénonçoient à Antoine Aubry ladite intervention & demande des Jurés Traiteurs ; en conféquence , celui defdits Aubry ou defdits Traiteurs qui fuccomberoient fuffent condamnés en tous les dépens faits par lefdits Maîtres du Corps des Marchands de vin , tant en demandant , défendant , que des fommations , dénonciations & contre-fommations. Requête dudît Antoine Aubry du 28 Avril audit an 1756 , tendante à ce

V

qu’il lui fût donné aĉte de l’intervention des Jurés , Corps &
Communauté des Cuifiniers - Traiteurs de Paris , par leur Re-
quêle du 5 Mars 1756 , & de ce que par icelle ils fe joignoient &
adhéroient aux conclufions prifes par ledit Aubry , par fa Requête du 29 Décembre 1755 , de celles prifes par lefdits Jurés
Corps & Communauté des Maîtres Cuifiniers-Traiteurs , il fût
auffi donné aĉte audit Aubry de ce qu’à leurs rifques il fommoit
& dénonçoit auxdits Maîtres & Gardes du Corps des Marchands
de Vin , l’intervention , jonĉtion & adhéfion aux conclufions
prifes par ledit Aubry , par lefdits Jurés , Corps & Communauté
des Maîtres Cuifiniers-Traiteurs , de la contre-fommation qu’il
en faifoit auxdits Jurés , Corps & Communauté des Maîtres
Traiteurs ; il lui fût pareillement donné aĉte de ce qu’aux rifques , périls & fortune des Maîtres & Gardes du Corps &
Communauté des Marchands de Vin , il fommoit & dénonçoit auxdits Jurés , Corps & Communauté des Maîtres Traiteurs , les demandes formées par lefdits Marchands de Vin ,
par leurs Requêtes des 16 Janvier & 12 Mars 1756 , & contenant celles ci devant faites de leur appel de ladite Sentence
de Police du 8 Août 1755 , & de leur demande portée par leur
Requête du 30 Oĉtobre fuivant , & de la contre-fommation
qu’il en faifoit auxdits Maîtres & Gardes des Marchands de Vin ,
en adjugeant audit Aubry les conclufions par lui prifes , lefdits
Marchands de Vin fuffent déclarés non-recevables dans toutes
leurs demandes , en tout cas l’appellation fût mife au néant ,
avec amendes & dépens ; il fût ordonné que les Statuts , Edits ,
Ordonnances & Déclarations , Arrêts & Réglemens regiftrés
en notredite Cour en faveur des Jurés , Corps & Communauté
des Maîtres Cuifiniers-Traiteurs , feroient exécutés felon leur
forme & teneur ; en conféquence ils fuffent maintenus & gardés
ainfi que ledit Aubry , dans le droit & poffeffion d’avoir dans
leurs caves les Vins néceffaires pour leur fuite & fourniture des
repas & nôces , feftins & banquets qu’ils entreprennent , foit
dans leurs propres maifons , foit chez les particuliers ; il fût fait
défenfes auxdits Marchands de Vin & à tous autres Maîtres &
Gardes de la Ville & Banlieue de Paris , de les y troubler , fous
telles peines qu’il appartiendroit ; & pour l’avoir fait , ils fuffent
condamnés en trois mille livres de dommages-intérêts envers
ledit Aubry , & en telle amende qu’il plairoit à notredite Cour

fixer, & en tous les dépens faits par ledit Aubry à l'encontre de toutes les parties, tant en défendant, demandant, que des fommations, dénonciations & contre-fommations, & à l'acquitter de toutes les condamnations qui pourroient intervenir contre lui envers aucunes des Parties; il fût ordonné que l'Arrêt qui interviendroit feroit imprimé, lu, publié & affiché par-tout où befoin feroit, & infcrit fur les regiftres des délibérations des Marchands de vin, & Jurés, Corps & Communauté des Cuifiniers-Traiteurs, aux frais & dépens des Maîtres & Gardes des Marchands de vin. Arrêt du 19 Mai audit an 1756, qui a reçu les Jurés & Communauté des Traiteurs Parties intervenantes, leur a donné acte de l'emploi par eux fait du contenu en leur Requête pour moyens d'intervention, & pour faire droit fur le furplus de ladite Requête, enfemble fur les autres demandes des Parties, les a appointé en droit à écrire, produire & contredire dans le tems de l'Ordonnance, & le tout joint à l'Inftance principale, pour être fur le tout conjointement fait droit. Productions defdites Parties, fuivant ledit Arrêt, & Avertiffement des Maîtres & Gardes du Corps des Marchands de vin de Paris, du 26 Juin 1756, en exécution du fufdit Arrêt. Requête des Jurés, Corps & Communauté des Traiteurs du 19 Juillet de la même année employée pour avertiffement en exécution du fufdit Arrêt, & tendante à ce que faifant droit fur leur intervention du 5 Mars 1756, il leur fût donné acte de ce que fur l'appel defd. Maîtres & Gardes du Corps des Marchands de vin, de la Sentence de la Chambre de Police du Châtelet de Paris, du 8 Août 1755, en ce qu'elle a fait main-levée aud. Aubry de la faifie des vins trouvés dans fes caves, ils fe joignoient audit Aubry & adhéroient aux conclufions par lui prifes par fa Requête du 29 Décembre 1755, & tendante en outre à ce que les conclufions par lui prifes leur fuffent adjugées. Contredits de production defdits Gardes & Corps des Marchands de vin, des 13 Février & 3 Mars 1759, en exécution des Arrêts des 9 Février & 19 Mai 1756. Requête dudit Aubry du 13 Février 1760, employée pour avertiffement en exécution de l'Arrêt dudit jour du 19 Mai 1756. Fins de non recevoir & défenfes aux demandes defdits Maîtres & Gardes du Corps des Marchands de vin, & écritures. Trois Requêtes dudit Aubry du même jour 13 Février, employées pour contredits contre les productions faites par lesdits Maîtres & Gardes du Corps des Marchands de vin, en exécution des Arrêts susdatés, & par les Maîtres & Communauté des Traiteurs, en exécution de l'Arrêt du 19 Mai 1756. Additions d'avertissement des Jurés en charge de la Communauté des Maîtres Queulx-Cuisiniers-Traiteurs de Paris, du 24 Janvier 1761, servans de contredits de production, en exécution de l'Arrêt du 19 Mai 1756. Production nouvelle desdits Jurés & Communauté des Traiteurs, par Requête du 29 dudit mois de Janvier, tendante à ce que les conclusions par eux prises leur fussent adjugées, & que lesdits Gardes & Marchands de vin fussent condamnés aux dépens faits par lesdits Traiteurs à l'encontre de toutes les Parties ; au bas de laquelle Requête est l'Ordonnance de notredite Cour qui a reçu lad. production nouvelle pour être contredite, & sur lad. demande auroit réservé à y faire droit en jugeant. Requête dudit Aubry du 25 Février audit an 1761, employée pour contredits contre ladite production nouvelle. Autres contredits de ladite production nouvelle desdits Maîtres & Gardes du Corps des Marchands de vin, du 6 Avril dernier. Requête dudit Aubry du 6 Juin dernier, employée pour réponses aux prétendues causes & moyens d'appel desdits Maîtres & Gardes du Corps des Marchands de vin, addition d'avertissement & écritures, & tendante à ce que sans s'arrêter ni avoir égard à tout ce qui a été dit, écrit & produit par lesdits Marchands de vin, non plus qu'à leurs Requêtes & demandes, dans lesquelles ils seroient déclarés non-recevables, ou dont en tout cas ils seroient déboutés, les conclusions par lui prises en ladite Instance lui fussent adjugées, & y augmentant, lesdits Gardes & Corps des Marchands de vin fussent condamnés en tous les dépens faits & à faire par ledit Aubry, tant contre eux que contre tous les Traiteurs, tant en demandant, défendant, que des sommations, dénonciations, & contre-sommations même à l'acquitter de ceux auxquels il pourroit être condamné envers les Traiteurs, ou qui pourroient être compensés entre eux ; sur laquelle demande il auroit été réservé à faire droit en jugeant, par Ordonnance étant au bas. Mémoires imprimés respectivement signifiés de la part desdits Maîtres & Gardes du Corps des Marchands de vin, & par les Jurés en charge de la Communauté des Maîtres Cuisiniers-Traiteurs de Paris, les 8 & 23 Juin 1761. Production

nouvelle des Marchands de vin , par Requête du 29 Mai 1761,
falvations & contredits des Jurés de la Communauté defdits
Maîtres Traiteurs , du 27 dudit mois de Juin dernier , fervans
de contredits de production nouvelle faite par Requête du 29
Mai dernier , en exécution de l'Arrêt du 19 dudit mois. Production nouvelle defdits Maîtres & Gardes du Corps des Marchands de vin , par Requête du 6 Juillet dernier. Requête defdits Jurés en charge , Corps & Communauté defd. Traiteurs ,
du 13 dudit mois de Juillet , employée pour contredits contre
la précédente production nouvelle. Requête dudit Aubry , du
20 dudit mois , auffi employée pour contredits de ladite production nouvelle ; falvations à contredits de productions nouvelles
defdits Maîtres & Gardes du Corps des Marchands de vin , du
27 dudit mois de Juillet dernier. Requête defdits Marchands de
vin du 4 Août préfent mois , tendante à ce qu'il leur fût donné
acte de la déclaration faite par les Jurés Traiteurs folio 18 de
leur Requête du 13 Juillet dernier , qu'ils ne font pas Cabaretiers , Taverniers , ni Hôtelliers : en conféquence , fans s'arrêter
à tout ce qui a été dit , écrit & produit par lefdits Jurés Traiteurs , les conclufions prifes par lefdits Maîtres & Gardes du
Corps des Marchands de vin , leur fuffent adjugées , & que les
Jurés Traiteurs fuffent condamnés en tous les dépens ; fur laquelle
demande il auroit été refervé à faire droit en jugeant , par Ordonnance étant au bas. Requête dudit Aubry de cejourd'hui
employée pour défenfes à la précédente demande. Requête
defdits Jurés & Communauté des Traiteurs , du même jour ,
employée pour fins de non - recevoir & défenfes à la fufdite
demande. Acte de rediftribution de ladite Inftance à M. Jean-
Baptifte Maximilien Titon , Confeiller , au lieu de M. Macé.
Sommations générales de fatisfaire à tous les Arrêts de Réglemens & Ordonnances intervenus en ladite Inftance. Conclufions
de notre Procureur Général : tout joint & confidéré. NOTRE-
DITE COUR , faifant droit fur le tout , a mis & met l'appellation au néant. Ordonne que ce dont eft appel fortira fon plein
& entier effet ; & ayant aucunement égard à l'intervention &
demandes des Jurés & Communauté des Maîtres Queulx-Cuifiniers-Traiteurs de cette Ville , ordonne que les Statuts , nos
Edits , Déclarations , Arrêts & Réglemens de notredite Cour
intervenus en faveur defdits Maîtres Traiteurs , feront exécutés

felon leur forme & teneur. En conféquence maintient lefdits Traiteurs dans le droit & poffeffion d'avoir dans leurs caves les vins néceffaires pour la fuite & fourniture des repas , nôces , feftins & banquets qu'ils entreprennent , foit dans leurs propres maifons , foit chez les particuliers ; fait défenfes auxdits Marchands de vin de les y troubler , fous telles peines qu'il appartiendra. Ordonne que le préfent Arrêt fera imprimé au nombre de deux cens exemplaires , fans être affiché , & qu'il fera infcrit fur les Regiftres des deux Communautés ; fur le furplus des autres demandes , fins & conclufions , met les Parties hors de Cour ; condamne lefdits Maîtres & Gardes des Marchands de vin en l'amende de douze livres , & en tous les dépens des caufes d'appel , intervention & demandes envers ledit Aubry & lefdits Maîtres Traiteurs , même en ceux des fommations & contre-fommations, dans lefquels entreront les frais d'exemplaires & d'enregiftrement. Si mandons audit premier Huiffier de notredite Cour de Parlement , ou autre requis pour l'exécution du préfent Arrêt , mettre icelui à dûe, pleine & entiere exécution, felon fa forme & teneur : de ce faire te donnons plein & entier pouvoir. Donné en Parlement , le cinq Août l'an de grace mil fept cent foixante-un , & de notre Regne le quarante-fixieme. Collationné. *Signé*, LANGELE'. Par la Chambre, *Signé*, DUFRANC.

Le préfent Arrêt rendu à la pourfuite & diligence des Srs MARCILLE, ROUARD , LEPRESTRE, & COQUIN , Jurés en charge.

EXTRAIT des Regiftres du Parlement.

COMME de la Sentence donnée par notre Prevôt de Paris ou fon Lieutenant le 16 Novembre 1611 , entre les Maitres Jurés Rotiffeurs de notre Ville de Paris , demandeurs d'une part : Et Barthelemy Lefebvre , Maitre Cuifinier en notredite Ville , défendeur d'autre part. Par laquelle notredit Prevôt ou fon Lieutenant , auroient fait défenfes audit Lefebvre, & à tous autres Cuifiniers, d'entreprendre fur le métier de Rotiffeur, acheter ou faire acheter volailles ou gibier fur le carreau , ni dans les marchés de notredite Ville de Paris , pour fournir aux nôces, feſtins & banquets qu'ils entreprendront, leur permettant de faire le mémoire des viandes & gibier qu'il conviendra avoir, & icelui bailler aux Bourgeois, pour par ledit Bourgeois icelles acheter en la boutique de tel Rotiſſeur que bon lui ſemblera avec un Cuiſinier ſi bon lui ſemble, & ce à peine de confiſcation de viandes, & de cent livres d'amende ; & ſi auroient pour cette fois déchargé ledit Lefebvre de l'amende ſans dépens ; eût été par ledit Lefebvre appellé en notredite Cour de Parlement, en laquelle le procès par écrit conclu & reçu pour juger entre leſdites Parties, ſi bien ou mal auroit été appellé, les dépens reſpectivement requis, & l'amende pour Nous, joint les griefs hors le procès, prétendus moyens de nullité & production nouvelle dudit Appellant, auxquels griefs les Intimés pourroient répondre, & contre ladite production nouvelle, bailler contredits. Vû le procès, griefs & réponſes, forcluſions de produire de nouvel par ledit Appellant. Arrêts des 23 Juin 1612, & 7 Mai 1613. Entre les Maitres Jurés Cuiſiniers, demandeurs en Requeſte du 11 Mai audit an 1612, afin d'être reçus Parties intervenantes audit procès, & ſe joindre avec led. Lefebvre, & Appellans des Sentences de notredit Prevôt, des 24 Novembre, & premier Décembre 1659, 10 & 28 Juin, 16, 10 Juin 1606, 3 Août 1612, & 26 Février 1613, d'une part ; & leſdits Maitres Jurés Rotiſſeurs, défendeurs en ladite Requeſte & intimés, d'autre ; par leſquels leſdits Cuiſiniers auroient été reçus Parties intervenantes, & ſur leſdites appellations appointées au Conſeil, & à produire. Productions deſd. Parties, tant ſur ladite intervention, qu'appellations verbales. Autre Arrêt du 28 Septembre 1612, entre leſdits Jurés Cuiſiniers, & ledit Lefebvre, demandeurs en Requeſte du 22 Août audit an, afin de défenſes particulieres d'exécuter ladite Sentence du 16 Novembre 1611, d'une part ; & leſdits Jurés Rotiſſeurs, défendeurs d'autre ; par lequel ladite Requeſte auroit été jointe audit procès par écrit. Productions deſdites Parties ſur leſdites défenſes particulieres. Requeſte deſdits Maitres Rotiſſeurs, employée pour contredits contre les productions faites par leſdits Maitres Cuiſiniers, tant ſur ladite intervention, & appointé au Conſeil, que défenſes particulieres avec forcluſion de bailler contredits par leſdits Maitres Cuiſiniers, ſuivant l'Arrêt du 9 Août dernier. Incident de Lettres par leſdits Maitres

Cuiſiniers, de Nous obtenues le 4 Août 1612, afin d'etre reçus, & articuler & vérifier les faits y contenus joint aud. procès. Lettres Patentes par leſdits Cuiſiniers, de Nous obtenues
au mois de Décembre 1612, portant confirmation de leurs
Privileges & Statuts, produites audit procès. Autres Lettres,
auſſi par leſdits Cuiſiniers de Nous obtenues le 25 Mai 1612,
& 3 Janvier 1614, pour en jugeant les appellations, régler
leſdits métiers ſelon l'utilité publique & commodité des particuliers. Leſdites Lettres communiquées aux Parties, & miſes
au ſac par l'Arrêt du 9 dudit mois de Janvier: Et tout diligem-
ment examiné. NOTREDITE COUR par ſon Jugement &
Arrêt, en tant que touche les appellations verbales & défenſes
particulieres, ſans s'arrêter à noſdites Lettres du 4 Août, a mis
& met leſdites appellations au néant, & les Parties hors de
Cour & de procès; & faiſant droit ſur le procès par écrit &
intervention deſdits Cuiſiniers, & pour régler les Parties à
l'avenir en ce qui concerne les fonctions de leur métier, ſuivant
noſdites Lettres des 25 Mai 1612, & 3 Janvier dernier, a mis
& met l'appellation & Sentence de laquelle a été appellé au
néant ſans amende; en émendant, ayant aucunement égard à
noſdites Lettres de Décembre 1612, ordonne que les Maitres
Cuiſiniers pourront entreprendre toutes nôces, feſtins & banquets, tant en leurs maiſons privées & ſalles publiques, qu'en
maiſons des particuliers que faire voudront, employer & fournir toutes choſes néceſſaires pour leſdites nôces & feſtins,
pourront acheter les volailles, gibiers & autres viandes, tant
pour rotir & bouillir, que pour mettre en pâte dont ils auront
beſoin pour leſdits feſtins, ès boutiques & fenêtres de tels Rotiſſeurs que bon leur ſemblera, ſi aucun d'iceux ne leur eſt
nommé par celui qui fera ledit feſtin, auquel cas n'en pourront
prendre ailleurs qu'en la boutique de celui qui leur ſera nommé, & ne pourront leſdits Cuiſiniers acheter volaille ou gibier
ſur le carreau, ni ès marchés & places publiques; ains ſeront
tenus les prendre ès boutiques deſdits Rotiſſeurs, à peine d'a-
mende arbitraire: Et pour éviter aux abus & malverſations, a
permis & permet aux Jurés Rotiſſeurs aller viſiter les volailles,
gibiers & autres viandes qui ſeront fournies par leurs compagnons pour les nôces & feſtins que feront leſdits Cuiſiniers en
leurs maiſons particulieres & ſalles publiques, même ès maiſons

des

des particuliers , du vouloir & confentement des Maitres defd. maifons , & non autrement , tous dépens compenfés. Fait en Parlement , le 18 Janvier 1614. *Signé*, par collation , MINCY.

SENTENCE

DE MONSIEUR

LE LIEUTENANT GÉNÉRAL DE POLICE ;

Rendue en faveur de la Communauté des Maîtres Traiteurs de la Ville & Fauxbourgs de Paris.

Contre plufieurs Maîtres Traiteurs.

Portant défenfes de demeurer chez les Maîtres Traiteurs , ni de s'affocier avec eux , ni de mettre aucune indication de Traiteur.

A TOUS ceux qui ces préfentes Lettres verront, Gabriel-Jerôme de Bullion, Chevalier, Comte d'Efclimont , Meftre de Camp du Régiment de Provence, Confeiller du Roi en tous fes Confeils, Prevôt de la Ville , Prevôté & Vicomté de Paris : SALUT. Sçavoir faifons, que fur la requête faite en jugement devant nous à l'audience de la Chambre de Police du Châtelet de Paris, par Me. Nicolas Royer J L. Procureur des Jurés en charge de la Communauté des Maitres Traiteurs-Cuifiniers-Queulx de cette Ville & Fauxbourgs de Paris, demandeurs aux fins du procès-verbal du fieur Commiffaire Nicolet du 16 Février dernier, qui conftate la contravention & entreprife faite par Nicolas Mefnard , Maitre Rotiffeur, fur la profeffion de Traiteur, & auffi la contravention faite par la veuve Cheret, Maitre Traiteur , aux Statuts de fa Communauté, & demandeurs aux fins des exploits faits par Havin , Huiffier à verge , les 20 & 21 Février dernier, contrôlés à Paris les 20 & 22 dudit mois ; le premier tendant à ce que dé-

X

fenfes foient faites audit Mefnard, Rotiffeur, d'entreprendre
fur la profeffion de Traiteur, & pour l'avoir fait, qu'il feroit
condamné aux dommages & intérêts des demandeurs avec
dépens; & le fecond, à ce que défenfes foient faites à la
veuve Cheret de louer ni prêter fa vaiffelle d'argent à des
Rotiffeurs & autres, & que pour l'avoir fait, elle fera condamnée aux dommages & intérêts des demandeurs; lefdits Jurés
défendeurs à la requête verbale d'intervention & demande
d'Hyacinte Mefnard, fignifiée le 18 Avril dernier par le Noble,
Audiencier, & encore lefdits Jurés Traiteurs, demandeurs aux
fins de leur requête verbale fignifiée le 17 Mai dernier par
Genet, Audiencier, tendante afin d'infirmation de l'avis de M. le
Procureur du Roi, que les Statuts, Lettres-patentes, Sentences,
Arrêts & Reglemens de la Communauté des maîtres Traiteurs
feront exécutés, que défenfes feront faites à Nicolas Mefnard,
maître Rotiffeur, d'entreprendre & faire à l'avenir la profeffion
de Traiteur, que pour l'avoir fait il fera condamné en deux cens
cinquante livres de dommages & intérêts envers la Communauté des maîtres Traiteurs, en telle amende qu'il plaira à Juftice arbitrer; que défenfes feront faites à la veuve Cheret de
prêter & louer fa vaiffelle d'argent à des maîtres Rotiffeurs &
à autres qu'à des maîtres Traiteurs, que pour l'avoir fait, elle
fera condamnée en deux cens livres de dommages & intérêts,
fans avoir égard à l'intervention d'Hyacinte Mefnard dontil fera
débouté, & lefdits Nicolas Mefnard, veuve Cheret & Hyacinte
Mefnard condamnés aux dépens; lefd. Jurés Traiteurs défendeurs
à la requête verbale fignifiée de la part d'Hyacinte Mefnard, tendante afin de main-levée de faifie, & que défenfes foient faites
aux Jurés Traiteurs de le troubler, & encore lefdits Jurés Traiteurs demandeurs aux fins de leurs moyens fignifiés le 20 Juin
dernier, afin que défenfes lui foient faites de prêter fon nom à
aucun maître Rotiffeur ni autres, & condamnation de dommages & intérêts, amende & dépens, & défendeurs à la requête
verbale d'intervention fignifiée de la part des fieurs Antoine
Payen, Jean Rouffe, Vincent Babut, Guillaume Boitel &
autres anciens jurés de la Communauté des maîtres Traiteurs,
affiftés de Me Frouard leur Avocat, contre Me Louis Ollivier
le jeune, Procureur de Nicolas Mefnard, maître Rotiffeur,
défendeur aux procès-verbal, exploit de demande, & requête

verbale fufdatée, & demandeur aux fins des requêtes verbales auffi fufdatées, affifté de M. Duret fon Avocat, & encore ledit Me Ollivier, Procureur d'Hyacinte Mefnard, intervenant & défendeur aux requête verbale & moyens fufdatés, affifté de Me Sandrier fon Avocat, contre Me Teftart, Procureur de la veuve Cheret, maître Traiteur, défenderefle aux procès-verbal, exploits & requêtes verbales fufdatés, affiftée de Me Chartier fon Avocat, & contre Me. Santus, Procureur d'Antoine Payen, Jean Rouffe, Vincent Babut, Guillaume Boitel, & autres anciens Jurés de la Communauté des maîtres Traiteurs, intervenans & demandeurs, fuivant la requête verbale fignifiée le 10 du préfent mois, affiftés de Me. Lallier leur Avocat : Parties ouïes, fans que les qualités puiffent nuire ni préjudicier. Nous avons les parties de Lallier & Hyacinte Mefnard partie de Sandrier reçues parties intervenantes en l'Inftance entre les parties de Frouard & Duret, faifant droit fur le tout, avons l'avis du Procureur du Roi infirmé ; en conféquence difons que les Statuts, Lettres patentes, Déclarations du Roi, Sentences, Arrêts & Reglemens concernant la Communauté des maîtres Traiteurs feront exécutés felon leur forme & teneur ; ce faifant, fans avoir égard à la demande & intervention de la partie de Sandrier dont nous l'avons débouté, faifons défenfes à Nicolas Mefnard, maître Rotiffeur, partie de Duret, & Hyacinte Mefnard, partie de Sandrier, ainfi qu'à tous autres maîtres Rotiffeurs, de demeurer dans une même maifon avec aucun maître Traiteur de cette ville de Paris, ni s'affocier avec eux ou leurs veuves, conformément à l'article premier des Statuts de ladite Communauté. Faifons pareillement défenfes aux maîtres Rotiffeurs d'entreprendre fur la profnffion de Traiteur, ni de mettre dans leurs tableaux aucunes dénominations ni indices qui ayent rapport à ladite profeffion de Traiteur, fous telles peines qu'il appartiendra ; & pour y avoir par les parties de Duret & Sandrier contrevenu ainfi qu'il réfulte du procès-verbal du Commiffaire Nicolet, les condamnons folidairement aux dépens envers les parties de Frouard & Lallier. Faifons défenfes auxdites parties de Duret & Sandrier de récidiver fur plus grande peine. Et fera notre préfente Sentence lue, publiée & affichée par-tout où befoin fera. En ce qui concerne la partie de Chartier feulement, avons la caufe continuée au premier jour, dépens, dommages & intérêts à cet égard réfervés, ce qui fera exécuté nonobftant & fans préjudice de l'appel. En témoin de ce nous avons fait fceller ces préfentes, qui furent faites & données par Meffire René Herault, Chevalier, Confeiller du Roi en fes Confeils, Lieutenant général de police au Châtelet de Paris, y tenant le fiége, le vendredi dix-huit Juillet mil fept cent vingt-fept. Collationné. *Signé*, CUYRET. Et fcellé le vingt-fix Juillet mil fept cent vingt-fept. D O Y A R D.

PAR Sentence rendue par M^r le Lieutenant général de Police au Châtelet de Paris, le 18 Juillet 1727, entre les fieurs Trotreau, Guillaume Choyer, Jean-Baptifte Roger, Alexis Dufieux, maîtres & Jurés en charge de la Communauté des maîtres Traiteurs à Paris, plaidant par Me. Frouard, Avocat, & fieurs Antoine Payen, Delamarre, Boitel, de Reconfeille, Bondal, Babut, Meignen, Charmois, Baudet, de la Forge, de la Hoche, Dubuiffon, Boiffelet, Bernier, & autres maîtres & anciens de ladite Communauté des maîtres Traiteurs à Paris, intervenans, ME. Lallier, Avocat plaidant, contre Antoine Jean, maître Rotiffeur, ME. Ollivier le jeune fon Procureur, ME. Duret, Avocat plaidant; & encore contre Jean-Baptifte Jacqueffon, maître Traiteur, intervenant, ME. Ollivier le jeune fon Procureur, ME. Sandrier, Avocat plaidant. Appert pareil jugement avoir été rendu que celui porté par la Sentence ci-deffus du même jour, rendue contre Nicolas Mefnard, maître Rotiffeur, & Hyacinte Mefnard, maître Traiteur.

Par autre Sentence du même jour entre lefdits fieurs Jurés & anciens de la Communauté des maîtres Traiteurs, ci-devant dénommés, plaidans par le miniftere des mêmes Officiers, contre Martin Caillou, maître Rotiffeur, & encore Simon Couteux, maître Traiteur, plaidans les mêmes Officiers. Appert pour pareille contravention pareil jugement avoir été rendu.

Par autre Sentence du même jour entre les mêmes Jurés & anciens de la Communauté des maîtres Traiteurs à Paris, ci-devant nommés, plaidans par le miniftere des mêmes Avocats, contre François François, maître Rotiffeur; & encore contre George Bataille, maître Traiteur à Paris, plaidans auffi les mêmes Avocats. Appert pour pareille contravention pareil jugement.

ARREST

DE LA COUR DE PARLEMENT,

EN FORME DE REGLEMENT,

Qui ordonne que fans qu'il foit befoin de l'Ordonnance préalable du Lieutenant Général de Police, les Jurés - Traiteurs pourront fe tranfporter chez les Maîtres Rotiffeurs pour y faire leur vifite, affiftés d'un Commiffaire feulement.

Du 11 Juin 1714.

Extrait des Regiftres du Parlement.

ENTRE les Jurés & Communauté des Maitres Cuifiniers-Traiteurs de la Ville & Faubourgs de Paris, Appellans de la Sentence rendue par le Lieutenant Général de Police au Châtelet le 6 Mars 1614, d'une part; & Jacques Quoniam, Maitre Rotiffeur, & les Jurés & Communauté des Maitres Rotiffeurs à Paris, Intimés, d'autre, & entre lefdits Jurés en charge de la Communauté des Maitres Rotiffeurs, demandeurs en requête par eux préfentée à la Cour le 21 Avril 1714, à ce qu'en venant plaider fur l'appel, il fût ordonné que les Arrêts & Réglemens de la Police & de la Cour feront exécutés : ce faifant, faire très-expreffes inhibitions & défenfes aux Jurés de la Communauté des Maitres Traiteurs, de fe tranfporter à l'avenir, fous quelque prétexte que ce foit, dans les maifons & boutiques des Maitres Rotiffeurs, fans en avoir préalablement obtenu la permiffion du Lieutenant Général de Police, à peine de telle amende qu'il plaira à la Cour arbitrer, & de tous dépens, dommages & intérêts, & condamner lefdits Jurés Traiteurs aux dépens de la caufe d'appel, d'une part; & lefdits Jurés & Communauté des Maitres Traiteurs à Paris, défendeurs d'autre, entre lefdits

Jurés Traiteurs, demandeurs en requête du deux Juin préfent mois, à ce que l'avis du Subftitut de Monfieur le Procureur Général au Châtelet de Paris fût exécuté : ce faifant, les Statuts des demandeurs vérifiés & regiftrés en la Cour, enfemble les Arrêts de la Cour, feront exécutés, & fuivant iceux défenfes aux Rotiffeurs de faire aucunes fricaffées ni ragoûts, à peine d'amende, & pour en avoir fait le condamner aux dommages & intérêts ; & lui & la Communauté de Rotiffeurs à Paris, défendeurs d'autre : Après que Goudouin, Avocat des Jurés en charge de la Communauté des Maitres Cuifiniers-Traiteurs, & Chaftelain, Avocat des Jurés en charge de la Communauté des Maitres Rotiffeurs ont été ouis : enfemble Chauvelin pour le Procureur Général du Roi : LA COUR en tant que touche l'appel, a mis & met l'appellation au néant : Ordonne que ce dont a été appellé fortira effet ; ayant aucunement égard à la requête des parties de Chaftelain, fait défenfes aux parties de Goudouin d'aller en vifite chez les parties de Chaftelain, fi elles ne font affiftées d'un Commiffaire feulement : Condamne les parties de Goudouin en l'amende de douze livres & aux dépens de la caufe d'appel feulement, les autres compenfés. Fait à Paris en Parlement le onziéme Juin mil fept cent quatorze. Collationné. *Signé*, LORNE.

Le dix-neuf Juin 1714, fignifié à Mes. Richer & C. Charpentier, Procureurs. Signé, LEVIEL, *Huiffier.*

DELANGELLERYE.

Ledit Arrêt obtenu du temps de Jacques Borel, Philbert Blanchard, Jean Dereconfeille, Jean Dubois, Jurés en charge.

ARREST

DE LA COUR DE PARLEMENT,

Rendu en faveur de la Communauté des Maîtres Traiteurs.

Contre Antoine Jean , François François , Martin Caillou , Antoine de Larme , Leger de Ligny , Claude Robillard, Jacques Petit, Jean Jacqueſſon, & Michel Meſnard , tous Maîtres Rotiſſeurs à Paris.

Portant défenſes auxdits Maîtres Rotiſſeurs de s'aſſocier & de demeurer en même maiſon avec aucun Maître Traiteur.

Du 21 Juin 1730.

NOTREDITE COUR faiſant droit ſur le tout , a mis & met les appellations au néant , ordonne que ce dont a été appellé , ſortira ſon plein & entier effet ; condamne leſdits Antoine Jean , Jean-Baptiſte Jacqueſſon , François François, Georges Bataille , Martin Caillou , & Simon Couteux, en l'amende de douze livres ; ordonne que les Statuts de la Communauté des Maitres Traiteurs , les Lettres-Patentes portant confirmation deſdits Statuts , notre Déclaration du vingt-cinq Décembre mil ſept cent quatre , regiſtrée en notredite Cour , & les Arrêts & Réglemens concernans la Communauté deſd. Maitres Traiteurs , feront exécutés ſelon leur forme & teneur : en conſéquence fait défenſes auſdits de Larme , de Ligny , Robillard, Petit, Jacqueſſon & Meſnard , d'y convrevenir ni de s'aſſocier avec aucun Maître Traiteur , & même de demeurer dans une même maiſon avec aucuns des Maitres Traiteurs , d'entreprendre fur le métier defdits Maitres Traiteurs, ni de mettre dans leurs tableaux & enfeignes aucune dénomination ni indication qui ait relation au métier de Traiteur, à peine de trois cent livres d'amende ; ordonne que celles qui ont été mifes feront ôtées & effacées : ayant aucunement égard à la demande defdits Jean, Caillou, de Larme, Mefnard & autres Rotiffeurs, portée par leur requête du treize Mai préfent mois, fait auffi défenfes à tous Maîtres Traiteurs de s'affocier avec aucuns des Maitres Rotiffeurs, & d'entreprendre fur le métier defd. Maitres Rotiffeurs, fous les mêmes peines que deffus ; fur le furplus de toutes les autres demandes, fins & conclufions des parties, les a mis hors de Cour ; condamne lefdits Antoine Jean, Jean-Baptifte Jacqueffon, François François ; George Bataille, Martin Caillou, Simon Couteux, Antoine de Larme, Leger de Ligny, Claude Robillard, Jacques Petit, Jean Jacqueffon, & Michel Mefnard, aux trois quarts des dépens des caufes d'appel & demandes, chacun à leur égard ; l'autre quart, enfemble ceux de la demande contre lefdits Courbet, Sauvage, & le Roux, compenfés : TE MANDONS de mettre le prefent Arrêt à exécution, de ce faire te donnons pouvoir. Donné à Paris en Parlement le feize Mai, l'an de grace mil fept cent trente, & de notre Regne le quinziéme. Collationné. *Signé*, BESNARD. & fcellé le vingt-un Juin mil fept cent trente. *Signé*, GAULTIER. *Et au-deffous eft écrit* : Le vingt-fept Mai mil fept cent trente, fignifié & baillé copie à Mes Champenois & Richer, Procureurs, en leurs domiciles, en parlant à leurs Clercs. *Signé*, DUBIGNON-GRAVELLE.

SENTENCE

ARREST
DU PARLEMENT,

Rendu contre la Communauté des Maîtres Rotiffeurs , qui ordonne que les Maîtres Traiteurs
continueront de piquer & larder de tout lard
& avec toutes lardoires , toutes les viandes qui
leur feront néceffaires dans leurs repas ; enfemble
de faire rôtir toutes viandes qui leur feront néceffaires dans les repas feulement qu'ils entreprendront.

Du 30 Janvier 1751.

LOUIS par la grace de Dieu , Roi de France & de Navarre : au premier des Huifliers de notre Cour de Parlement , ou autre notre Huiffier ou Sergent fur ce requis ;
fçavoir faifons qu'entre les Jurés en charge de la Communauté
des Maitres Rotiffeurs de la Ville, Faubourgs & Banlieue de
Paris , appellans d'une Sentence rendue au Châtelet de Paris
le 6 Septembre 1748 , & de ce qui a fuivi , demandeurs en
trois requêtes des premier , 6 Mars & 14 Avril 1749 , & défendeurs d'une part ; Claude Jaquot Maitre Traiteur à Paris ,
Intimé, défendeur & demandeur en requête du 14 Avril 1749;
Jofeph Mongenot Maitre Traiteur à Paris, Intimé, défendeur &
demandeur en requête du 1 Avril 1749 ; & Jean Remy Maitre
Traiteur à Paris , auffi Intimé, défendeur & demandeur en requête du 28 Mars 1749 , d'autre part : Et entre Jacques - Michel Minet maitre Traiteur à Paris , & Jean Montabon auffi
maitre Traiteur à Paris, appellans de la même Sentence de Police dudit jour 6 Septembre 1748 , demandeurs en deux requêtes du même jour 16 Décembre 1748 , & défendeurs d'u-
ne part ; & les Jurés Rotiffeurs de Paris, Intimés, défendeurs &
demandeurs en deux requêtes des 7 , & 27 Janvier 1749,

Y

d'autre part : Et encore lefdits Jurés Rotiffeurs , appellans de la Sentence dudit jour 6 Septembre 1748 , aux chefs expliqués par leur requête, d'une part ; & ledit Jean Montabon à cet égard, Intimé d'autre part : Et entre les Jurés & Communauté des maitres Queulx-Cuifiniers-Traiteurs de la Ville, Faubourgs & Banlieue de Paris , intervenans & demandeurs en requête du 13 Février 1750 , d'une part ; & les Jurés en charge de la Communauté des maitres Rotiffeurs de Paris, Jean Montabon maitre Traiteur à Paris, Joſeph Mongenot auffi maitre Traiteur à Paris , Claude Jacquot & Jean Remy auffi maitres Traiteurs, défendeurs d'autre part : Et entre Jean Montabon maitre Traiteur à Paris, demandeur en requête du 14 Février 1750 , d'une part ; & les Jurés & Communauté des maitres Rotiffeurs défendeurs d'autre part : Et entre leſdits Jurés en charge de la Communauté des maitres Rotiffeurs de la Ville & Faubourgs de Paris , demandeurs en requête du 20 Avril 1750 , d'une part ; & le fieur Mongenot maitre Traiteur , défendeur d'autre : Et entre leſdits Jurés & Communauté deſdits maitres Rotiffeurs de Paris , demandeurs en requête du 8 Juin 1750, d'une part ; & leſdits Jurés en charge de la Communauté des maitres Traiteurs défendeurs d'autre : Et entre leſdits Jurés & Communauté des maitres Queulx-Cuifiniers & Traiteurs de la Ville & Faubourgs de Paris, intervenans, prenant le fait & cauſe de Hugues-Jacques-Michel Minet maitre Traiteur, & demandeurs en requête du 18 Juillet 1750, d'une part ; & ledit Hugues-Jacques-Michel Minet , & les Jurés & Communauté des maitres Rotiffeurs de la Ville & Faubourgs & Banlieue de Paris, défendeurs d'autre part : Et entre leſdits Jurés & Communauté deſdits maitres Rotiffeurs , demandeurs en requête du 20 Juillet 1750, d'une part ; & leſdits Jurés Commnauté deſdits maitres Traiteurs , & ledit Jacques Minet défendeurs d'autre : Et entre leſdits Jurés & Communauté des maitres Traiteurs de Paris, démandeurs en requête d'intervention , & de priſe de fait & cauſe , du 18 Juillet 1750, d'une part ; & leſdits Jurés & Communauté des maitres Rotiffeurs , & ledit Minet maitre Traiteur, défendeurs d'autre : Et entre les Jurés en charge de ladite Communauté des maitres Traiteurs , demandeurs en requête du 23 Juillet 1750, d'une part ; leſdits Jaquot, Remy, Mongenot, & Montabon, & les Jurés & Communauté deſ-

dits maitres Rotiſſeurs, défendeurs d'autre : Et entre leſdits Jurés en charge, Corps Communauté des maitres Rotiſſeursde la
Ville & Faubourgs & Banlieue de Paris, demandeurs en reꝗuê-
te du 3 Août 1750, d'une part ; & leſdits Jaquot , Remy ,
Montabon ; & ledit Mongenot, Traiteurs , & la Communauté
deſdits maitres Traiteurs défendeurs d'autre : Et entre leſdits
Jurés & Communauté deſdits maitres Traiteurs de Paris , demandeurs en requête du 18 Janvier 1751 , d'une part ; & les
Jurés & Communautés des maitres Rotiſſeurs , & leſdits Mongenot, & autres, défendeurs d'autre : Et entre les Jurés & Communauté deſdits maitres Traiteurs de Paris , demandeurs aux
riſques des Jurés & Communauté deſdits maitres Rotiſſeurs de
la même Ville de Paris, aux fins des commiſſion & exploit du
16 Janvier 1750, & défendeurs d'une part ; & Jean - Baptiſte
Tiſſerand procureur en notredite Cour , défendeur & demandeur eu requête du 19 Janvier 1750 , d'autre part : Et leſdits
Jurés en charge & Communauté des maitres Rotiſſeurs de Paris,
auſſi défendeurs d'autre part. Vû PAR NOTRE COUR la Sentence de police du Châtelet de Paris du 6 Septembre 1748 , dont
eſt appel, contradictoirement rendue ſur les concluſions du Subſtitut de notre Procureur Général audit Siégee entre Claude
Jacquot maitre Traiteur à Paris , demandeur d'une part ; & les
maitres Jurés en charge de la Communauté des maitres Rotiſſeurs de la Ville de Paris , ſaiſiſſans, demandeurs & défendeurs
d'autre , par laquelle ſans que les qualités puſſent nuire ni préjudicier, faiſant droit ſur les demandes & conteſtations des parties , auroit été ordonné, que les Statuts, Sentences , Réglemens & Arrêts de ladite Communaute des maitres Traiteurs ,
& celle deſdits Rotiſſeurs, ſeroient exécutés ſelon leûr forme
& teneur, & notamment l'Arrêt de 1746 ; en conſéquence , les
ſaiſies faites par les Jurés Rotiſſeurs , ſur les nommés Raillard,
Mongenot , Jacquot & Remy , avoient été déclarées nulles,
leſdits Jurés Rotiſſeurs auroient été condamnés envers chacun
des ſuſdits , en dix livres d'amende, dommages-intérêts : & à
l'égard du nommé Montabon, la ſaiſie faite ſur lui , du lapreau
piqué dont eſt queſtion , auroit été déclarée bonne & valable, le ſurplus de la ſaiſie faite ſur lui , auroit été déclarée
nulle, & pour la contravention il auroit été condamné en 20
livres de dommages-intérêts envers leſdits Jurés Rotiſſeurs , &

Y ij

à l'égard des nommés Duhan & Minet, les faifies fur eux faites par lefdits Jurés Rotiffeurs auroient été déclarées bonnes & valables, & pour la contravention, ils auroient été condamnés chacun en quarante livres de dommages-intérêts envers lefdits Jurés Rotiffeurs : Et lefdits Jurés & Communauté des Rotiffeurs condamnés aux dépens envers lefdits Raillard, Mongenot, Jacquot & Remy, & ledit Montabon, Duhan & Minet, condamnés aux dépens envers lefdits Jurés & Communauté des maîtres Rotiffeurs, ce qui feroit exécuté nonobftant & fans préjudice de l'appel. Autre Sentence de Police du Châtelet de Paris du même jour 6 Septembre 1748, dont eft appel, contradictoirement rendue entre lefdits maîtres Rotiffeurs de Paris faififfans, demandeurs & défendeurs d'une part ; & Jean Montabon maître Traiteur à Paris, partie faifie, défendeur & demandeur d'autre part ; par laquelle fans que les qualités puffent nuire ni préjudicier, auroit été ordonné que les Sentences, Arrêts & Réglemens de ladite Communauté des maîtres Rotiffeurs, feroient exécutés felon leur forme & teneur, & notamment l'Arrêt de 1746 ; défenfes auroient été faites audit Montabon, & à tous autres d'y contrevenir aux peines de droit ; la faifie en contravention faite fur ledit Montabon, à la requête defdits jurés Rotiffeurs le 5 Novembre 1747, auroit été déclarée bonne & valable pour le lapreau feulement, lequel demeureroit confifqué au profit de ladite Communauté des maîtres Rotiffeurs ; à la repréfentation duquel lapreau feroit le nommé Lenormand Marchand Miroitier, gardien, contraint quoi faifant déchargé, & pour la contravention commife par ledit Montabon, il auroit été condamné en vingt livres de dommages-intérêts envers lefdits Jurés Rotiffeurs, & aux dépens, ce qui feroit exécuté nonobftant & fans préjudice de l'appel. Autre Sentence de la Chambre de police du Châtelet de Paris du 6 Septembre 1748, dont eft appel, entre lefdits Jurés en charge de la Communauté des maîtres Rotiffeurs de Paris, faififfans, demandeurs & défendeurs d'une part ; & Hugues-Jacques-Michel Minet, maître Traiteur à Paris, partie faifie, défendeur & demandeur d'autre part, par laquelle fans que les qualités puffent nuire ni préjudicier, auroit été ordonné que les Sentences, Arrêts & Reglemens concernant la Communauté des maîtres Rotiffeurs, & notamment l'Arrêt de

1746, feroient exécutés felon leur forme & teneur, défenfes auroient été faites audit Hugues - Jacques - Michel Minet d'y contrevenir aux peines de droit, & pour la contravention commife par lui, la faifie en contravention fur lui faite à la requête defdits Jurés Rotiffeurs le 5 Novembre 1747, auroit été déclarée bonne & valable, & ordonné que les marchandifes faifies feroient & demeureroient confifquées au profit de la Communauté defdits maîtres Rotiffeurs, à la repréfentation defquelles feroit Nicolas Guillaume gardien d'icelles contraint, quoi faifant déchargé, & ledit Minet auroit eté condamné en quarante livres de dommages-intérêts envers lefdits Jurés Rotiffeurs & aux dépens. Requête & demande de Hugues - Jacques- -Michel Minet, maitre Pâtiffier-Traiteur à Paris, du 18 Décembre 1748, à ce que l'appellation & ce dont eft appel fuffent mis au néant ; émendant, la faifie faite fur ledit Minet à la requête des Rotiffeurs le 5 Novembre 1747, fût déclarée nulle, injurieufe, tortionnaire & déraifonnable ; en conféquence ordonner que les chofes fur lui faifies lui feroient rendues & reftituées, à ce faire le nommé Guillaume gardien contraint par toutes voies dües & raifonnables, même par corps, comme dépofitaire de Juftice, quoi faifant déchargé ; il fût fait défenfes aux Jurés Rotiffeurs de récidiver, & faire à l'avenir de pareilles faifies chez ledit Minet, fous telle peine qu'il appartiendra, & pour l'avoir fait, ils fuffent condamnés en tels dommages - intérêts qu'il plairoit à notredite Cour arbitrer ; il fût pareillement ordonné que les Statuts, Arrêts & Reglemens de la Communauté des maîtres Traiteurs feroient exécutés felon leur forme & teneur, & les Jurés Rotiffeurs fuffent condamnés en tous les dépens, tant des caufes principale que d'appel & demande. Requête & demande de Jean Montabon, maître Traiteur à Paris, du 18 Décemb. 1748, à ce que l'appellation & ce dont eft appel fuffent mis au néant ; émendant, la faifie faite fur ledit Montabon à la requête defdits Jurés Rotiffeurs fût déclarée nulle, injurieufe, tortionnaire & déraifonnable, en conféquence il fût ordonné que les chofes fur lui faifies lui feroient rendues & reftituées, à ce faire le nommé le Normand contraint, quoi faifant déchargé, il fût fait défenfes aux Jurés Rotiffeurs de récidiver, & de faire à l'avenir de pareilles faifies chez ledit Montabon, & pour l'avoir fait, ils fuffent condamnés en tels dommages - intérêts qu'il plairoit à notredite Cour arbitrer; il fût pareillement ordonné que les Statuts, Arrêts & Reglemens de ladite Communauté des maîtres Traiteurs feroient exécutés felon leur forme & teneur, & lefdits Jurés Rotiffeurs fuffent condamnés en tous les dépens, tant des caufes principale que d'appel & demande. Requête & demande defdits Jurés en charge de la Communauté des maîtres Rotiffeurs de la Ville, Fauxbourgs & Banlieue de Paris, du 7 Janvier 1749, à ce qu'il fût ordonné que les article Ir. XI. & XXVII. des nouveaux Statuts de la Communauté des maitres Rotiffeurs dùement regiftrés, enfemble l'Arrêt de notredite Cour du 19 Janvier 1746, rendu contre la Communauté des maitres Traiteurs de Paris fur leur oppofition à l'enregiftrement des articles Ir. XI. XXV. & XXVII. defdits Statuts, feroient exécutés felon leur forme & teneur, il fût donné acte auxdits Jurés en charge de la Communauté des maitres Rotiffeurs de la déclaration faite par ledit Minet par le procès - verbal dreffé par le Commiffaire Regnaudet le 5 Novembre 1747, que les viandes fur lui faifies & dont eft queftion, lui avoient été vendues par le nommé Ruelle, maitre Rotiffeur, fans boutique, Regrattier étalant fur le carreau de la Vallée, trouvé chez ledit Minet, piquant de lard fin les volailles, gibier & viandes dont il s'agit par l'exploit de faifie, & attendu la contravention manifefte de la part dudit Minet auxdits articles I. XI. XXV. & XXVII. defdits Statuts, & à l'Arrêt de notredite Cour dudit jour 19 Janvier 1746, prononçant fur ledit appel, fans s'arrêter ni avoir égard à la demande dudit Minet, il fût déclaré purement & fimplement non-recevable dans fon appel, & condamné en l'amende & aux dépens de la caufe d'appel & demande. Autre Requête & demande des Jurés & Communauté des maitres Rotiffeurs, du 27 Janvier 1749, à ce qu'ils fuffent reçus appellans de lad. Sentence du 6 Septembre 1748, rendue en la Chambre de Police du Châtelet, en ce que par icelle le furplus des viandes faifies fur ledit Montabon par exploit du 5 Novembre 1747, n'auroient point été déclarées confifquées au profit de ladite Communauté des Rotiffeurs, & à la repréfentation d'icelle ou de la valeur, le gardien contraint, ledit appel fût tenu pour bien relevé; en prononçant fur les appels refpectivement interjettés de ladite Sentence, il fût ordonné que les articles I. XI.

XXV. & XXVII. des nouveaux Statuts de ladite Communauté des Rotiſſeurs dûement regiſtrés, enſemble l'Arrêt de notredite Cour du 19 Janvier 1746, rendu contre ladite Communauté des maitres Traiteurs de Paris ſur leur oppoſition à l'enregiſtrement des articles I. XI. XXV. & XXVII. ſelon leur forme & teneur; ce faiſant attendu la contravention manifeſte auxdits articles des Statuts & audit Arrêt de notredite Cour, en tant que touchoit l'appel interjetté par ledit Montabon, ſans s'arrêter ni avoir égard à ſa demande, dans laquelle il ſeroit déclaré non-recevable, il fût pareillement déclaré non-recevable dans ſon appel, ou en tout cas l'appellation fût miſe au néant, il fût ordonné que ce dont eſt appel ſortiroit ſon plein & entier effet, & ledit Montabon fût condamné auxdépens de la cauſe d'apel & demande à cet égard; en ce qui touchoit l'appel deſdits Jurés & Communauté deſdits maitres Rotiſſeurs, l'appellation & ce dont eſt appel fuſſent mis au néant; émendant, la ſaiſie faite par leſdits Jurés Rotiſſeurs par exploit du 5 Novembre 1747 ſur ledit Montabon, de quatre poulets aux œufs, dont deux piqués & deux prêts à mettre à la broche, quatre poulardes prêtes à mettre à la broche, deux pigeons piqués, un autre fait, & un autre en plume, & de deux bécaſſes toutes prêtes à piquer, fut déclarée bonne & valable, en conſéquence il fût ordonné que leſdites choſes ſaiſies ſeroient & demeureroient confiſqées au profit de ladite Communauté des Rotiſſeurs ou la valeur d'icelles, à la repréſentation deſdites volailles ſaiſies ou de la valeur, ſeroit Jacques le Normand, maitre Miroitier à Paris, qui s'en étoit rendu gardien, contraint par toutes voies, même par corps, quoi faiſant déchargé; il fût fait défenſes audit Montabon de ne plus à l'avenir entreprendre ſur le métier & profeſſion deſdits maitres Rotiſſeurs, ſous telles peines qu'il appartiendroit, & pour l'avoir fait, il fût condamné en l'amende, conformément aux articles des Statuts de la Communauté des Rotiſſeurs & en leurs dommages-intérêts, & en outre ledit Montabon fût condamné aux dépens ſur l'appel deſdits Jurés & Communauté des Rotiſſeurs & de ladite demande, ſauf à augmenter auxdites concluſions & ſous les reſerves de tous autres droits. Requête & demande deſdits Jurés & Communauté deſdits maitres Rotiſſeurs de Paris, du premier Mars 1749, à ce qu'il fût ordonné que les articles I. XI. XXV. & XXVII. des nouveaux Statuts pour la Communauté des Rotisseurs, regiſtrés en notredite Cour par Arrêt du 19 Janvier 1746, enſemble l'Arrêt de notredite Cour du 19 Janvier 1746, intervenu entre la Communauté des Maitres Rotisseurs & des Maitres Traiteurs ſur l'oppoſition formée par ces derniers à l'Enregiſtrement deſdits nouveaux Statuts, feroient exécutés ſelon leur forme & teneur, & l'Arrêt dudit jour 19 Janvier 1746, declaré commun avec ledit Jacquot, & en conſéquence prononçant ſur l'appel deſdits Jurés & Communauté des Maitres Rotisseurs, l'appellation & ce dont eſt appel fuſſent mis au néant ; émendant, leſdits Jurés & Communauté des Rotisseurs fuſſent déchargés des condamnations contre eux prononcées au profit dudit Jacquot, la ſaiſie faite par leſdits Jurés & ladite Communauté des Maitres Rotisseurs ſur ledit Jacquot par exploit du 28 Novembre 1747, de quatre poulets en broche, dont deux piqués & les deux autres bardés, un levreau auſſi piqué le tout de lard fin, deux poulardes, deux chapons, & le tout en plume, & un reſtant de lard fin coupé en lardons ſur une aſſiette de fayence, fût declarée bonne & valable, en conſéquence il fût ordonné que leſdites choſes ſaiſies feroient & demeureroient confiſquées au profit deſdits Jurés & Communauté des Rotisseurs ou la valeur d'icelles, à la repréſentation des choſes ſaiſies ou de la valeur, feroit François Huot Maitre Bottier à Paris, qui s'en eſt rendu gardien, contraint ſolidairement avec ledit Jacquot, même par corps, quoi faiſant, il en feroit & demeureroit bien & valablement dechargé ; il fût fait défenſes audit Jacquot de ne plus à l'avenir entreprendre ſur le métier & profeſſion deſdits Rotisseurs ſous telles peines qu'il appartiendroit, & pour l'avoir fait il fût condamné en l'amende, conformément aux Articles des nouveaux Statuts deſdits Jurés & Communauté deſdits Rotisseurs, & à l'Arrêt du 19 Janvier 1746, & aux dommages-intérêts deſdits Jurés & Communauté deſdits Rotisseurs, ledit Jacquot fût en outre condamné en tous les dépens tant des cauſes principale d'apel & demande, ſauf d'autres concluſions. Autre Requête & demande deſdits Jurés & Communauté des Maitres Rotisseurs de Paris, du 6 Mars 1749, à ce qu'il fût ordonné que les Articles Ier. & XXV de leurs nouveaux Statuts regiſtrés en notredite Cour, enſemble l'Arrêt

du

du 19 Janvier 1746, intervenu avec ladite Communauté des Maitres Traiteurs, seroient exécutés selon leur forme & teneur; ce faisant, prononçant sur l'appel, l'appellation & ce dont est appel fussent mis au néant en ce que la saisie des poulets & des quatre grives trouvés en broche chez le nommé Mongenot par le Procès-verbal du 6 Septembre 1747, n'auroit point été déclarée valable, la confiscation ordonnée avec amende, dommages-intérêts, & en ce que lesdits Jurés & ladite Communauté des Maitres Rotisseurs auroient été condamnés en dix livres de dommages-intérêts & aux dépens envers ledit Mongenot, emendant lesdits Jurés & Communauté desdits Rotisseurs, fussent dechargés desdites condamnations, la saisie du poulet & des quatre grives trouvés en broche & dont est question, fût declarée bonne & valable, il fût ordonné qu'ils seroient & demeureroient confisqués au profit desdits Jurés & Communauté des Rotisseurs, ou la valeur d'iceux à la représentation seroit le gardien contraint par toutes voyes, même par corps, quoi faisant deschargé, il fût fait défenses audit Mongenot de plus à l'avenir entreprendre sur le métier & profession des Rotisseurs sous telles peines qu'il appartiendroit, & pour l'avoir fait il fût condamné en l'amende conformément aux Articles desdits Statuts & aux dommages-intérêts, ledit Mongenot fût condamné aux dépens des causes principale, d'appel & demande, sauf d'autres conclusions. Requête & demande de Jean Remy, Maitre Traiteur à Paris du 28 Mars 1749, à ce que l'appellation fût mise au néant, il fût ordonné que ce dont est appel sortiroit son plein & entier effet, & lesdits Jurés Rotisseurs condamnés en l'amende & aux dépens des causes d'appel & demande. Requête & demande de Joseph Mongenot, Maitre Traiteur à Paris, du premier Avril 1749, à ce que sans avoir égard à la Requête & demande desdits Jurés Rotisseurs dans laquelle ils seroient declarés non-recevables ou dont en tout cas ils seroient deboutés, l'appellation fût mise au néant, il fût ordonné que ce dont est appel sortiroit son plein & entier effet, lesdits Jurés desdits Maitres Rotisseurs fussent condamnés en l'amende ordinaire de douze livres, & aux dépens des causes d'appel & demande, sauf d'autres conclusions. Requête & demande desdits Jurés en charge de ladite Communauté des Maitres Rotisseurs de Paris du 14 Avril 1749, à ce que sans avoir égard à la demande dudit Remy portée par sa requête du 28

Z

Mars precédent, dans laquelle il feroit declaré non-recevable, ou dont en tout cas il feroit débouté, il fût ordonné que les Articles Iᵉʳ. & XXV des nouveaux Statuts de la Communauté des Rotiſſeurs de Paris, regiſtrés en notredite Cour le 19 Janvier 1746, intervenus avec la Communauté des Traiteurs, feroient exécutés felon leur forme & teneur, ce faifant prononçant fur l'appel, l'appellation & ce fuſſent mis au néant, émendant leſdits Jurés & Communauté des Rotiſſeurs fuſſent déchargés des condamnations contr'eux prononcées par ladite Sentence, en conféquence la faifie par eux faite fur ledit Remy par Procès-verbal du 6 Novembre 1747, d'un Levreau piqué de lard fin que ledit Remy étoit convenu dans l'inftruction de la caufe principale être à la broche lors de la faifie, & d'un autre Levreau en poil, fût déclarée bonne & valable, il fût ordonné que leſdits deux Levreaux feroient confifqués au profit deſdits Jurés & Communauté des Rotiſſeurs ou la valeur d'iceux, à la repréfentation feroit le nommé François Vernier gardien d'iceux contraint par toutes voyes, même par corps, quoi faifant dechargé ; défenfes fuſſent faites audit Remy de ne plus à l'avenir entreprendre fur le métier & profeſſion des Rotiſſeurs fous telles peines qu'il appartiendroit, & pour l'avoir fait il fût condamné en l'amende conformément aux Articles deſdits Statuts & aux dommages-intérêts, ledit Remy fût en outre condamné aux dépens des caufes principale, d'appel & demandes, fauf d'autres conclufions. Requête & demande de Claude Jacquot Maitre Traiteur à Paris du 14 Avril 1749, à ce que fans avoir égard à la Requête & demande deſdits Rotiſſeurs, dans laquelle ils feroient déclarés non-recevables, ou dont en tout cas ils feroient déboutés, l'appellation fût mife au néant ; ordonner que ce dont eſt appel fortiroit fon plein & entier effet, & leſdits Jurés Rotiſſeurs fuſſent condamnés en l'amende & aux dépens des caufes d'appel & demandes. Arrêt du 14 Août 1749, par lequel notredite Cour fur les appels auroit appointé les Parties au Confeil, & fur les demandes refpectives en droit & joint. Caufes & moyens d'appel des Jurés en charge de la Communauté des Maitres Rotiſſeurs de la Ville & Faubourgs de Paris du 29 Août 1749, contre ladite Sentence de Police du Châtelet du 6 Septembre 1748, & ce qui a fuivi leſdites caufes d'appel fervant auſſi d'avertiſſement, & leur production par inventaire fignifié le 4 Septembre 1749, les réponfes de Jean

Rémy Maitre Traiteur à Paris du 26 Janvier 1750, auxdites caufes d'appel fervant auffi d'avertiffement, & fa production par inventaire fignifié le 6 Février 1750. Réponfes de Claude Jacquot, Traiteur, du 27 Janvier 1750, aux caufes d'appel defd. Jurés & Communauté defd. Rotiffeurs du 24 Août précédent, lefdites réponfes à caufes d'appel fervant anffi d'avertiffement & fa production par inventaire le 6 Février 1750 aux caufes d'appel des jurés & Communauté defdits Rotiffeurs, du 24 Août 1749 ; lefd. réponfes à caufes d'appel fervant auffi d'avertiffement, & fa production par inventaire du 12 Fév. 1750, les réponfes du 7 Fév. 1750 fournies par Jean Montabon, Maitre Traiteur, aux caufes d'appel des Jurés & Communauté defdits Rotiffeurs du 24 Août 1749, lefdites réponfes à caufes d'appel fervant auffi d'avertiffement & fa production par inventaire fignifié le 12 Février 1750. Caufes & moyens d'appel de Hugues-Jacques-Michel Minet Me. Patiffier-Traiteur du 23 Janv. 1750, contre la Sentence de Police du 6 Sept. 1748, lefd. caufes d'apel fervant auffi d'avertiffement & fa production en exécution dud. Arrêt ; les réponfes defd. Jurés & Communauté des Rotiffeurs, du 21 Avril 1750, aux caufes d'appel dudit Minet du 23 Janvier précédent ; lefd. réponfes à caufe d'appel fervant auffi de contredits contre la production dudit Minet, caufes & moyens du 15 Janvier 1751, contre la Sentence de Police du Châtelet du 6 Sept. 1748 ; les falvations defdits Jurés & Communauté des maitres Rotiffeurs de Paris des 20 & 29 Avril 1750, fervant de contredits contre les productions defdits Jofeph Mongenot, Jean Remy, Jean Montabon, & Claude Jacquot, Traiteurs ; Salvations de Hugues-Jacques-Michel Minet, du 15 Janvier 1751, aux réponfes à caufes d'appel defdits Jurés & Communauté des Rotiffeurs, du 21 Avril 1750, lefdites falvations & réponfes à caufes d'appel fervant auffi de contredits contre la production defdits Jurés & Communauté defdits maîtres Rotiffeurs. Réponfes defdits Jurés & Communauté defdits maîtres Traiteurs, du 15 Janvier 1761, aux caufes d'appel des Jurés en charge de la Communauté des Rotiffeurs, du 29 Août 1749, lefdites réponfes à caufes d'appel fervant auffi de contredits contre la production defdits Jurés & Communauté defdits Rotiffeurs, & de falvations à leurs contredits. Requête & demande defdits Jurés & Communauté defdits maîtres Queulx-Cuifiniers-Traiteurs de la Ville, Fauxbourgs & Banlieue de la

ville de Paris, du 13 Février 1750, à ce qu'ils fuſſent reçûs
parties intervenantes dans ladite Inſtance d'entre leſdits Jurés &
Communauté des Rotiſſeurs de la Ville, & Fauxbourgs de
Paris ; & leſdits Mongenot, Jacquot, Remy, & Montabon,
maîtres Traiteurs, ſur l'appel interjetté par leſdits Rotiſſeurs de
ladite Sentence du Chatelet de Paris du 6 Septembre 1748, il
leur fût donné acte de l'emploi du contenu en leur requête
pour moyens d'intervention, même de ce qu'ils prenoient ſur
ledit appel le fait & cauſe deſdits Mongenot, Jacquot, Remy &
Montabon ; en conſéquence ſans s'arrêter aux demandes des
Jurés Rotiſſeurs formées ſur leur appel, & en adjugeant auxdits
Mongenot, Jacquot, & Montabon les concluſions qu'ils avoient
priſes ſur ledit appel, avec amende & dépens, il fût ordonné
que les Statuts & Reglemens de ladite Communauté des Traiteurs, & notamment l'Arrêt du 18 Janvier 1614, en ce que
par l'article XXVII. des nouveaux Statuts des Rotiſſeurs, il eſt
ordonné que les Traiteurs s'y conformeront, ſeroient exécutés,
ce faiſant, leſdits Jurés & Communauté des Traiteurs fuſſent
maintenus & gardés dans le droit & poſſeſſion dans laquelle ils
ſont d'acheter chez tels maîtres Rotiſſeurs que bon leur ſemblera,
ayant boutique ou échope à la Halle, toutes les volailles,
gibiers, agneaux, chevreaux & cochons de lait dont ils auront
beſoin pour fournir aux beſoins des feſtins & repas qui leur
ſeront commandés ; il fût donné acte auxdits Jurés & Communauté des Traiteurs, de ce qu'ils conſentoient n'employer dans
leſdits repas & feſtins les volailles & gibiers néceſſaires pour
le roti, & que les compagnies deſireroient être piquées de lard
fin, qu'ils ne les ayent préalablement achetés tous piqués de
lard fin chez leſdits Rotiſſeurs ; en conſéquence leſdits Jurés &
Communauté fuſſent maintenus dans le droit & poſſeſſion dans
laquelle ils ſont de faire rôtir dans leur cuiſine, & pour les
beſoins ſeulement des repas qui leur ſont commandés, leſdites
viandes, volailles, gibiers, piqués ou non piqués, qu'ils auront achetés deſdits maîtres Rotiſſeurs, expliquant l'Arrêt du
19 Janvier 1746, en ce que par icelui les Rotiſſeurs ſont maintenus dans le droit de piquer de lard fin indiſtinctement toutes
ſortes de viandes, & qu'il y eſt fait défenſes aux Traiteurs
d'employer dans leurs feſtins des viandes piquées de lard fin,
ſi elles n'ont été achetées des Rotiſſeurs, il fût déclaré que le
droit de piquer de lard fin eſt borné aux viandes de volailles &

gibiers de rotifferie, & pour rotir feulement ; en conféquence lefdits Jurés & Communauté des Traiteurs fuffent maintenus & gardés dans le droit & poffeffion dans laquelle ils font de piquer de lard fin, & barder tous les poiffons, viandes de boucherie, volailles & gibiers qu'il convient être piqués de lard fin & bardés pour former les entrées maigres & graffes, nécef-faires dans les feftins & repas, lefdits Jurés Rotiffeurs fuffent condamnés aux dépens, fauf d'autres conclufions. Arrêt du 14 Février 1750, par lequel notredite Cour auroit reçu lefdits Jurés & Communauté des Traiteurs parties intervenantes, leur auroit donné afte de l'emploi du contenu en leur requête pour moyens d'intervention, & de leur prife de fait & caufe, & pour faire droit fur ladite intervention & demande, auroit appointé les parties en droit & joint à ladite Inftance. Avertiffe-ment defdits Jurés & Communauté defdits Traiteurs du 21 Fé-vrier 1750, & leur produftion en exécution dudit Arrêt. Som-mation faite aux autres parties d'écrire, produire, contredire, & fatisfaire audit Arrêt. Requête & demande de Jean Monta-bon, maitre Traiteur à Paris, du 14 Février 1750, à ce que l'Arrêt qui interviendroit en tant que touchoit l'appel interjetté par les Jurés Rotiffeurs de la Sentence du Lieutenant général de Police du Châtelet de Paris, du 6 Septembre 1748, fans s'arrêter à la demande par eux formée fur ledit appel, par leur requête du 20 Janvier 1749, dans laquelle ils feroint déclarés non-recevables ou dont ils feroient déboutés, l'appellation fût mife au néant, il fût ordonné que ce dont eft appel fortiroit fon plein & entier effet, & les Jurés Rotiffeurs fuffent condam-nés en l'amende & aux dépens de la caufe d'appel & demande, fauf audit Montabon à prendre fur fon appel particulier de la même Sentence, telles conclufions qu'il aviferoit bon être : au bas de laquelle requête ainfi employée pour avertiffement, écritures & produftion fur la demande, eft l'Ordonnance de notredite Cour qui l'a reglée en droit & joint, & donne afte de l'emploi. Requête & demande defdits Jurés en charge de ladite Communauté des maîtres Rotiffcurs, du 20 Avril 1750, à ce qu'en expliquant les conclufions de leur requête du 6 Mars, & icelles augmentant, il fût ordonné l'exécution des articles I. XXV. & XXVII. des nouveaux Statuts des maîtres Rotiffeurs, regiftrés en notredite Cour, enfemble de l'Arrêt

du 19 Janvier 1746, faifant droit fur l'appel, l'appellation &
ce dont eft appel fuffent mis au néant, en ce que, 1°. la faifie
du poulet & des quatre grives trouvées en broche chez ledit
Mongenot n'auroit point été déclarée bonne & valable, &
que ladite confifcation n'en a point été ordonnée ; 2°. en ce
que la faifie des trois pigeons en plumes, & de trois poulets
communs & deux chapons en plumes n'auroit point été déclarée valable, & que la confifcation n'en a point été ordonnée ;
3°. en ce que lefdits Jurés & Communauté des Rotiffeurs auroient été condamnés en dix livres de dommages-intérêts &
aux dépens ; émendant, lefd. Jurés & Communauté des Rotiffeurs fuffent déchargés des condamnations contr'eux prononcées, en ce que ladite faifie du poulet, des quatre grives,
trouvés en broche, des fix pigeons en plume & plumés, de
trois poulets communs & deux chapons en plume faite chez
ledit Mongenot, par procès-verbal du 6 Novembre 1747,
fût déclarée bonne & valable, il fut ordonné que lefdites volailles faifies feroient & demeureroient confifquées au profit
de ladite Communauté des maîtres Rotiffeurs, ou la valeur
d'icelles, à la repréfentation des chofes faifies ou de leur valeur,
le nommé Boulanger, gardien, contraint par toutes voies dûes
& raifonnables, & même par corps ; quoi faifant, il en demeureroit bien & valablement quitte & déchargé, & ledit Mongenot fut condamné aux dépens des caufes principale, d'appel
& demande, fauf d'autres droits : au bas de laquelle requête
auffi employée pour avertiffement, écritures & production fur
ladite demande, eft l'Ordonnance de notredite Cour qui l'a
reglée en droit & joint, & donne acte de l'emploi. Production
defdits Jurés & Communauté des Rotiffeurs de Paris, en exécution de l'Arrêt du 14 Février 1750, par requête du 8 Juin
1750, icelle auffi employée pour fins de non-recevoir & défenfes à l'intervention prife de fait & caufe, & demande des Jurés
& Communauté des maîtres Traiteurs, portées en leur requête
du 13 Février 1750, enfemble pour réponfe à l'avertiffement
de ladite Communauté des Traiteurs du 21 dud. mois de Février,
& tendante à ce que lefdits jurés & Communauté des Maitres
Traiteurs fuffent déclarés non-recevables dans leur intervention
& prife de fait & caufe des nommes Mongenot, Jacquot,
Remy & Montabon, Traiteurs ; & fans s'y arrêter, il fut ad-

jugé auxdits jurés & Communauté des Rotisseurs , sur leur appel de la Sentence de Police du Châtelet du 6 Septembre 1748 , les conclusions par eux prises contre lesdits Mongenot, Jacquot, Remy & Montabon, avec dépens ; lesdits jurés & Communauté des Maitres Traiteurs fussent pareillement déclarés non-recevables dans le surplus de leur demande , il fut ordonné que l'Arrêt de notredite Cour du 19 Janvier 1746 seroit exécuté purement & simplement , & les jurés & Communauté des Maitres Traiteurs fussent condamnés en tous les dépens de leur intervention, prise de fait & cause & demande, & réservees par l'Arrêt du 14 Février 1750 , & en ceux de ladite demande , sauf d'autres droits & conclusions ; au bas de laquelle Requeste aussi employée pour avertissement, écritures & production sur ladite demande , est l'Ordonnance de notredite Cour qui l'a réglée en droit & joint, & donne acte des emplois. Requeste desd. jurés & Communauté desdits Rotisseurs du 10 Juin 1750, employée pour fins de non-recevoir & défenses contre la demande de Montabon , portée par sa Requeste du 14 Février 1750 , ensemble pour avertissement , écritures & production en exécution de l'Ordonnance appofée au bas de ladite Requeste , & tendante à ce que ledit Montabon fût déclaré non-recevable dans ladite demande ; il fût donné acte auxdits jurés & Communauté desdits Rotisseurs , des déclarations faites par ledit Montaubon par sadite Requeste, qu'il avoit acheté toutes les volailles sur lui saisies par lesdits jurés & Communauté desd. Rotisseurs , de différens Maitres Rotisseurs , tant à la halle qu'ailleurs, c'est-à-dire, en plume & en poil, & il fût adjugé auxdits jurés & Communauté desdits Rotisseurs, les fins & coclusions par eux prises, tant sur leur appel que sur celui de Montabon, de la même Sentence de Police du 6 Septembre 1748 , avec dépens , il fût pareillement condamné aux dépens des demandes , sauf d'autres conclusions ; au bas de laquelle Requeste est l'Ordonnance de notredite Cour qui a donné acte de l'emploi, & réservé d'y faire droit en jugeant. Production nouvelle desdits jurés & Communauté des Rotisseurs , par Requeste du 10 Juillet 1750, & les contredits contre icelle desd. jurés & Communauté des Traiteurs , par Requeste du 23 Novembre 1750. Contredits desdits jurés & Communauté des Traiteurs du 22 Août 1750 contre la production faite par les

jurés & Communauté des Rotiffeurs en exécution de l'Arrêt
du 14 Février 1750, lefdits contredits de production fervant
anffi de falvation & réponfes à la Requefte des Rotiffeurs du 8
Juin 1750. Les falvations defdits jurés & Communauté des
Maitres Rotiffeurs du 23 Novembre 1750 fervans auffi de réponfes aux écritures du 22 Août précédent. Requefte & demande defdits jurés & Communauté defdits Maitres Queulx-
Cuifiniers-Traiteurs de la Ville & Fauxbourgs de Paris du 18
Juillet 1750, a ce qu'ils fuffent reçus Parties intervenantes en
ladite Inftance d'entre la Communauté des Rotiffeurs & Hugues-
Jacques-Michel Minet, Maitre Traiteur, il leur fût donné
acte de l'emploi du contenu en leur requefte pour moyens
d'intervention ; fur laquelle faifant droit, il fût donné acte
auxdits jurés & Communauté des Traiteurs de ce que fur l'appel interjetté par ledit Minet, Traiteur, de ladite Sentence de
Police du 6 Septembre 1748, ils prenoient le fait & caufe dud.
Minet ; en conféquence faifant droit fur l'appel interjetté de
ladite Sentence, l'appellation & ce dont eft appel fuffent mis
au néant ; émendant, fans avoir égard aux demandes formées
par lefdits jurés & Communauté des Maitres Rotiffeurs, tant
en caufe principale qu'en notredite Cour, dont ils feroient
déboutés, il fût ordonné que les Statuts & Réglemens de la
Communauté des Maitres Traiteurs, & notamment l'Arrêt de
notredite Cour du 18 Janvier 1614, auquel par l'article XXVII.
des nouveaux Statuts des Rotiffeurs il eft ordonné que les Maitres Traiteurs fe conformeront, feroient exécutés felon leur
forme & teneur ; ce faifant, les jurés & Communauté defdits
Maitres Traiteurs fuffent maintenus & gardés dans le droit &
poffeffion dans laquelle ils font d'acheter chez tels des Maitres
Rotiffeurs que bon leur fembleroit, ayant boutique ou échope,
à la halle ou autres marchés publics, toutes les volailles &
gibiers, agneaux, chevreaux & cochons de lait dont ils auront
befoin pour fournir aux befoins des repas qui leur feront commandés, en expliquant l'Arrêt du 19 Janvier 1746, en conféquence lefdits jurés & Communauté des Maitres Traiteurs
fuffent maintenus & gardés dans le droit & poffeffion dans laquelle ils font de piquer de lard fin, & barder tous les poiffons,
viande de boucherie, volailles & gibiers qu'il convient d'être
piqués de lard fin & bardés pour former les entrées maigres &
graffes

graſſes néceſſaires dans les feſtins & repas qu'ils ont ſeuls droit d'entreprendre ; & leſdits jurés & Communauté des Maitres Rotiſſeurs fuſſent condamnés en tous les dépens , tant des cauſes principale que d'appel & demande, ſauf d'autres concluſions. Requeſte & demande deſdits jurés en charge, Corps & Communauté des Maitres Rotiſſeurs de la Ville , Fauxbourgs & Banlieue de Paris , du 20 Juillet 1750, à ce que leſdits jurés & Communauté deſdits Traiteurs fuſſent déclarés purement & ſimplement non recevables dans leur demande du 18 dudit mois de Juillet, il fût ordonné que l'article XXVII. des nouveaux Statuts deſd. Maitres Rotiſſeurs , enſemble l'Arrêt de notredite Cour du 19 Janvier 1746 , ſeroient exécutés ſelon leur forme & teneur ; ce faiſant , ſans s'arrêter ni avoir égard à l'intervention, priſe de fait & cauſe deſd. Traiteurs pour led. Minet , il fût adjugé auxdits jurés & Communauté deſd. Rotiſſeurs , les fins & concluſions par eux priſes contre ledit Minet ſur ſon appel de la Sentence de Police du 6 Septembre 1748 , l'Arrêt qui interviendroit fût declaré commun avec ledit Minet , les jurés & Communauté deſdits maitres Traiteurs & ledit Minet , chacun à leur égard fuſſent condamnés en tous les dépens , ſauf d'autres concluſions. Arrêts des 21 & 24 Juillet 1750 , par leſquels notredite Cour auroit reçu leſdits jurés & ladite Communauté des Traiteurs, parties intervenantes, leur auroit donné aéte de l'emploi du contenu en leur requête pour moyen d'intervention, & de leur priſe de fait & cauſe pour ledit Minet , & pour faire droit ſur leſdites demandes , auroit appointé les parties en droit & joint à ladite inſtance, auroit joint les fins de non-recevoir des maitres Rotiſſeurs , & les défenſes réſervées au contraire, dépens réſervés. Fins de non recevoir des jurés en charge de ladite Communauté deſdits maitres Rotiſſeurs de Paris , du 29 Juillet 1750, ſervant auſſi d'avertiſſement en exécution deſdits Arrêts. Produétions reſpeétives des parties , celle de la Communaüré des Traiteurs par requête du 24 dudit mois de Juillet auſſi employée pour avertiſſement , ſommation de contredire, en exécution deſdits Arrêts. Requête & demande deſdits jurés en charge de la Communauté des maitres Queulx-Cuiſiniers-Traiteurs de la Ville & Faubourgs de Paris , du 23 Juillet 1750 , à ce qu'en expliquant & reétifiant les concluſions par eux priſes par leur requête d'intervention du 13 Février

1750, par l'Arrêt qui interviendroit, faisant droit sur leur intervention & demande, il leur fût donné acte de ce que sur
l'appel interjetté par lesdits jurés Rotisseurs, de la Sentence du
Lieutenant Général de Police du Châtelet de Paris, du 6 Septembre 1748, ils prenoient le fait & cause desdits Jacquot, Remy, Mongenot & Montabon, en conséquence, sans s'arrêter
aux demandes desdits jurés Rotisseurs formée sur leur appel,
& en adjugeant auxdits Jacquot, Remy, Mongenot & Montabon, les conclusions par eux prises sur ledit appel, il fût ordonné que les Statuts de la Communauté des Traiteurs, & notamment l'Arrêt du 18 Janvier mil six cent quatorze, auquel
par l'article 27 des Statuts des jurés Rotisseurs, il est ordonné,
que les maitres Traiteurs se conformeront, seroient exécutés,
ce faisant lesdits jurés & Communauté desdits Traiteurs fussent
maintenus & gardés dans le droit & possession dans laquelle ils
font d'acheter chez tels maitres Rotisseurs que bon leur semble-
roit, ayant boutique & échope à la Halle ou autres marchés publics, toutes les volailles, gibiers, agneaux, chevreaux & cochons de lait, dont ils auront besoin pour fournir aux besoins des
repas & festins qui leur sont commandés : en expliquant l'Arrêt
du 19 Janvier 1746, lesd. jurés en charge de la Communauté
des maitres Traiteurs fussent pareillement maintenus & gardés
dans le droit & possession dans laquelle ils font de piquer de
lard fin & barder tous les poissons, viandes de boucherie, volailles & gibiers qu'il convient être piqué de lard fin & bardé
pour former les entrées maigres & grasses nécessaires dans les
festins & repas qui leur sont aussi ordonnés : Et au surplus sans
avoir égard aux demandes des jurés Rotisseurs, dans lesquelles
ils seroient déclarés non-recevables, ou dont en tout cas ils seroient déboutés, il fut adjugé auxdits jurés & Communauté des
Traiteurs, les conclusions par eux prises avec dépens ; au bas de
laquelle requête aussi employée pour avertissement, écritures
& production sur ladite demande, est l'Ordonnance de notredite
Cour qui l'a reglée en droit & joint, & donne acte de l'emploi.
Requête desdits jurés & Communauté des maitres Rotisseurs du
30 Juillet 1750, employée pour fin de non-recevoir, & défenses
contre ladite demande, ensemble pour avertissement, écritures
& production sur icelle, en exécution de ladite Ordonnance,
& tendante à ce que lesdits jurés Traiteurs fussent déclarés

purement & fimplement non-recevables dans leurdite demande du 23 Juillet 1750, il fût en tant que befoin étoit ou feroit, donné acte auxdits Jurés & Communauté defdits Rotiffeurs, de ce que les jurés Traiteurs par leur demande dudit jour 22 Juillet, en expliquant & rectifiant les conclufions prifes par leur intervention & demande, en ladite inftance du 13 Février 1750, ils fe font déportés du chef de demande qui auroit pour objet d'être maintenus & gardés dans le prétendu droit & pof-feffion de faire rôtir dans leur cuifine, & pour les befoins des repas qui leur font commandés, les volailles & gibiers piqués ou non piqués qu'ils auront achetés, puifque par leur nouvelle demande ils n'ont point repris ce chef de conclufions, & qu'ils n'ont conclu qu'à l'adjudication d'icelle nouvelle demande, & auroient abandonné totalement celle dudit jour 13 Février 1750, ce faifant, il fût adjugé auxdits jurés & Communauté defdits Rotiffeurs, les fins & conclufions prifes en l'inftance fur la premiere demande des Traiteurs, & les jurés Traiteurs fuf-fent condamnés en tous les dépens de ladite premiere demande, en ceux de celle dudit jour 23 Juillet 1750, & en ceux de la-dite demande, fauf d'autres conclufions ; au bas de laquelle re-quête eft l'Ordonnance de notredite Cour, qui a donné acte de l'emploi & réferve d'y faire droit en jugeant. Requête def-dits jurés & Communauté defd. maitres Rotiffeurs de la Ville & Faubourgs de Paris, du 29 Novembre 1750, employée pour défenfes à ladite demande en jugeant. Requête & demande def-dits jurés & Communauté des maitres Rotiffeurs, du 30 Juillet 1750, à ce qu'en adjugeant les conclufions par eux prifes par leur requête du vingt dudit mois de Juillet, lefdits jurés & Communauté des Traiteurs, & ledit Minet fuffent chacun à leur égard condamnés aux dépens réfervés par leur Arrêt de Réglemens du même jour vingt-un dudit mois de Juil-let, & aux dépens de l'appel & demande, fauf d'autres conclufions ; au bas de laquelle requête eft l'Ordonnance de notredite Cour, qui a réfervé d'y faire droit en jugeant. Produc-tion nouvelle defd. jurés & Communauté des maîtres Rotiffeurs, par requête du 31 Juillet 1750, contenant auffi demande à ce qu'il leur fût donné acte des aveu & reconnoiffance faite par lefdits Jurés Traiteurs par leurs falvations fignifiées le 26 Fé-vrier 1750, que lefdits Jurés & Communauté defdits Rotiffeurs

ont feuls le droit de piquer & rotir les viandes dont les Traiteurs fe fervent dans les feftins, banquets & colations, & en
conféquence defd .aveu & reconnoiffance, qui fe trouvent con-
formes aux articles des anciens & nouveaux Statuts des Rotiffeurs, & à l'Arrêt de notredite Cour du 19 Janvier 1746, fans
s'arrêter ni avoir égard aux demandes & écritures des Traiteurs, il fût adjugé audits Jurés & Communauté des Rotiffeurs les conclufions par eux prifes contre toutes les parties
avec dépens, fauf d'autres droits & conclufions : au bas de
laquelle requête eft l'Ordonnance de notredite Cour qui a
refervé d'y faire droit en jugeant. Requête de Jofeph Mongenot, Traiteur, du 23 Novembre 1750, employée pour défenfes à ladite demande en jugeant. Requête defdits Jurés & Communauté des Traiteurs, du 23 Novembre 1750, employée
pour contredits contre la production nouvelle defdits Jurés
Rotiffeurs, faite par leur requête du 31 Juillet audit an. Requête & demande defdits Jurés en charge, Corps & Communauté des Rotiffeurs de la Ville, Fauxbourgs & Banlieue de
Paris, du 3 Août 1750, à ce qu'il fût ordonné que les articles
I. XI. XXV. & XXVII. des nouveaux Statuts defdits Rotiffeurs regiftrés en notredite Cour du 19 Janvier 1746, intervenu fur les oppofition & demande des Jurés Traiteurs à l'enregiftrement defdits nouveaux Statuts dont ils ont été déboutés
& mis hors de Cour par ledit Arrêt, enfemble l'Arrêt de notredite Cour du 18 Janvier 1614, feroient exécutés felon leur
forme & teneur ; ce faifant, lefdits Jurés & Communauté des
Rotiffeurs fuffent maintenus & gardés dans le droit & poffeffion, à l'exclufion de tous Traiteurs & autres gens de bouche,
de faire rotir toutes fortes de volailles, gibiers, agneaux, chevreaux & cochons de lait pour la commodité publique ; il fût
fait défenfes auxdits Mongenot, Jacquot, Remy, Montabon
& Minet, Traiteurs, & aux Jurés & Communauté des maîtres
Traiteurs & membres d'icelle, de faire rotir à la broche à leur
cuifine & maifons pour les feftins & repas qui leur feront commandés, même pour leur confommation particuliere, ainfi
qu'il auroit été ordonné par l'Arrêt du 19 Janvier 1746, à
l'égard des Marchands de vin de Paris, aucunes volailles,
gibiers, agneaux, chevreaux & cochons de lait, il leur fut enjoint de s'en fournir tous rotis à la broche, piqués, lardés & bar-

dés & prêts à fervir fur table chez lefdits Rotiffeurs, à peine de trois cens livres d'amende, lefdits Jurés & Communauté defdits Rotiffeurs fuffent pareillement maintenus & gardés dans le droit & poffeffion conformément à l'Arrêt du 19 Janvier 1746, de piquer & larder de lard fin indiftinctement toutes fortes de viandes, il fût fait défenfes auxdits particuliers Traiteurs, aux Jurés & Communauté des Traiteurs, & à tous Traiteurs & gens de bouche de piquer & larder de lard fin & à la maniere des Rotiffeurs aucunes viandes graffes ou maigres, volailles, gibiers, agneaux, chevreaux, cochons de lait, pour faire des ragouts, entrées & fricaffées, il fût ordonné qu'ils feroient tenus de les faire piquer, larder & barder defdits maîtres Rotiffeurs en boutique & non d'autres; il leur fût pareillement fait défenfes de fe fervir dans leurs maifons ou ailleurs, d'aucuns Rotiffeurs, compagnons & apprentifs Rotiffeurs, en conféquence il fût fait défenfes auxdits Traiteurs, qui ne réuniroient point à leur Maîtrife celle de Rotiffeur, & à ladite Communauté, de fe fervir & faire ufage de la petite lardoire & de la broche pour faire rotir les volailles, gibiers, agneaux & cochons de lait, à peine de cinq cens livres d'amende, fauf aux Traiteurs à faire ufage de la groffe lardoire, pour feulement larder de gros lard, conformément audit Arrêt, les volailles & gibiers qu'ils employeroient dans leurs ragouts & fricaffées, & de la groffe broche pour y faire rotir feulement les viandes de boucherie qui ne font point du métier defdits Rotiffeurs; il fût pareillement fait défenfes auxdits Traiteurs & à la Communauté d'acheter, foit fur le carreau de la Vallée, à la Halle, aux échopes ou autres marchés publics & d'aucuns maîtres Rotiffeurs-regrattiers vendans en échopes, & des Marchands forains, foit pour les feftins, entrées, ragouts & fricaffées qui leur font commandés, foit pour leur propre confommation, aucunes pieces de volailles, gibiers, agneaux & cochons de lait, foit jeunes ou vieux, il leur fût enjoint de s'en fournir uniquement defdits maîtres Rotiffeurs en boutique & non ailleurs, conformément à l'Arrêt du 18 Janvier 1614, à l'article XXVII. des nouveaux Statuts des Jurés Rotiffeurs, & à l'Arrêt de notredite Cour du 19 Janvier 1746, à peine de confifcation & de cent livres d'amende; fans s'arrêter ni avoir égard aux demandes defdits Mongenot, Jacquot, Montabon, Remy & Minet,

Traiteurs , ni aux interventions prifes de fait & caufe pour eux
des Jurés & Communauté defdits Traiteurs , prononçant fur les
différens appels refpectivement interjettés par lefdits Jurés &
Communauté des Rotifleurs , Montabon & Minet, de la même
Sentence du 6 Septembre 1748 , il fût adjugé auxdits Jurés &
Communauté defdits maîtres Rotifleurs les fins & conclufions
par eux prifes à tous égards par leurs différentes requêtes &
demandes fur lefdits appels , tant contre ledit Montabon,
Minet , Mongenot, Jacquot & Remy , que contre les Jurés &
Communauté defdits Traiteurs fur leurs interventions & demandes , il fut fait défenfes auxdits particuliers Traiteurs de ne
plus à l'avenir contrevenir aux Statuts de la Communauté des
Rotifleurs & à l'Arrêt de notredite Cour du dix-neuf Janvier
1746 , ni d'entreprendre fur le métier & profeffion defdits
Rotifleurs , fous toutes peines qu'il appartiendroit , & pour
l'avoir fait ils fuffent condamnés en cent livres de dommages-
intérêts , lefdits Jurés Traiteurs fuffent declarés purement &
fimplement non-recevables dans leurs interventions prifes de
fait & caufe & demandes , il fût ordonné que l'Arrêt qui interviendroit qui feroit réglement entre les deux Communautés feroit infcrit fur les Regiftres des Traiteurs à leurs frais & dépens,
il fût pareillement ordonné qu'il feroit lû , publié , imprimé &
affiché dans les endroits où il appartiendroit , aux frais & dépens defdits particuliers Traiteurs & des Jurés & Communauté
defdits Traiteurs, lefdits Montabon , Minet , Mongenot, Remy & Jacquot , & les Jurés & Communauté des Maitres Traiteurs fuffent chacun à leur égard condamnés en tous les dépens
des caufes principale, d'appel & demandes ; au bas de laquelle
requête auffi employée pour avertiffement , écritures & productions fur ladite demande, eft l'Ordonnance de notredite Cour
qui l'a reglée en droit & joint, & donne acte de l'employ. Requête defdits Jurés & de la Communauté defdits Traiteurs du
23 Novembre 1750 , employée pour défenfes contre ladite demande , enfemble pour avertiffement , écritures & production
fur icelle en exécution de ladite Ordonnance. Production nouvelle defdits Jurés & Communauté defdits Traiteurs par Requête du 19 Août 1750, & les contredits contre icelle des Jurés & Communauté des Rotifleurs du 27 dudit mois. Requête
& demande defdits Jurés en charge de la Communauté des

Maîtres Traiteurs de Paris du 23 Novembre 1750 , à ce qu'en leur adjugeant les conclusions par eux précédemment prises par l'Arrêt qui interviendroit, les Jurés & Communauté des Maîtres Rotisseurs fussent condamnés en tous les dépens, même en ceux réservés par les différens Arrêts de notredite Cour , au bas de laquelle Requête est l'Ordonnance de notredite Cour qui a réservé d'y faire droit en jugeant. Productions nouvelles des Jurés & Communauté desdits Maîtres Rotisseurs , par Requête du 24 Novembre 1750 , contenant aussi demande à ce qu'il fût ordonné que les Sentences rendues par le Lieutenant-Général de Police le 15 Décembre 1744 , & 6 Septembre 1748 , seroient exécutés selon leur forme & teneur , au surplus il fut adjugé auxdits Jurés Rotisseurs les conclusions par eux prises en l'instance avec dépens , au bas de laquelle Requête est l'Ordonnance de notredite Cour qui a réservé d'y faire droit en jugeant. Production nouvelle desdits Jurés & Communauté des Rotisseurs par Requête du premier Décembre 1750 , les contredits desdits Jurés & Communauté des Maîtres Traiteurs du 15 Janvier 1751 , contre les deux productions nouvelles des Jurés Rotisseurs des 24 Novembre & dernier Décembre 1750. Les salvations desdits Jurés & Communauté des Rotisseurs du 20 Janvier présent mois auxdits contredits de production nouvelle , lesdites salvations & contredits de production nouvelle servant aussi de salvations & réponses à causes d'appel. Production nouvelle desdits Jurés & Communauté desdits Rotisseurs par Requête du 3 Décembre 1750 , sommation de la contredire. Requête & demande desdits Jurés & Communauté desdits Rotisseurs du 4 Janvier présent mois, à ce qu'il leur fût donné acte des reconnoissances faites par les Jurés Traiteurs dans leurs Requêtes, écritures & Mémoire imprimés , signifiés, des demandes formées par ladite Communauté desdits Traiteurs les 30 Janvier & 28 Juillet 1745 , dans l'instance jugée par l'Arrêt du 19 Janvier 1746 , & des aveux par eux faits que lesdites demandes étoient du fait des Jurés Traiteurs lors en charge , comme aussi des discutions qu'ils ont faites desdites demandes en l'instance ; il fût pareillement donné acte auxdits Jurés & Communauté des Rotisseurs de ce que les Jurés Traiteurs ont demandé en l'instance l'exécution de l'Arrêt du 19 Janvier 1746 , intervenu sur les demandes de 1745 , & de l'explication d'icelui , fans s'arrêter ni avoir égard au prétendu defaveu mis au Greffe de notredite Cour le 18 Décembre 1750 , fignfié le 23 dudit mois par les Jurés Traiteurs des Requêtes données les 30 Janvier & 28 Juillet 1745 , dans l'inftance jugée par l'Arrêt du 19 Janvier 1746 , par le miniftere de Me. Tifferand , Procureur en notredite Cour , il fût adjugé auxdits Jurés & Communauté des Rotiffeurs les conclufions par eux prifes contre toutes les Parties avec dépens , fauf auxdits Jurés Traiteurs à inftruire par la fuite & hors les inftances dont il s'agit , fi bon leur femble , leur prétendu défaveu contre ledit Me Tifferand leur Procureur ; & les jurés Traiteurs , & les autres particuliers Traiteurs , fuffent condamnés aux dépens de ladite demande , fauf d'autres droits & conclufions. Requête defdiits jurés & Communauté defdits Traiteurs , du 26 Janvier 1751 , employée pour défenfes à ladite demande en jugeant. Requête dudit Jean Montabon , du 15 Janvier 1751 , contenant demande , à ce qu'en tant que touchoit l'appel interjetté par lefdits jurés & Communauté des Rotiffeurs , de la Sentence de Police du 6 Septembre 1748 , l'appellation fût mife au néant avec amende , en tant que touchoit l'appel interjetté par ledit Montabon, de la même Sentence de Police du 6 Septembre 1748 , l'appellation & ce dont eft appel fuffent mis au néant , émendant , attendu l'impoffibilité où fe trouvent les jurés Rotiffeurs, de prouver la contravention qu'ils imputent audit Montabon, ledit Montabon fût déchargé des condamnations contre lui prononcées par la Sentence dont eft appel , la faifie faite fur ledit Montabon, à la requête defdits jurés Rotiffeurs, le 5 Novembre 1749, du lapreau qu'on lardoit, fût déclarée nulle, injurieufe , tortionnaire & déraifonnable ; en conféquence , il fût ordonné que led. lapreau feroit rendu & reftitué, qu'à le faire le nommé le Normand établi gardien , feroit contraint par toutes voies dûes & raifonnables , même par corps, comme dépofitaire de juftice , quoi faifant déchargé , défenfes fuffent faites auxdits jurés Rotiffeurs de récidiver & de faire à l'avenir de pareilles faifies chez ledit Montabon, fous telles peines qu'il appartiendroit , & pour l'avoir fait , ils fuffent condamnés en tels dommages-intérêts qu'il plairoit à notredite Cour , & les jurés & Communauté des Rotiffeurs fuffent condamnés en tous les dépens , tant des caufes principale que d'appel & demandes , même en

ceux

teux réfervés ; au bas de laquelle requête eſt l'Ordonnance de
notredite Cour , qui a réfervé d'y faire droit en jugeant. Requête deſdits jurés & Communauté deſdits Rotiſſeurs, du 16 du
préſent mois, employée pour défenſes à ladite demande en Jugement. Production nouvelle deſdits jurés & Communauté deſdits maitres Traiteurs , par requête du 18 Janvier préſent mois,
contenant auſſi demande , à ce qu'il leur fût donné acte de ce
qu'aux riſques, péri s & fortunes dudit Mᵉ Tiſſerant , Procureur
en notredite Cour, ils ſommoient & dénonçoient auxdits jurés
& Communauté deſdits Rotiſſeurs de la Ville , Faubourgs de
Paris, tant le défaveu du 17 Décembre dernier , que la Commiſſion obtenue en la Chancellerie du Palais le 16 du préſent
mois , pour faire aſſigner ledit Mᵉ Tiſſerant procureur , pour
voir déclarer ledit défaveu bon & valable , & l'exploit d'aſſignation donné audit Me Tiſſerant le même jour , en vertu de
ladite commiſſion, le tout viſé ci-après ; ce faiſant, en déclarant
ledit défaveu bon & valable, les procédures ſur leſquelles l'Arrêt
du 19 Janvier 1746, étoit intervenu, fuſſent déclarées nulles,&
led. Arrêt comme non-avenu,en ce qui pouvoit concerner ladite
Communauté deſdits Traiteurs , & au ſurplus en adjugeant auxdits jurés & Communauté des Traiteurs , les concluſions par eux
priſes en l'inſtance , il fût ordonné , que les Statuts de lad. Communauté deſdits maîtres Traiteurs , & notamment l'Arrêt de notredite Cour du 18 Janvier 1614, auxquels par l'article 27 des
Statuts deſdits maîtres Rotiſſeurs , il eſt ordonné , que leſdits maîtres Traiteurs ſe conformeront,ſeroient exécutés ; ce faiſant, les
jurés & Communauté des maîtres Traiteurs fuſſent gardés &
maintenus dans le droit & poſſeſſion, dans leſquels ils ſont depuis l'année 1599 , qu'ils ont été érigés en Communauté ,
d'entreprendre toutes nôces, feſtins, banquets & colations ,
tant en leurs maiſons privées & ſalles publiques, qu'en maiſons
des particliers qui les voudront employer ; de fournir toutes choſes néceſſaires pour le repas , d'acheter les volailles & gibiers ,
tant pour rôtir que pour bouillir, dont ils auront beſoin pour leſdits feſtins ès boutiques & fenêtres de tels maîtres Rotiſſeurs que
bon leur ſembleroit; il fût donné acte auxdits jurés Traiteurs , de
la reconnoiſſance faite par les Rotiſſeurs , par les concluſions de
leur requête du 3 Août 1750, que leſdits Traiteurs peuvent faire
uſage de la groſſe lardoire pour larder de gros lard , les volailles

& gibiers qu'ils employeroient dans leurs ragoûts & fricaſſées, & de la groſſe broche , pour y faire rôtir les viandes de boucherie; en conſéquence, leſdits jurés & ladite Communauté des Traiteurs fuſſent pareillement maintenus & gardés dans le droit & poſſeſſion dans leſquels ils ſont, de piquer du lard fin , tous les poiſſons, viandes de boucherie , volailles & gibiers qu'il convient être piqués de lard , ſoit fin ou autrement , & bardés tant pour les entrées maigres & graſſes , que pour le rôt & entremêts qui doivent entrer dans les repas qui leur ſont commandés , comme auſſi , ils fuſſent maintenus & gardés dans le droit & poſſeſſion , dans leſquels ils ſont depuis plus d'un ſiécle & demi , ſans contradiction, de faire rôtir chez eux & dans leurs maiſons , toutes les volailles , gibiers , viandes de boucherie & autres qui doivent entrer dans leſdits repas , & leur donner à cet effet toute la préparation convenable ; il fût ordonné, que l'Arrêt qui interviendroit qui feroit réglement entre leſd. deux Communautés , feroit inſcrit ſur les regiſtres des Rotiſſeurs, à leurs frais & dépens , & que ledit Arrêt ſeroit imprimé , lû publié & affiché dans les endroits où il appartiendroit, aux frais & dépens deſd. jurés & Communauté des Rotiſſeurs, & qu'ils fuſſent condamnés en tous les dépens, tant de cauſes principale que d'appel & demande , même en ceux réſervés ; au bas de laquelle requête auſſi employée pour avertiſſement, écritures & production ſur ladite demande, eſt l'Ordonnance de notredite Cour qui l'a reglée en droit & joint, & donne acte de l'emploi. Sommation de défendre, écrire, produire contredire , & ſatisfaire à ladite Ordonnance. Production nouvelle deſd. jurés en charge des maîtres Rotiſſeurs , par requête du 20 Janvier préſent mois , & les contredits contre icelle, de ladite Communauté des Traiteurs , par requête du 26 du préſent mois. Acte de déſaveu du 17 Décembre 1750 , fait au Greffe de notredite Cour , par leſdits jurés & Communauté deſdits Traiteurs de Paris , des requêtes données en notredite Cour au nom deſdits jurés de ladite Communauté des Traiteurs , par le miniſtere de Me Tiſſerand , Procureur en notredite Cour , ſignifiées le 30 Janvier & 28 Juillet 1745 au Procureur de ladite Communauté des Maitres Rotiſſeurs ; les conſentemens portés par leſdites requêtes , & tous autres conſentemens qui auroient pû avoir été donnés , & ſur leſquels eſt intervenu l'Arrêt de notredite Cour du 19 Janvier 1746. Com-

miſſion du 16 Janvier 1751 , obtenue en la Chancellerie du
Palais par leſdits jurés & Communauté des Maitres Traiteurs ,
aux fins d'aſſigner en notredite Cour ledit Me. Jean-Baptiſte
Tiſſerand , Procureur en icelle , en ſon nom , pour voir déclarer ledit deſaveu contre lui pris au Greffe de notredite Cour
par leſdits jurés Traiteurs , & reçu par acte du 17 Décembre
1747 , bon & valable , & en outre proceder comme de raiſon ,
& afin de dépens. Exploit du même jour 16 Janvier préſent
mois , d'aſſignation donnée en conſéquence à la requeſte deſd.
jurés & Communauté des Traiteurs audit Me. Jean-Baptiſte
Tiſſerand , Procureur en notredite Cour , en ſon nom , à comparoir en notredite Cour pour y répondre & proceder ſur &
aux fins de ladite Commiſſion , circonſtances & dépendances ,
& en outre comme de raiſon , & afin de dépens. Requeſte de
Jean-Baptiſte Tiſſerand , Procureur en notredite Cour , en ſon
nom , du 19 Janvier préſent mois , employée pour défenſes à
ladite demande , & tendante à ce que ſans avoir égard à ladite
demande dans laquelle leſd. jurés & Communauté des Traiteurs
ſeroient déclarés non recevables , ou dont en tout cas ils ſeroient
déboutés , ledit deſaveu par eux fait contre ledit Tiſſerand , par
acte reçu au Greffe de notredite Cour le 17 Décembre 1750 ,
fût déclaré nul & injurieux ; en conſéquence ils fuſſent condamnés en quinze cens livres de dommages-intérêts , ou en telle
autre ſomme qu'il plairoit à notredite Cour arbitrer , que ledit
Me. Tiſſerand conſentoit être applicable au pain des priſon-
niers de la Conciergerie ; comme auſſi leſdits jurés & Communauté des Traiteurs fuſſent pareillement condamnés à payer
audit Me. Tiſſerand tous & un chacuns les frais , ſalaires , vacations & deniers débourſés qu'ils lui doivent pour avoir occupé
pour eux dans les affaires de ladite Communauté ; & ce ſuivant
la taxe qui en ſeroit faite en la maniere accoutumée , & aux
intétêts de la ſomme à laquelle ſe trouveront monter leſd. frais ,
ſalaires , aux offres que faiſoit ledit Tiſſerand de tenir compte
des ſommes qu'il avoit reçues ; & pour parvenir à la taxe &
liquidation deſdits frais & ſalaires , à remettre audit Tiſſerand
toutes les pieces & pourſuites & procédures des affaires qu'il
leur avoit confiées pour plaider au Conſeil contre les nommés
Rubin , Aubry , Tancray , Folleville & autres , & celles qu'il
avoit confié auxdits nommés Noël & Potherat , ci-devant jurés

de ladite Communauté , fi mieux ils n'aimoient payer audit Tifferand la fomme de dix-huit cens livres , à quoi il veut bien fe reftraindre pour toutes les procédures qu'il leur a confiées, ce qu'ils feroient tenus d'opter dans huitaine , à compter du jour de la fignification de l'Arrêt qui interviendroit , finon déchus de ladite option , & condamnés purement & fimplement à payer audit Me. Tifferand ladite fomme de dix-huit cens livres avec les intérêts , à compter du jour de ladite demande , & aux dépens , lefquels feroient taxés avec lefdits frais & falaires par une feule & même déclaration. Arrêt du 20 Janvier préfent mois , par lequel notredite Cour fur lefdites demandes & défenfes auroit appointé les Parties en droit & joint à ladite Inftance ; & fur la demande dudit Tifferand en condamnation des frais & falaires , auroit renvoyé les Parties à l'Audience , auroit joint les fins de non-recevoir dudit Me. Tifferand , & réfervé les défenfes defdits jurés Traiteurs au contraire. Avertiffement defdits jurés & Communauté des Traiteurs , du 26 Janvier préfent mois , & les productions des Parties en exécution dudit Arrêt. Celle de Jean-Baptifte Tifferand , Procureur en notredite Cour , en fon nom , par Requefte du 25 du préfent mois , auffi employée pour fins de non-recevoir & avertiffement , & tendante à ce que les conclufions de fadite Requefte du 19 du préfent mois lui fuffent adjugées , & lefdits jurés & Communauté des Traiteurs fuffent condamnés aux dépens , même en ceux faits par ledit Me. Tifferand contre les jurés & Communauté des Rotiffeurs ; au bas de laquelle Requefte eft l'Ordonnance de notredite Cour , qui a donné acte de l'emploi & réfervé d'y faire droit en jugeant ; & celle defdits jurés & Communauté defdits Maitres Traiteurs , par Requefte du 26 dudit préfent mois , contenant auffi demande à ce qu'en leur adjugeant les conclufions par eux prifes en l'Inftance , & déclarant leur defaveu bon & valable , ledit Me. Tifferand fût condamné aux dommages-intérêts defdits jurés & Communauté defdits Traiteurs , à donner par déclaration , & ledit Me. Tifferand fût auffi condamné en tous les dépens faits par lefd. jurés & Communauté des Traiteurs à l'occafion dudit defaveu à l'encontre de toutes les Parties ; au bas de laquelle Requefte eft l'Ordonnance de notredite Cour , qui a donné acte de l'emploi & referve d'y faire droit en jugeant. Deux Requeftes defd. jurés

& Communauté defd. Traiteurs, du 29 du préfent mois , employées, l'une pour contredits contre la production dudit M^e. Tifferand en exécution dudit Arrêt, & l'autre pour défenfes à la demande en jugeant dudit Tifferand , du 25 dudit préfent mois. Production nouvelle defdits jurés & Communauté des Maitres Rotiffeurs de la Ville, Faubourgs & Banlieue de Paris, par Requefte du 20 Janvier préfent mois ; icelle auffi employée pour contredits contre la production nouvelle defdits Maitres Traiteurs, portée par leur Requefte du 18 dudit préfent mois , enfemble pour fins de non-recevoir & défenfes contre leur demande du même jour , & tendante à ce que lefd. jurés Traiteurs fuffent declarés purement & fimplement non - recevables dans leur defaveu du 17 Décembre dernier , & dans leur demande contre l'Arrêt de notredite Cour du 19 Janvier 1746 , il fût ordonné que ledit Arrêt , ainfi que lefdits jurés Traiteurs y ont conclu eux-mêmes dans l'Inftance par leurs interventions & demandes, feroit exécuté felon fa forme & teneur ; lefdits jurés Traiteurs fuffent pareillement déclarés non - recevables dans le furplus de leurdite demande, qui tendroit à faire juger une feconde fois ce qui avoit été jugé par l'Arrêt de 1746 , lefd. jurés Traiteurs fuffent condamnés aux dépens de leurs mauvaifes prétentions & demandes ; au furplus, il fût adjugé auxdits jurés & Communauté defd. Maitres Rotiffeurs les autres fins & conelufions par eux prifes , avec dépens , fous les referves expreffes defd. Maitres Rotiffeurs de toutes leurs indemnités, recours quelconques à former & diriger, foit dans l'Inftance, foit après le jugement d'icelle s'il y avoit lieu à augmenter auxd. conclufions ; au bas de laquelle Requête eft l'Ordonnance de notredite Cour, qui a donné acte de l'emploi & réferve d'y faire droit en jugeant. Contredits defdits jurés & Communauté defdits Traiteurs , du 26 du préfent mois , contre ladite production nouvelle defdits Rotiffeurs. Sept Requêtes defdits jurés & Communauré defdits maitres Traiteurs ; des 23 , 24 Novembre 1750, & 29 Janvier 1751 , employées pour défenfes , falvations & contredits , en exécution des différens réglemens de l'inftance. Treize Requêtes defdits Jean-Remy, Claude Jacquot , Hugues-Jacques-Michel Minet , Jofeph Mongenot & Jean Montabon , des 23 , 24 & 25 Novembre 1750, employées pour défenfes & productions & contredits en exécution des Ordonnances , Arrêts

& Réglemens de l'inftance ; les Mémoires imprimés des Parties refpectivement fignifiés ; fommmations générales de fatisfaire à tous les réglemens de l'inftance ; Conclufions de notre Procureur Général : Tout joint & confidéré.

NOTREDITE COUR faifant droit fur le tout, reçoit notre Procureur Général oppofant aux Arrêts des 19 Janvier 1746, & 19 Janvier 1747 ; en ce que par le premier defdits Arrêts, il a été ordonné qu'il feroit paffé outre à l'enregiftrement des nouveaux Statuts des Rotiffeurs & Lettres-Patentes intervenues fur lefdits Statuts, & en ce que par celui du 19 Janvier 1747, lefdits Statuts ont été homologués, le tout fans modification fur les articles defdits Statuts, qui font relatifs aux Maitres Traiteurs : Faifant droit fur ladite oppofition, ordonne que l'Arrêt du 18 Janvier 1614, fera exécuté fuivant fa forme & teneur ; en conféquence, que les Maitres Traiteurs continueront de larder ou piquer de tout lard & avec toutes lardoires, indiftinctement, les poiffons, viandes de boucherie, volailles & gibiers qui leur feront néceffaires pour leurs ragoûts ; continueront pareillement de piquer & larder de tout lard & avec toutes lardoires, enfemble faire rôtir toutes viandes qui leur font néceffaires dans les repas feulement qu'ils entreprendront ; à la charge par lefdits Traiteurs d'acheter chez les Maitres Rotiffeurs, foit qu'ils foient en boutique ou autrement, les volailles & gibiers : Fait défenfes aufdits Traiteurs d'acheter d'aucuns marchands forains lefdites volailles ou gibiers, & de vendre en détail aucune viande crue & rôtie ; leur permet feulement de vendre les viandes en ragoûts féparément des repas, & pourront employer les viandes rôties pour compofer les repas qu'ils entreprendront : Ordonne au furplus que lefdits Statuts du mois de Juin 1744, & lefdits Arrêts des 19 Janvier 1746 & 19 Janvier 1747, feront exécutés fous les modifications ci-deffus. Faifant droit fur les appels refpectifs des Sentences du Lieutenant de Police, a mis & met les appellations & ce au néant ; emendant, fait main-levée pure & fimple aufdits Minet, Montabon, Mongenot, Remy & Jacquot, des faifies fur eux faites les 5, 6 & 28 Novembre 1747 : ordonne que les chofes faifies leur feront rendues & reftituées, fi fait n'a été, ou la valeur d'icelles ; déclare lefdits Traiteurs non-recevables dans leur défaveu, les condamne en 10 livres de dommages-intérêts envers Tisserand, procureur en notredite Cour, applicables de son consentement au pain des prisonniers de la Conciergerie du palais à paris ; ordonne que le présent Arrêt sera transcrit sur les registres desdites Communautés des Traiteurs & des Rotisseurs ; sur le surplus de toutes les autres demandes, fins & conclusions, met les parties hors de Cour : condamne lesdits Traiteurs aux dépens envers ledit Tisserand, tous autres dépens entre toutes les autres parties compensés. SI MANDONS mettre le présent Arrêt à exécution. Donné en notredite Cour de parlement le trente Janvier, l'an de grace mil sept cinquante-un, & de notre Regne le trente-sixiéme. Collationné. *Signé*, BAILLIF. Par la Chambre, *Signé*, DUFRANC. *Et scellé le 24 Mai* 1751.

A la poursuite & diligence des sieurs Sebastien Charmoy, Joseph Mongenot, Martin Moreau, Jacques-Hugues-Michel Minet, Jurés en charge.

SENTENCES
DE MONSIEUR

LE LIEUTENANT GÉNÉRAL DE POLICE,

QUI 1°. enjoint au sieur Larme pere, Maître Rotisseur, de souffrir la visite des Jurés Traiteurs toutes fois & quantes ils aviseront bon être ; lui fait défense, sous peine de punition exemplaire, de plus à l'avenir les injurier & excéder ; & le condamne en 200 liv. de dommages & intérêts envers la Communauté desdits Maitres Traiteurs ; & à reconnoître le sieur Minet, l'un deux, pour homme d'honneur & de probité, & non taché des injures contre lui proférées.

2°. Fait défenfe au fieur Larme fils , Maître Traiteur ; de s'affocier avec fon pere , ou autres perfonnes d'un autre Corps ou Communauté ; & pour l'avoir fait , le condamne en 200 livres de dommages & intérêts envers la Communauté des Traiteurs , & en 10 livres d'amende.

Du premier Septembre 1752.

A TOUS ceux qui ces préfentes Lettres verront : Gabriel-Jérôme de Bullion , Chevalier , Comte d'Efclimont , Prevôt de Paris ; Salut. Sçavons faifons que , fur la requête faite en Jugement devant Nous à l'Audience de la Chambre de Police du Châtelet de Paris , par Me Etienne Lefevre , Procureur des Jurés en charge de la Communauté des Maitres Queulx-Cuifiniers-Traiteurs à Paris , demandeurs au principal , & en exécution de notre Sentence du 4 Février dernier , contre Me Regnaud jeune , Procureur du fieur Larme pere , Maitre Rotiffeur , & fa femme , défendeurs ; & Me Thion fils , l'aîné , Procureur de Jean-Nicolas Larme Maitre Traiteur , intervenant demandeur. Oui ledit Me Lefevre , & par vertu du défaut de Nous donné contre lefdits Mes Regnault & Thion non comparans , ni autre pour eux , NOUS avons l'avis des Gens du Roi homologué , en conféquence difons que les Statuts & Réglemens de la Communauté des Parties de Lefevre , feront exécutés felon leur forme & teneur ; en conféquence autorifons les Parties de Lefevre à faire leurs vifites aux termes defd. Statuts : Enjoignons à la Partie de Regnaud jeune , de fouffrir la vifite des Parties de Lefevre toutes fois & quantes ils aviferont bon être ; lui faifons défenfes , fous peine de punition exemplaire , de plus à l'avenir les injurier & excéder ; & pour l'avoir fait , ladite partie de Regnaud jeune , condamnée envers la Communauté des Parties de Lefevre , en 200 livres de dommages-intérêts ; tenue ladite Partie de Regnaud, de reconnoître le fieur Minet , l'une des Parties de Lefevre , pour homme d'honneur & de probité , & non taché des injures contre lui proférées : à l'égard de la Partie de Thion , lui faifons

défenfes

défenfes de s'affocier , ni demeurer avec la Partie de Regnaud jeune , ou autres perfonnes d'un autre Corps ou Communauté ; & pour la contravention par lui commife à l'article premier des Statuts de la Communauté des Maitres Traiteurs , & à la Déclaration du Roi du 15 Décembre 1704 , le condamnons en 200 livres de dommages & intérêts au profit de ladite Communauté des parties de Lefevre , & en 10 livres d'amende. Difons que notre préfente Sentence fera imprimée , lue , publiée , & affichée , aux frais des parties de Regnaud jeune & Thion l'aîné , que Nous condamnons aux dépens ; ce qui fera exécuté nonobftant & fans préjudice de l'appel , & foit fignifié : en témoin de ce , Nous avons fait fceller ces Préfentes. Ce fut fait & donné par Meffire Nicolas René Berryer , Chevalier , Confeiller d'Etat , Lieutenant Général de Police au Châtelet de Paris , tenant le Siége , le Vendredi premier Septembre mil fept cent cinquante-deux. Collationné. *Signé* , LAMBERT. Scellé le 12 Septembre 1752. *Signé* , SAUVAGE. Contrôlé le 26 Septembre 1752. *Signé* , HERAN , & fignifié.

La Sentence ci-deffus a été lue , pnbliée , & affichée à fon de trompe & cri public , par moi Henry de Valois , Juré-Crieur ordinaire du Roi , de la Ville , Prevôté & Vicomté de Paris , étendue & Banlieue de ladite Prevôté & Vicomté , demeurant à Paris , rue & Paroiffe S. Jacques de la Boucherie , fouffigné , accompagné de Louis-François Ambezar , Jacques Hallot , & Claude-Louis Ambezar , Jurés-Trompettes , dans tous les lieux & endroits ordinaires & accoutumés ; le 29 jour de Septembre 1752. Signé DE VALOIS.

PRONONCE' DE L'ARREST

Du Parlement du 30 Juin 1735.

EN FORME DE RÉGLEMENT,

Rendu entre la Communauté des Maîtres Cuisiniers-Traiteurs.

Et celle des Maîtres Chaircuitiers.

LA COUR faisant droit sur le tout, a mis & met les appellations & ce dont a été appellé au néant, émendant, décharge lesdits de Noyelles, Sence, Lourdet, Renoux, Pinard & Quesnel des condamnations contre eux prononcées ; & la main-levée provisoire des Saisies sur eux faites, demeurera diffinitive : Ordonne que les Statuts des Communautés des Maîtres Chaircuitiers, & des Maîtres Queux-Cuisiniers-Traiteurs de cette Ville de Paris, Lettres-Patentes, & Arrêt de Réglement, seront exécutés : En conséquence a maintenu & gardé, maintient & garde la Communauté des Maitres Chaircuitiers en droit & possession de faire & vendre exclusivement aux Maitres Queux-Cuisiniers-Traiteurs, tous Cervelats, Boudins, Saucisses, Andouilles, Jambons ordinaires de Porc, & Langues de chair de Porc seulement, & toutes autres chairs de Porc, avec sel & poivre, Fenouilles & autres épices & assaisonnemens, sans que les Maitres Traiteurs puissent les vendre ni même les employer dans les repas & festins, s'ils ne les ont achetés des Maitres Chaircuitiers : Maintient & garde lesdits Maitres Chaircuitiers, & Maitres Queux-Cuisiniers-Traiteurs dans le droit de faire & débiter concurremment les pieds à la Sainte-Menehoud, Pannaches de porc préparées à la braise, Boudins blancs, Saucisses, Andouilles, & Langues fourrées mêlées de chairs de porcs & autres viandes bonnes & loyales ; à la charge par lesdits Maitres Queux-Cuisiniers-Traiteurs, d'acheter aucunes Chairs, Issues, Abattis,

Inteſtins & Boyaux de porcs dans les Halles & Marchés, ni ailleurs que chez leſdits Maitres Chaircuitiers, à peine d'amende & de confiſcation : Sur le ſurplus des autres demandes, fins & concluſions des Parties, les a mis hors de Cour, tous dépens compenſés entre les Parties : Mandons mettre le préſent Arrêt à exécution. Donne' à Paris en Parlement le 30 Juin 1735, & de notre Régne le vingtiéme. Collationné avec paraphe. *Signé par la Chambre*, DU FRANC. *Et ſcellé le 27 Juillet 1735. Signé*, MARTIN, avec paraphe.

ARREST

DE LA COUR DE PARLEMENT,

Du 13 Mars 1745.

En faveur du ſieur François Valençon, Maître Patiſſier-Traiteur à Paris.

Contre les Jurés, Syndic & Communauté des Maîtres Chaircuitiers de la Ville & Fauxbourgs de Paris.

QUI confirme une Sentence rendue en la Chambre de Police du Châtelet de Paris, le 17 Avril 1744. Déclare une Saiſie faite à la requête deſdits Jurés Chaircuitiers ſur ledit Valençon, de douze pieces de lard frais par lui achetées à la Halle, nulle ; lui fait main-levée dudit lard ; condamne leſdits Jurés Chaircuitiers en 20 liv. de dommages & intérêts, & en tous les dépens : Permet audit Valençon de faire imprimer, lire, publier & afficher ledit Arrêt, tant au Bureau deſdits Chaircuitiers, que par-tout où beſoin ſera, à leurs frais & dépens.

LOUIS, par la grace de Dieu, Roi de France & de Navarre : Au premier des Huissiers de notre Cour de Parlement, ou autre notre Huissier ou Sergent sur ce requis. Sçavoir faisons, que entre le sieur François Valençon, Maître Patissier-Traiteur à Paris, Appellant d'une Sentence contre lui rendue en la Chambre de Police du Châtelet de Paris le 17 Avril 1744, au profit des Jurés de la Communauté des Maitres Chaircuitiers de Paris, & de ce qui a suivi, par laquelle Sentence il est dit : » Que les Sentences, Arrêts & Réglemens
» de Police concernans la Communauté des Maitres Chaircui-
» tiers feront exécutés selon leur forme & teneur, en consé-
» quence la Saisie faite sur ledit Valençon est déclarée bonne
» & valable ; ce faisant, ordonne que les Marchandises sur lui
» saisies feront vendues au Bureau desdits Maitres Chaircui-
» tiers, à les représenter les Gardiens contraints, même par
» corps, quoi faisant déchargés, à l'effet dequoi le Commis-
» saire de Rochebrune tenu de venir reconnoître & lever les
» Scellés apposés sur les deux Caisses dans lesquelles ont été
» mises lesdites Marchandises saisies : Ordonne que pour cette
» fois seulement par grace & sans tirer à conséquence, la moi-
» tié qui proviendra du prix d'icelles sera rendue audit Valen-
» çon, l'autre moitié confisquée au profit desdits Chaircuitiers,
» envers lesquels ledit Valençon est condamné en vingt livres
» de dommages & intérêts & en tous les dépens ; il est ordon-
» né que ladite Sentence sera imprimée, lue, publiée & affi-
» chée aux frais dudit Valençon par tout où besoin sera, &
» qu'elle sera exécutée nonobstant & sans préjudice de l'Ap-
» pel, » d'une part ; & les Syndic, Jurés en charge, Corps & Communauté des Maitres Chaircuitiers de la Ville & Faubourgs de Paris, Intimés, d'autre part : Et entre lesdits Syndic, Jurés en charge, Corps & Communauté des Maitres Chaircuitiers de Paris, Demandeurs en Requête du 19 Mai 1744, tendante à ce qu'il plût à notredite Cour en venant par les Parties plaider sur l'Appel interjetté par ledit Valençon de ladite Sentence rendue en la Chambre de Police le 17 Avril 1744, ordonner qu'elles viendroient pareillement plaider sur ladite Requête, ce faisant déclarer ledit Valençon non-recevable en son Appel, ou en tout cas mettre l'appellation au néant, ordonner que ce dont étoit appel sortiroit son plein & entier effet,

condamner ledit Valençon aux dépens des Caufes d'appel &
demandes & en tous les frais & mifes d'exécution , même au
coût des Procès-verbaux, d'Affiches & publications de ladite
Sentence , fans préjudice à leurs autres droits , d'une part ; &
ledit fieur Valençon, Défendeur d'autre part : Et entre ledit
fieur Valençon Demandeur en Requête du 18 Août 1744 , tendante à ce qu'il plût à notredite Cour en venant par les Parties plaider la Caufe d'entr'elles fur l'Appel & Demandes , ordonner qu'elles viendroient pareillement plaider fur ladite Requête , ce faifant fans s'arrêter à la Demande des Jurés de la
Communauté des Maitres Chaircuitiers de Paris portée par
leur Requête du 19 Mai 1744 , dans laquelle ils feroient déclarés non-recevables , ou dont en tout cas ils feroient déboutés , mettre l'appellation & la Sentence rendue entre les Parties en la Chambre de Police du Châtelet de Paris le 17 Avril
1744 dont étoit appel au néant , émendant , déclarer la Saifie
faite fur le Demandeur à la Requête defdits Jurés Chaircuitiers le 17 Février 1744 de douze morceaux de piéces de Lard
trouvés dans fa cave , nulle , injurieufe , tortionnaire & déraifonnable , ordonner que la main-levée provifoire qui en avoit
été accordée au Demandeur par l'Arrêt de notredite Cour du
16 Mai dernier demeureroit diffinitive , condamner lefdits Jurés Chaircuitiers pour leur indue véxaxion aux dommages &
intérêts pour lefquels il fe reftraignoit à la fomme de 1500 liv.
ou telle autre fomme qu'il plairoit à notredite Cour arbitrer ;
& attendu l'infulte faite audit fieur Valençon par lefdits Jurés
en faifant lire , publier à fon de Trompe à fa porte & ailleurs
la Sentence dont étoit appel , permettre audit fieur Valençon
de faire imprimer, lire , publier & afficher l'Arrêt qui interviendroit tant au Bureau de la Communauté defdits Jurés
Chaircuitiers , que partout ailleurs où bon lui fembleroit , aux
frais & dépens defdits Jurés Chaircuitiers , & les condamner
en outre en tous les dépens tant des Caufes principale, que
d'Appel & Demandes , même en ceux réfervés par l'Arrêt de
notredite Cour dudit jour feize Mai dernier , fauf au Demandeur à prendre d'autres Conclufions fi bon lui fembloit , d'une
part ; & lefdits Jurés de la Communauté des Maitres Chaircuitiers de Paris , Défendeurs d'autre part : Et entre lefdits
Syndic , Jurés en charge, Corps & Communauté des Maitres

Chaircuitiers de la Ville & Faubourgs de Paris , Demandeurs en Requête du 4 Septembre 1744 , tendante à ce qu'il plût à notredite Cour en venant plaider la Cause d'entre les Parties sur l'appel dudit sieur Valençon de ladite Sentence de Police du 17 Avril dernier , & sur les Demandes respectives , ordonner qu'il seroit plaidé sur ladite Requête, ce faisant sans s'arrêter à la Demande dudit sieur Valençon portée par sa Requête du 18 Août dernier, dans laquelle il seroit déclaré non-recevable , ou dont en tout cas il seroit débouté , adjuger aux Demandeurs les Conclusions qu'ils avoient prises par leur Requête du 19 Mai dernier, ordonner en outre que l'Arrêt à intervenir seroit imprimé , lû , publié & affiché par tout où besoin seroit aux frais & dépens dudit Valençon , & le condamner en outre en tous les dépens des Causes d'Appel & Demandes , même en ceux réservés par l'Arrêt sur appointé à mettre rendu au Rapport de M. Bochart Conseiller le 16 Mai dernier , & en ceux faits par les Demandeurs en conséquence dudit Arrêt, sans préjudice de tous leurs autres droits, actions & prétentions qu'ils se réservoient contre ledit Valençon , d'une part ; & ledit sieur Valençon d'autre part, sans que les qualités puissent nuire ni préjudicier : Après que Jouhannin , Avocat de François Valençon, & du Vaudier , Avocat des Jurés de la Communauté des Maitres Chaircuitiers de Paris, ont été ouis, ensemble le Febvre d'Ormesson pour notre Procureur-Général : NOTREDITE COUR faisant droit sur l'Appel , sans s'arrêter aux Demandes des Parties de du Vaudier dont elles sont déboutées, a mis & met l'appellation & Sentence dont est appel au néant, émendant déclare la Saisie du Lard faite à la Requête des Parties de du Vaudier sur celle de Jouhannin , nulle , ordonne que la main-levée provisoire dudit Lard accordée à la Partie de Jouhannin par l'Arrêt du 16 Mai 1744 demeurera définitive , condamne les Parties de du Vaudier en vingt livres de dommages & intérêts envers la Partie de Jouhannin , & en tous les dépens des Causes principale , d'Appel & Demandes , même en ceux réservés par ledit Arrêt ; permet à la Partie de Jouhannin de faire imprimer, lire , publier & afficher le présent Arrêt tant au Bureau de la Communauté des Chaircuitiers que par tout ailleurs où besoin sera, aux frais & dépens des Parties de du Vaudier. Si Mandons mettre le présent Arrêt à due & en-

tiére exécution felon fa forme & teneur, de ce faire te donnons pouvoir. DONNE' en notredite Cour de Parlement le treize
Mars l'an de grace mil fept cent quarante-cinq, & de notre
Régne le trentiéme. Collationné. *Signé*, BAILLIF. Et plus bas,
par la Chambre. *Signé*, DU FRANC avec paraphe. Scellé le
20 Mars 1745. *Signé*, LE BEGUE avec paraphe. Le 19 Mars
1745, fignifié & baillé copie à Me. de Ligny Procureur, par
nous Huiffier en Parlement fouffigné, *Signé*, DE CHEZEAUX,
avec paraphe.

DE LIGNY, Proc.   BONNIN, Proc.

ARREST

DE LA COUR DE PARLEMENT,

Rendu au profit des Jurés & Communauté des
Maîtres Traiteurs de Paris, & de Marie Maubrun, veuve de François Valençon, vivant Maître Traiteur à Paris.

*Contre les Syndic, Jurés & Communauté des Maîtres
Chaircuitiers à Paris.*

Qui maintient & garde les Jurés & Communauté
des Traiteurs dans le droit & poffeffion de compofer, préparer, étaler, vendre & débiter en
détail à tous venans & hors des repas, concurremment avec les Maîtres Chaircuitiers, les pieds
à la Sainte-Menehould, les panaches de porc préparées à la braife, les boudins blancs, fauciffes,
andouilles & langues fourrées, mêlées de chair de
porc & autres viandes.

Du 6 Mars 1756.

NOTREDITE COUR faisant droit sur le tout, donne acte tant aux Jurés & Communauté des Chaircuitiers, qu'aux Jurés & Communauté des Traiteurs, & à Marie Maubrun, veuve commune & donataire mutuelle de François Valençon, ayant esdites qualités repris en son lieu par acte du 30 Décembre 1752, de la déclaration faite par lesdits Jurés Chaircuitiers, par leur Requeste du 21 Mars 1753, qu'ils n'insistent plus dans les demandes par eux formées, à ce que ledit Valençon, & tous autres Traiteurs qui réunissent les deux qualités de Pâtissier & de Traiteur, fussent tenus de faire l'option de l'une des deux qualités, & de quitter l'un des deux métiers, pour n'exercer que l'autre ; ce faisant, sans s'arrêter aux demandes desdits Jurés Chaircuitiers, portées par leurs Requêtes des 31 Août 1739, 5 Juin 1741, & 6 Septembre 1743, dont ils sont déboutés, ayant égard à celles desdits Jurés & Communauté des Traiteurs, & de lad. Maubrun, veuve Valençon, des 6 Septembre & premier Octobre 1754, a mis & met l'appellation au néant ; ordonne que ce dont a été appellé sortira son plein & entier effet ; condamne les appellans en l'amende de 12 livres ; ordonne que les Arrêts de notredite Cour des 30 Juin 1735, 11 Juillet 1741, 19 Janvier 1746, 8 Mai 1748, & 4 Septembre 1752 ; ensemble les trois Arrêts du même jour 30 Janvier 1751, & les Sentences de Police des 13 Avril 1736, & 3 Mai 1737, seront exécutés selon leur forme & teneur ; en conséquence maintient & garde lesdits Jurés & Communauté des Traiteurs dans le droit & possession de composer, préparer, étaler, vendre & débiter en détail, à tous venans & hors des repas, concurremment avec les Maitres Chaircuitiers, les pieds à la Sainte-Menehould, les pannaches de porc préparées à la braise, les boudins blancs, saucisses, andouilles & langues fourrées mêlées de chairs de porc & autres viandes, à la charge par eux d'acheter chez les Maitres Chaircuitiers toutes les chairs de porc, issues, abattis, intestins & boyaux qui servent à la composition de ces especes, sans qu'ils puissent les acheter dans les halles & marchés, ni ailleurs que chez les Maitres Chair-cuitiers, à peine d'amende & de confiscation ; fait défenses aux-

dits

dits Jurés & Communauté des Maitres Chaircuitiers de troubler lefdits Maitres Traiteurs dans la compofition , vente & débit defdites efpeces de Chaircuiterie compofée , fous telle péine qu'il appartiendra ; maintient & garde pareillement lefd. Jurés & Communauté des Chaircuitiers dans le droit & poffeffion de faire & vendre exclufivement auxdits Maitres Traiteurs , tous cervelats , boudins , fauciffes , andouilles , jambons ordinaires de porc , & langues de chairs de porc feulement , & toutes autres chairs de porc , avec fel , poivre , fenouil & autres épices & affaifonnemens , fans que lefdits Maitres Traiteurs puiffent les vendre , ni même les employer dans les repas & feftins , s'ils ne les ont achetés defdits Maitres Chaircuitiers ; pourront néanmoins lefdits Maitres Traiteurs acheter chez les Epiciers des jambons de Bayonne & de Mayence , pour employer dans les repas feulement , fans qu'ils puiffent en vendre ni en gros ni en détail. Ordonne que le préfent Arrêt fera imprimé , lû , publié & affiché par-tout où befoin fera , jufqu'à concurrence de cinquante exemplaires ; & infcrit fur les Regiftres des deux Communautés , aux frais & dépens defdits Maitres Chaircuitiers ; fur le furplus des demandes , fins & conclufions , met les Parties hors de Cour & de procès ; condamne lefdits Jurés & Communauté des Maitres Chaircuitiers en tous les dépens , tant envers ladite Maubrun , veuve Valençon , qu'envers lefdits Jurés & Communauté des Traiteurs , même en ceux faits les uns contre les autres. Si mandons mettre le préfent Arrêt à exécution. Donné en Parlement le 5 Février , l'an de grace 1756 , & de notre Regne le quarante-uniéme. Scellé le 6 Mars 1756 , GAULTIER. Collationné , LANGELÉ. Par la Chambre , *Signé* , POAN.

De la Jurande de Jean Montabon , Jacques-François Doly , Jean-François Duhan , & Jacques Cottereau.

ARREST

DE LA COUR DE PARLEMENT,

Rendu au profit des Jurés & Communauté des Maîtres Traiteurs de Paris, & Jean - Baptiste Nantier, l'un des Maîtres de ladite Communauté.

Contre les Jurés & Communauté des Maitres Patiſſiers de la Ville de Paris.

Qui maintient & garde la Communauté des Traiteurs , & ledit Nantier , dans le droit & poſſeſ-fion où ils font de tout tems d'avoir un four dans leurs maiſons , & d'y faire les pâtiſſeries & autres choſes néceſſaires pour les repas qui leur font commandés.

Du 15 Janvier 1753.

LOUIS, par la grace de Dieu, Roi de France & de Na-varre : Au premier des Huiſſiers de notre Cour de Parle-ment , ou autre Huiſſier ou Sergent fur ce requis , ſçavoir faifons : Qu'entre Jean-Baptiſte Nantier , Maître Traiteur à Paris , appellant d'une Sentence de Police du Châtelet de Paris, du 2 Avril 17,1 , d'une part ; & les Jurés en charge de la Com-munauté des Maîtres Pâtiſſiers de Paris , intimés, d'autre part : Et entre led. Nantier, demandeur en Requête du 19 Juin 1751, d'une part ; & les Jurés de la Communauté des Maitres Pâ-tiſſiers de Paris , défendeurs, d'autre part : Et entre leſd. Jurés, demandeurs en Requête du 21 dudit mois de Juin 1751 , & défendeurs , d'une part ; & ledit Nantier , défendeur & de-mandeur en Requête du 9 Juillet 1751 , d'autre part : Et entre les Jurés en charge de la Communauté des Maîtres Traiteurs

de Paris , appellans des Sentences de Police du Châtelet de
Paris , des 18 Février 1746 & 2 Avril 1751 , d'une part ; &
les Jurés en charge de la Communauté des Maitres Pâtiffiers
de la Ville & Fauxbourgs de Paris , intimés d'autre part : Et
entre lefdits Jurés de la Communauté des Maitres Traiteurs ,
demandeurs en Requête du 17 Août 1751 , & intervenans ,
d'une part ; & lefdits Jurés de la Communauté des Maitres
Pâtiffiers , & ledit Nantier , Maitre Taiteur à Paris , défendeurs ,
d'autre part : Et entre lefdits Jurés de la Commaunauté des
Maitres Pâtiffiers de Paris , demandeurs en Requête du 28 dud.
mois d'Août , d'une part ; & lefdits Jurés de la Communauté
des Maitres Traiteurs & ledit Nantier , défendeurs d'autre part :
Et entre Jean-Baptifte Nantier , Maitre Traiteur à Paris , appellant en adhérant à fon premier appel de Sentence du Siege
de Police du Châtelet de Paris , du 18 Février 1746 , & demandeur en Requête du premier Août 1752 , contenant ledit
appel , d'une part ; & la Communauté des Maitres Traiteurs
de Paris , & les Jurés & Communauté des Maitres Pâtiffiers ,
intimés & défendeurs , d'autre part : Et entre les Jurés & Communauté des Pâtiffiers de la Ville , Fauxbourgs & Banlieue de
Paris , demandeurs en Requête du 11 Août 1752 , d'une part ;
& ledit Nantier , défendeur , d'autre part : Et entre lefd. Jurés
& Communauté des Maitres Pâtiffiers de Paris , demandeurs en
Requête du 11 Août 1752 , d'une part ; & les Jurés & Communauté des Maitres Traiteurs de Paris , défendeurs , d'autre
part. Vû par notredite Cour la Sentence du Siege de Police du
Châtelet de Paris , du 2 Avril 1751 , dont eft appel , obtenue
par les Jurés & Communauté des Pâtiffiers , par défaut contre
ledit Nantier , par laquelle il a été dit , que les Réglemens
feroient exécutés , fait itératlves défenfes audit Nantier d'entreprendre fur la profeffion defdits Jurés & Communauté des
Pâtiffiers ; & pour l'avoir fait , déclare bonne & valable la
faifie , les chofes faifies confifquées ; à les repréfenter , le gardien contraint , & par corps, dans huitaine ; ledit Nantier tenu
de faire boucher fon four ; finon permis auxdits Jurés Pâtiffiers
de le faire boucher aux frais dudit Nantier qui eft condamné ,
attendu la récidive , en cinquante livres de dommages & intérêts , & aux dépens. Requête dudit Nantier du 19 Juin 1751 ,
à fin d'oppofition à l'Arrêt par défaut , du 26 Mai précédent.

D d ij

Requête des jurés & Communauté des Maîtres Pâtissiers, du 21 Juin 1751, tendante à ce que led. Nantier soit déclaré non-recevable dans son appel, & le condamner en l'amende & aux dépens des causes d'appel & demande. Requête dudit Nantier, du 9 Juillet audit an, tendante à ce que, sans avoir égard à la Requête & demande desdits jurés Pâtissiers, dans laquelle ils seront déclarés non-recevables, ou en tout cas déboutés, mettre l'appellation & ce dont est appel au néant ; émendant, déclarer la saisie-exécution faite sur ledit Nantier à la requête desdits jurés Pâtissiers, le 10 Février 1751, nulle, injurieuse, tortionnaire & déraisonnable ; en faire pleine & entiere main-levée audit Nantier ; ordonner qu'à la restitution des ustensiles saisis, tous gardiens & dépositaires seront contraints, même par corps ; quoi faisant, déchargés, & décharger led. Nantier des condamnations contre lui prononcées ; ordonner en outre que les Statuts de la Communauté des Maitres Traiteurs, & les Arrêts de notredite Cour, des 18 Janvier 1614 & 30 Janvier 1751, seroient exécutés selon leur forme & teneur ; en consé-quence maintenir & garder ledit Nantier dans le droit & pos-session où il est de tout tems d'avoir un four, & d'y faire les pâtisseries & autres choses nécessaires pour les repas qui lui sont commandés ; faire défenses aux jures Pâtissiers de troubler à l'avenir ledit Nantier, sous telles peines qu'il plaira à notre-dite Cour leur imposer ; & pour l'avoir fait, les condamner en trois cens livres de dommages & intérêts envers ledit Nantier, & en tous les dépens, tant des causes principale que d'appel & demande. Arrêt du 10 Juillet 1751, par lequel notredite Cour a reçu ledit Nantier opposant à l'Arrêt par défaut au principal sur l'appel, a appointé les Parties au Conseil & sur les demandes en droit & joint. Requeste dudit Nantier du 4 Août 1751, employée pour causes & moyens d'appel & aver-tissement. Production des Parties en exécution dud. Arrêt : celle des Jurés & Communauté des Pâtissiers, par Requeste du 2 Août 1751, employée pour avertissement. Sentence du Siege de Police du Châtelet de Paris, du 18 Février 1746 dont est appel, con-tradictoirement rendue entre les jurés de la Communauté des Maitres Pâtissiers & ledit Nantier, par laquelle il auroit été ordonné que les Statuts & Réglemens de la Communauté des Maitres Pâtissiers, Sentences, Arrêts & Réglemens de Police, feroient exécutés felon leur forme & teneur ; ce faifant , la faifie faite fur ledit Nantier , des marchandifes de pâtifferies & uftenfiles , a été déclarée bonne & valable , il a été ordonné que les marchandifes demeureroient confifquées au profit defd. jurés Pâtiffiers , défenfes faites audit Nantier d'entreprendre à l'avenir fur la profeffion des Pâtiffiers ; & pour la contravention commife par ledit Nantier , il a été condamné en cinq livres de dommages & intérêts envers lefdits jurés Pâtiffiers : il a été ordonné que dans huitaine pour tout délai , led. Nantier feroit tenu de faire boucher le four qui eft dans fa maifon ; finon faute de ce faire dans ledit tems , & icelui paffé , fans qu'il fût befoin d'autre Jugement que du préfent , il a été permis aux jurés Pâtiffiers de le faire boucher aux frais & dépens dudit Nantier , dont ils feroient rembourfés fur les quittances qu'ils en rapporteroient ; & ledit Nantier condamné aux dépens. Requefte des Jurés & Communauté des Maittes Traiteurs , du 17 Août 1751 , tendante à être reçus Parties intervenantes en l'Inftance d'entre les Jurés & Communauté des Pâtiffiers , & ledit Nantier , il leur fût donné acte de l'emploi de leur Requefte pour moyens d'intervention ; ce faifant , ordonner que les anciens & nouveaux Statuts de la Communauté des Maitres Traiteurs de Paris , les Arrêts de notredite Cour des 18 Janvier 1614, & 30 Janvier 1751 , feroient exécutés felon leur forme & teneur , maintenir & garder lefdits jurés Traiteurs dans le droit & poffeffion où ils font de tout tems d'avoir un four chez eux , & d'y faire les pâtifferies & autres chofes néceffaires pour les repas qui leur font commandés : en conféquence fur l'appel defdits jurés Traiteurs des deux Sentences de Police du Châtelet , des 18 Février 1746 , & 2 Avril 1751 , mettre l'appellation & ce dont eft appel au néant ; émendant , faire défenfes aux jurés Pâtiffiers de troubler à l'avenir lefdits jurés Traiteurs dans le droit & poffeffion dans lefquels ils font de tout tems d'avoir un four chez eux , & d'y faire les pâtifferies & autres chofes néceffaires pour les repas qui leur font commandés , fous telles peines qu'il plaira à notredite Cour leur impofer ; & pour l'avoir fait , les condamner en tels dommages-intérêts qu'il plaira à notredite Cour arbitrer ; ordonner que l'Arrét qui interviendra , fera imprimé , lû , publié & affiché par-tout où befoin fera , aux frais & dépens des jurés

& Communauté des Maitres Pâtiſſiers , & les condamner en tous les dépens des cauſes principale , d'appel & demande , même en ceux faits par leſdits jurés & Communauté des Traiteurs contre ledit Nantier. Requeſte deſdits jurés & Communauté des Pâtiſſiers , du 28 dudit mois d'Août 1751 , employée pour fins de non-recevoir & défenſes à l'intervention des jurés Traiteurs , portées en leur ſuſdite Requeſte , & tendante à ce qu'ils y ſoient déclarés non-recevables , ou en tout cas déboutés ; les déclarer pareillement non-recevables en l'appel par eux interjetté incidemment à celui de Jean-Baptiſte Nantier , des Sentences rendues contre led. Nantier , les 18 Février 1746 , & 2 Avril 1751 ; ou en tout cas mettre l'appellation au néant ; ordonner que ce dont eſt appel ſortira ſon plein & entier effet ; & que les Staruts , Arrêts & Réglemens de la Communauté deſdits Pâtiſſiers , feront exécutés felon leur forme & teneur ; en conféquence faire défenſes à tous Maitres Traiteurs d'entreprendre fur la profeffion deſdits Jurés & Communauté des Pâtiſſiers , faire ni vendre aucuns ouvrages & marchandifes de pâtiſſerie , ni d'en fournir d'autres dans les repas qui leur feront commandés , que celles qu'ils auront pris, achetées ou fait faire chez les Maitres Pâtiſſiers ; faire pareillement défenfes auxdits Traiteurs d'avoir dans leur cuiſine & autres lieux par eux occupés , un four ni aucuns outils & uſtenſiles des Pâtiſſiers , ordonner que ceux d'entr'eux qui en ont , feront tenus de les faire boucher dans la huitaine du jour de l'Arrêt qui interviendra , finon permettre auxdits Jurés Pâtiſſiers de les faire boucher aux frais & dépens deſdits Traiteurs ; déclarer l'Arrêt qui interviendra commun avec ledit Nantier ; ordonner qu'il fera tranſcrit fur le Regiſtre des deux Communautés , & imprimé , lû , publié & affiché par tout où beſoin feroit , aux frais & dépens de la Communauté des Traiteurs ; condamner en outre leſdits Jurés & Communauté des Traiteurs en l'amende & aux dépens des cauſes d'appel & demande. Arrêt du 31 Août 1751 , par lequel notredite Cour a reçu leſdits Jurés & Communauté des Traiteurs , Parties intervenantes fur l'appel , appointe les Parties au Conſeil ; & fur l'intervention & demande, appointe les Parties en droit , & joint à l'Inſtance. Cauſes & moyens d'appel des Jurés & Communauté des Cuiſiniers-Traiteurs , fervant d'avertiſſement , du 13 Décembre 1751. Production des Parties en exécution dudit Arrêt ; celle des Jurés & Communauté des Pâtiffiers , par Requefte du 7 Septembre 1751 , employée pour avertiffement. Réponfes des Jurés & Communauté des Pâtiffiers , du 23 Février 1752 , aux caufes & moyens d'appel des Traiteurs , iceux fervant auffi d'avertif-fement & de contredits contre la production des Maitres Trai-teurs. Requête defdits Jurés Pâtiffiers du 11 Mars 1752 , em-ployée pour réponfes aux caufes & moyens d'appel de Nantier, & pour contredits contre la production par lui faite en exécu-tion du premier Réglement. Requefte dud. Nantier du 15 Juillet 1752 , employée pour contredits contre la production des Pâ-tiffiers en exécution dudit Réglement du 10 Juillet 1751. Salva-tions & réponfes aux caufes & moyens d'appel fournis par lefd. Traiteurs ledit jour 15 Juillet 1752 , fervant de contredit contre la production des Pâtiffiers. Trois Requeftes dudit Nantier du même jour 15 Juillet 1752 , employées, la premiere pour aver-tiffement , écritures & production en exécution de l'Arrêt du 31 Août 1751 ; & les deux autres pour contredits contre les pro-ductions faites en exécution du même Arrêt par les Traiteurs & les Pâtiffiers. Requefte defdits Jurés & Communauté des Traiteurs du 17 Juillet 1752 , employée pour contredits contre la production dudit Nantier. Salvations des jurés & Commu-nauté des Maitres Pâtiffiers , du 11 Août 1752. Production nou-velle des jurés & Communauté des Traiteurs , par Requefte du 17 Juillet 1752. Requefte de Nantier du lendemain 18 Juillet, employée pour contredits contre ladite production nouvelle. Requefte des jurés & Communauté des Pâtiffiers , du 19 Août 1752 , auffi employée pour contredits contre la fufdite pro-duction nouvelle des Traiteurs. Requefte dudit Nantier du premier Août 1752 , contenant fon appel incident en adhé-rant à fon premier appel de la Sentence du Siege de Police du Châtelet de Paris , dudit jour dix-huit Février 1746 , & tendante à ce que faifant droit fur ledit appel , mettre l'ap-pellation & ce dont eft appel au néant ; émendant , déclarer la faifie exécution faite fur ledit Nantier à la Requête defdits Patiffiers , le 19 Janvier 1746 , nulle, injurieufe, tortionnaire & déraifonnable ; en faire pleine & entiére main-levée audit Nantier ; ordonner qu'à la repréfentation des chofes faifies, tous gardiens & dépofitaires feroient contraints , même par

corps ; quoi faifant, déchargés ; décharger ledit Nantier des condamnations contre lui prononcées par ladite Sentence ; ordonner en outre que les Statuts de la Communauté des Traiteurs & l'Arrêt de notredite Cour du 18 Janvier 1614, feroient exécutés felon leur forme & teneur ; en conféquence maintenir & garder ledit Nantier dans le droit & poffeffion où il eft de tout tems, d'avoir un four dans fa maifon. & d'y faire toutes les chofes néceffaires pour les repas qui lui font commandés ; faire défenfes aux Patiffiers d'y troubler ledit Nantier, fous telles peines qu'il plaira à notredite Cour ; & pour l'avoir fait, les condamner en tels dommages-intérêts qu'il plairoit à notredite Cour, & en tous les dépens, tant des caufes principale que d'appel & demande, faits par ledit Nantier à l'encontre de toutes les Parties ; & déclarer l'Arrêt qui interviendra, commun avec la Communauté des Traiteurs ; au bas de laquelle Requête employée pour caufes & moyens d'appel, écritures & production, eft l'Ordonnance de notredite Cour, qui a reçu ledit Nantier Appellant, fur l'appel appointé les Parties au Confeil & fur la demande en droit & joint, & donné Acte de l'emploi y porté. Requête des Jurés & Communauté des Traiteurs du 5 Août 1752, employée pour avertiffement, écritures & production en exécution de la fufdite Ordonnance. Production nouvelle des Jurés & Communauté des Traiteurs par Requête du 5 Août 1752. Requête d'emploi pour contredits contre icelle des Maîtres Patiffiers, du 12 dudit mois. Requête defdits Jurés & Communauté des Patiffiers, du 11 Août 1752, employée pour fins de non-recevoir contre la demande de Nantier, portée par fa Requête du premier dudit mois d'Août, enfemble pour avertiffement, écritures & production en exécution de l'Ordonnance étant au bas d'icelle, & tendante à ce qu'il foit furabondamment donné Acte auxdits Jurés & Communauté des Patiffiers, des déclarations faites par Nantier dans fes défenfes au Châtelet, qu'il n'entendoit faire de la patifferie que pour fon ufage, & qu'il promettoit de ne plus fe fervir de fon four ; en conféquence prononçant fur l'appel de Nantier, l'y déclarer purement & fimplement non-recevable, enfemble dans fa demande portée par fadite Requête, & le condamner en l'amende de foixante-quinze livres, & aux dépens des caufes d'appel & demandes ; adjuger au
furplus

furplus auxdits Jurés Patiſſiers les concluſions par eux priſes ;
au bas de laquelle Requête employée pour avertiſſement , écritures & production ſur ladite demande , eſt l'Ordonnance de
notredite Cour , qui l'auroit réglée en droit & joint , & donné Acte de l'emploi y porté. Requête deſdits Jurés Patiſſiers
du 12 Août dernier, employée pour ſalvations aux contredits
ſignifiés par Nantier contre la production deſdits Patiſſiers. Requête deſdits Jurés & Communauté des Patiſſiers du 11 Août
1752 , tendante à ce qu'aux riſques des Maîtres Traiteurs , leſdits Jurés Patiſſiers ſoient en tant que de beſoin & ſurabondam-
ment reçus tiers oppoſans aux Arrêts rendus en notredite Cour ,
entre la Communauté des Maîtres Traiteurs , d'une part , &
celle des Rotiſſeurs & autres , d'autre part , les 18 Janvier
1614 & 30 Janvier 1751 , en ce que ſeulement par le premier
les Traiteurs prétendent qu'en leur accordant par ledit Arrêt la
faculté d'acheter les volailles , gibiers & autres viandes néceſſaires à leurs repas, tant pour rôtir , bouillir que pour mettre en
pâte , notredite Cour a jugé que ce ſeroit eux-mêmes qui feroient la patiſſerie dans laquelle ces viandes ſeroient miſes ; &
en ce que par le ſecond les Traiteurs prétendent que l'exécution du premier a été à cet égard ordonnée ; faiſant droit ſur
la tierce oppoſition deſdits Jurés Pâtiſſiers audit chef , leur adjuger les concluſions par eux priſes en l'Inſtance avec dépens.
Arrêt du 12 Août 1752 , par lequel notredite Cour ſur ladite
tierce oppoſition & demande , a appointé les Parties en droit
& joint à l'Inſtance. Production des Parties en exécution dudit Arrêt ; celle des Jurés & Communauté des Traiteurs , par
Requête du 14 dudit mois d'Août , employée pour fins de non-
recevoir & défenſes à la tierce oppoſition & avertiſſement , &
tendante à ce qu'en adjugeant auxdits Traiteurs les concluſions qu'ils ont priſes , ordonner que les Statuts deſdits Jurés &
Communauté des Traiteurs , & notamment l'Article XXVII ,
des nouveaux Statuts par eux obtenus au mois d'Août 1667 ,
regiſtrés en notredite Cour le 29 Janvier 1664 , ſeront exécutés ſelon leur forme & teneur ; en conſéquence déclarer leſdits
Pâtiſſiers purement & ſimplement non-recevables dans la tierce
oppoſition par eux formée auxdits Arrêts de notredite Cour ,
des 18 janvier 1614 & 31 janvier 1751 , ou en tout cas les en
débouter & les condamner en l'amende de cent cinquante

E e

livres & aux dépens ; au bas de laquelle Requête eſt l'Ordonnance de notredite Cour qui auroit reſervé à y faire droit en jugeant. Production nouvelle des Jurés & Communauté des Pâtiſſiers, par Requête du 18 Août 1752. Requête deſdits Jurés & Communauté des Pâtiſſiers, du 19 Août 1752, tandante à ce qu'en augmentant aux concluſions par eux ci-devant priſes, leur donner acte de ce qu'ils articuloient, poſoient & mettoient en fait que les trois quarts des Traiteurs de Paris ne ſe ſervent point de four, que même les plus conſidérables, les plus employés d'entr'eux, notamment les Aubry, les Landel & une infinité d'autres, n'ont point de four ; & que ceux qui en ont, n'en font aucun uſage ; en cas d'aveu des faits ci-deſſus, attendu qu'il en réſulte que d'un côté les Traiteurs, depuis leur création, ne ſe ſont jamais eux-mêmes crus en droit de faire de la pâtiſſerie ; & de l'autre, l'inutilité d'un four pour le commerce des Traiteurs, adjuger auxdits Pâtiſſiers leurs concluſions ; en cas de déni, permettre auxdits Pâtiſſiers de faire la preuve deſdits faits, tant par titres que par témoins, pour l'enquête faite & rapportée, être ordonné par notredite Cour ce qu'il appartiendra ; & dans tous les cas condamner les Maitres Traiteurs aux dépens ; au bas de laquelle Requête eſt l'Ordonnance de notredite Cour qui auroit reſervé à y faire droit en jugeant. Requête des Maitres Traiteurs, du 30 dudit mois d'Août dernier, employée pour fins de non-recevoir, défenſes à la ſuſdite demande en jugeant deſdits Pâtiſſiers, portée par la Requête dudit jour 19 Août, & tendante à ce que ſans s'y arrêter, & dans laquelle ils ſeront déclarés non-recevables, ou en tout cas déboutés, adjuger auxdits Traiteurs les concluſions par eux priſes avec dépens ; au bas de laquelle Requête eſt l'Ordonnance de notredite Cour qui auroit reſervé à y faire droit en jugeant. Production nouvelle des Jurés & Communauté des Maitres Pâtiſſiers, par Requête du 21 Août dernier. Avertiſſement deſdits Jurés & Communauté des Pâtiſſiers, dudit jour 21 Août, ſervant de cauſes & moyens de tierce oppoſition, & leur production en exécution de l'Arrêt du 12 dudit mois d'Août, par Requête du 22 dudit mois. Autre Requête deſdits Jurés & Communauté des Pâtiſſiers, dudit jour 22 Août, employée pour fins de non-recevoir & défenſes à la demande en jugeant des Traiteurs, portée par leur Requête du 14 dudit mois d'Août, tendante à ce qu'il foit ordonné que l'Arrêt d'enregiftrement des nouveaux Statuts des Traiteurs, fera exécuté au chef de la modification qu'il renferme ; en conféquence fans s'arrêter à la demande defdits Traiteurs, dans laquelle ils feront déclarés non-recevables, ou en tout cas déboutés, adjuger auxdits Pâtiffiers les conclufions par eux prifes, & condamner les Traiteurs en tous les dépens ; au bas de laquelle Requête eft l'Ordonnance de notredite Cour qui auroit refervé à y faire droit en jugeant. Requête des Jurés & Communauté des Pâtiffiers, dudit jour 22 Août, employée pour contredits contre la production faite par les Traiteurs en exécution de l'Arrêt du 12 dudit mois. Requête des Jurés & Communauté defdits Traiteurs, du 29 dudit mois d'Août, employée pour fins de non-recevoir & défenfes. contre la demande en jugeant des Pâtiffiers, du 22 dudit mois d'Août. Requête defdits Jurés & Communauté des Pâtiffiers, du 23 Août dernier, contenant production nouvelle. Additions de fins de non-recevoir fournies par les Jurés & Communauté des Traiteurs le 26 Août 1752, fervant de contredits contre la fufdite production nouvelle des Pâtiffiers, & de falvations & contredits. Requête des Pâtiffiers du 29 Août, employée pour réponfes auxdites additions de fins de non-recevoir, & falvations defdits Traiteurs, dudit jour 26 Août. Production nouvelle defdits Jurés & Communauté des Traiteurs par Requête du 28 dudit mois d'Août. Requête d'emploi pour contredits contre icelle des Pâtiffiers, du 30 du même mois. Requête de Jean-Baptifte Nantier du premier Septembre 1752, employée pour fins de non-recevoir. Avertiffement, écritures & production fur la demande des Pâtiffiers, portée par leur Requête du onze Août 1752, en exécution de l'Ordonnance étant au bas d'icelle, & tendante à ce que lefdits Pâtiffiers foient déclarés purement & fimplement non-recevables dans ladite demande, ou en tout cas déboutés ; au furplus adjuger audit Nantier les conclufions par lui prifes, & condamner lefdits Pâtiffiers en tous les dépens faits par ledit Nantier envers toutes les Parties ; au bas de laquelle Requête eft l'Ordonnance de notredite Cour qui auroit refervé à y faire droit en jugeant. Requête des Jurés & Communauté des Traiteurs dudit jour premier Décembre, tendante à ce qu'il leur foit donné acte de l'aveu fait par les Maitres Pâtiffiers dans leur Requefte du

12 Août 1752, que le four eſt néceſſaire pour l'exercice de la profeſſion deſdits Traiteurs ; en conſéquence, attendu qu'il n'eſt point d'autre four qui puiſſe ſervir auxdits Traiteurs que celui qu'ils demandent & dont ils ont toujours fait uſage ; & que d'ailleurs par les Statuts & les Arreſts & Réglemens de notredite Cour, ils ont inconteſtablement le droit de faire toute la pâtiſſerie qui leur eſt néceſſaire dans les nôces, feſtins, banquets & tous autres repas qui leur ſont commandés, adjuger auxdits Jurés & Communauté des Traiteurs leurs fins & concluſions, & condamner les Pâtiſſiers aux dépens : au bas de laquelle Requeſte eſt l'Ordonnance de notredite Cour qui auroit réſervé à y faire droit en jugeant. Requeſte des Jurés & Communauté des Pâtiſſiers, du 2 dudit mois de Septembre, employée pour fins de non-recevoir à la demande ci-deſſus des Traiteurs, & tendante à ce que ſans s'arrêter à ladite demande, dans laquelle leſdits Traiteurs ſeront déclarés non recevables, ou en tout cas déboutés, adjuger auxdits Jurés & Communauté des Pâtiſſiers les concluſions par eux priſes en l'Inſtance, & condamner les Traiteurs aux dépens : au bas de laquelle Requeſte eſt l'Ordonnance de notredite Cour qui auroit réſervé à y faire droit en jugeant. Autre Requeſte deſdits Jurés & Communauté des Pâtiſſiers, du quatre Septembre 1752, employée pour défenſes à la demande de Nantier, portées par ſa requête du premier dudit mois de Septembre. Requête deſdits Pâtiſſiers du 2 Septembre, tendante à ce que les concluſions par eux priſes leur ſoient adjugées ; & y augmentant, condamner la Communauté des Traiteurs en tous les dépens, même en ceux faits vis-à-vis de Nantier, & ceux faits les uns à l'encontre des autres, tant au Châtelet qu'en notredite Cour, frais de ſaiſie, procès - verbaux & miſes d'exécution : au bas de laquelle requête eſt l'Ordonnance de notredite Cour, qui auroit réſervé à faire droit en jugeant. Requête des maîtres Pâtiſſiers du 4 Septembre, employée pour contredits contre l'emploi de production de Nantier, portée par ſa requête du premier dudit mois de Septembre. Autre Requête deſdits Jurés & Communautés des Pâtiſſiers, dudit jour 4 Septembre, tendante à ce qu'il leur ſoit donné acte de la déclaration & aveu fait par les Traiteurs dans leur requête du 30 Août 1752, que le nommé Aubry & le nommé Landel, ainſi qu'une infinité d'autres maî-

tres de leur Communauté, n'ont point de four, & ne s'en ſervent point, comme auſſi qu'ils vont prendre la pâtiſſerie néceſſaire à leurs repas chez les Pâtiſſiers, de même qu'en prenant la viande chez les Rotiſſeurs; en conſéquence adjuger auxdits Jurés Pâtiſſiers les concluſions par eux priſes avec dépens: au bas de laquelle requête eſt l'Ordonnance de notredite Cour, qui auroit reſervé à y faire droit en jugeant. Requête des Jurés & Communauté des Traiteurs, du 27 Novembre 1752, employée pour défenſes à la demande des Pâtiſſiers, portée par leur requête du 2 Septembre dernier, tendante à ce qu'ils en ſoient déboutés, & les concluſions des Traiteurs adjugées avec dépens: au bas de laquelle requête eſt l'Ordonnance de notredite Cour qui auroit reſervé à y faire droit en jugeant. Autre Requête deſdits Traiteurs du 28 Novembre dernier, employée pour fins de non - recevoir & défenſes à la demande en jugeant des Pâtiſſiers, portée par leur requête du premier Septembre 1752, & tendante à ce que les Pâtiſſiers y ſoient déclarés non - recevables, ou en tout cas déboutés, & adjuger auxdits Traiteurs leurs fins & concluſions avec dépens : au bas de laquelle requête eſt l'Ordonnance de notredite Cour qui auroit reſervé à y faire droit en jugeant. Requête des Jurés & Communauté des Pâtiſſiers, du 29 Novembre 1752, employée pour défenſes à la demande en jugeant des Traiteurs, portée par leur requête du 28 dudit mois de Novembre. Autre Requête deſdits Jurés Pâtiſſiers du 2 Décembre, employée pour défenſes à la demande en jugeant des Traiteurs, portée par leur requête du 27 dudit mois de Novembre. Autre Requête deſdits Jurés Pâtiſſiers du 2 Décembre, employée pour défenſes à la demande en jugeant des Traiteurs, portée par leur requête du 27 Novembre dernier. Autre Requête deſdits Jurés & Communauté des Pâtiſſiers du 2 Décembre dernier, employée pour défenſes à la demande en jugeant de Nantier, portée par la requête du 29 Novembre dernier. Production nouvelle des Jurés & Communauté des maîtres Pâtiſſiers par requête du 11 dudit mois de Décembre. Requête d'emploi pour contredits contre celle des Traiteurs, du 19 dudit mois de Décembre. Production nouvelle deſdits Jurés & Communauté des Pâtiſſiers par requête du 10 Janvier 1753, tendante à ce qu'il leur ſoit donné acte de la reconnoiſſance des Traiteurs dans leur der-

nicre requête, qu'ils ne payent point de droit de four ; en conféquence adjuger auxdits Jurés & Communauté des Pâtiffiers
les conclufions par eux prifes , & condamner les maîtres Traiteurs aux dépens : au bas de laquelle requête eft l'Ordonnance
de notredite Cour qui auroit refervé à y faire droit en jugeant.
Production nouvelle defdits Jurés & Communauté des Patiffiers par requête du 11 Janvier 1750. Requête d'emploi pour
contredits contre celle des Traiteurs , du 12 dudit préfent mois
de Janvier. Salvations des Pâtiffiers du 13 Janvier, contre les
contredits de production nouvelle, portées par les requêtes des
11 Decembre 1752, & 11 dudit préfent mois de Janvier.
Requêtes de Jean-Baptifte Nantier des 8, 23, 29 & 30 Août;
premier Septembre, 27 Novembre , 16 Décembre 1752, 11
& 12 Janvier 1753, employées pour fins de non-recevoir.
Défenfes, avertiffement , productions & contredits de production en exécution de reglemens de l'Inftance. Requête des
Jurés & Communauté des Traiteurs, des 5, 26 Août & 27
Novembre 1752, auffi employée pour fatisfaire aux reglemens de l'Inftance. Mémoire imprimé fignifié par les Jurés &
Communauté des Pâtiffiers, le 29 Août 1752. Mémoire & addition de mémoire, fignifiés par les Jurés & Communauté des
Traiteurs , le même jour 10 Janvier 1753. Sommations générales de fatisfaire aux reglemens de l'Inftance : conclufions de
notre Procureur général.

NOTREDITE COUR faifant droit fur le tout , fans avoir
égard à la tierce oppofition formée par les Jurés & Communauté
des maîtres Pâtiffiers aux Arrêts de notredite Cour des 18 Janv.
1614, & 30 Janvier 1751, ni à leurs demandes dont ils font
déboutés ; ordonne que les Statuts de la Communauté des Maîtres Traiteurs & les Arrêts de notred. Cour defdits jours 18 Janvier 1614, & 30 Janv. 1751, feront exécutés felon leur forme
& teneur ; en conféquence fur les appellations a mis & met
lefdites appellations & ce dont a été appellé au néant ; émendant, décharge ledit Nantier des condamnations contre lui
prononcées, déclare nulles les faifies fur lui faites, lui en fait
pleine & entiere main-levée ; ordonne qu'à la reftitution des
chofes faifies les gardiens & dépofitaires feront contraints,
quoi faifant, déchargés ; maintient & garde la Communauté
des Traiteurs & ledit Nantier dans le droit & poffeffion où ils

font de tout tems d'avoir un four dans leurs maifons, & d'y faire les pâtifferies & autres chofes néceffaires pour les repas qui leur font commandés, fans que lefdits Traiteurs puiffent vendre des pâtifferies en détail & féparément defdits repas ; fait défenfes auxdits maîtres Pâtiffiers de les y troubler : ordonne que le préfent Arrêt fera imprimé, affiché au nombre de cinquante exemplaires, aux frais & dépens de ladite Communauté des Pâtiffiers, & enregiftré fur les Regiftres des deux Communautés : fur le furplus des autres demandes, fins & conclufions des parties, les a mis hors de Cour ; condamne lefdits Jurés & Communauté des maîtres Pâtiffiers en l'amende de leur tierce oppofition, & en tous les dépens des caufes principale, d'appel, intervention & demandes envers ledit Nantier & lefdits Jurés & Communauté des Traiteurs, & faits par ledit Nantier contre lefdits Jurés & Communauté des Traiteurs : Si MANDONS mettre le préfent Arrêt en exécution. DONNÉ en Parlement le 15 Janvier, l'an de grace 1753, & de notre regne le trente-huitieme. Collationné. *Signé*, LANGELÉ.

Par la Chambre. *Signé*, DUFRANC, avec paraphe.

SENTENCE

DE MONSIEUR

LE LIEUTENANT GÉNÉRAL DE POLICE,

QUI fait défenfes aux Aubergiftes d'entreprendre fur la Profeffion des Maîtres Traiteurs, & de fe fervir de Cafferoles & Uftenciles détamés ; en conféquence déclare bonne & valable la faifie faite defdits Uftenciles fur Defchamps & fa Femme, Aubergiftes à Paris ; leur fait défenfes de récidiver, & les condamne folidairemnt en 50 liv. de dommages & intérêts envers la Communauté des Traiteurs.

Du 3 Mai 1751.

A Tous ceux qui ces préfentes Lettres verront : Gabriel-Jérôme de Bullion, Chevalier, Comte d'Efclimont, Prevôt de Paris, Salut ; fçavoir faifons que fur la Requête faite en Jugement devant Nous à l'Audience de la Chambre de Police du Châtelet de Paris, par Me. Etienne Lefevre, Procureur des Jurés Traiteurs de ladite Ville, Demandeurs fuivant les Procès-verbaux de contravention & de faifie de Me. Crefpy, Commiffaire, & Gouffault, Huiffier à cheval, du même jour 27 Décembre 1750 ; & en enthérinement de rapport ordonné par nos Sentences des 12 Février & 5 Mars dernier, fait le 12 dudit mois de Mars par Adam & Campris, Maitres Chaudron-niers, & autres fins portées en leur Requête verbale du 17 en-fuivant, avec dommages, intérêts & dépens, affiftés de Me. Defmoulins Avocat, contre Me. Chevalier, Procureur du fieur Defchamps & de fa Femme, lors defdits Procès-verbaux, Au-bergiftes à Paris, Défendeurs & defaillans. Oui ledit Me. Def-moulins en fon plaidoyer, & par vertu du défaut de Nous don-né contre ledit Me. Chevalier audit nom, non comparant, ni autre pour lui, dûment appellé, lecture faite des piéces & ave-nir à ce jour, Nous avons le rapport dudit jour 12 Mars der-nier enthériné, en conféquence pour les contraventions commi-fes par les Parties de Chevalier, en entreprenant fur la profef-fion des Maîtres Traiteurs, & fe fervant de cafferoles & uften-ciles détamés ; attendu les différentes récidives, les condamnons folidairement en 50 livres de dommages-intérêts envers la Com-munauté des Traiteurs : Déclarons la faifie fur eux faite à la re-quête defdites Parties de Defmoulins, bonne & valable ; di-fons que les cafferoles & uftenciles détamés & faifis, feront & demeureront acquis & confifqués au profit de la Communau-té des Maîtres Traiteurs, à l'effet de quoi le gardien tenu par corps de les repréfenter : faifons défenfes auxdites Parties de Cheval'er de récidiver, fous plus grande peine, & les condam-nons aux dépens ; ordonnons que notre préfente Sentence fera lûe, publiée, imprimée & affichée aux frais des défaillans, à la requête & diligence defdites Parties de Defmoulins, ce qui fera exécuté nonobftant & fans préjudice de l'appel, & foit

fignifié

fignifié ; en témoin de ce Nous avons fait fceller ces Préfentes ; qui furent faites & données audit Châtelet de Paris par M. le Lieutenant-Général de Police audit Châtelet , le Vendredy vingt-trois Avril mil fept cent cinquante-un. Collationné. *Signé* , LAMBERT. Contrôlé le 4 Mai 1751 , reçû 50 fols , *figné* , HERAU. Scellé , *figné* , SAUVAGE. Signifié à M^e. Chevalier Procureur , à domicile , le 3 Mai 1751 , par LEMOINE.

SENTENCES

DE LA CHAMBRE DE POLICE;

DU CHASTELET DE PARIS ,

Rendues en faveur de la Communauté des Maîtres Traiteurs de la Ville de Paris.

Contre celle des Maitres Rotiffeurs.

I. SENTENCE contradiƈtoire du 29 Décembre 1758 , qui fait défenfes aux Jurés Rotiffeurs de plus à l'avenir prêter ou louer leur Bureau pour y recevoir les compagnies & repas des nôces ; & pour l'avoir fait , les condamne pour tous dommages-intérêts , aux dépens.

II. Par Procès-verbal du 26 Juin 1757 , appert les quatre Jurés Rotiffeurs avoir faifi fur la place du Palais Royal un dindonneau roti à la broche & bardé , que le fieur Pierre-Martin Lepreftre , Maitre Traiteur , envoyoit en ville par le nommé Mouffard fon garçon , dans un cabaret ayant pour enfeigne *la Galere* , rue S. Thomas du Louvre.

Nota. Mouffard , garçon Traiteur , portoit en même tems, & à la même deftination , un plat de fricandeaux dont il n'a point été fait mention dans le Procès-verbal.

Sur ce , & fur l'intervention de la Communauté des Maitres Traiteurs , eft intervenu Sentence fur Délibéré , ès mains de

F f

M. le Lieutenant Général de Police avec MM. les Gens du Roi, le 19 Janvier 1759, laquelle ordonne que les Statuts & Réglemens, & notamment l'Arrêt de 1751, feront exécutés felon leur forme & teneur ; en conféquence, ainfi que des preuves réfultantes des informations faites à la requefte dudit Lepreftre, declare nulle la faifie faite fur lui ; condamne les Jurés qui étoient en charge lors de ladite faifie, folidairement en fix liv. de dommages-intérêts, & en tous les dépens, qu'ils ne pourront employer dans leur compte de Jurande.

III. Par Procès-verbal du 3 Avril 1758, appert les jurés Rotiffeurs avoir faifi rue des Bons-Enfans, un quartier d'agneau de devant roti à la broche, que portoit en ville un garçon du fieur Jean Lhofte, Maitre Traiteur.

    Nota. Le même garçon portoit auffi deux plats d'entre-mets, l'un d'afperges, & l'autre de pâtifferie, dont n'étoit point fait mention dans le Procès-verbal.

Par autre Procès-verbal du même jour 3 Avril 1758, appert les jurés Rotiffeurs avoir faifi, rue de la Calandre, un quartier d'agneau de devant roti à la broche, que portoit en ville un garçon du fieur Jacques Lecocq, Maitre Traiteur.

    Nota. Le même garçon portoit une fricaffée de poulets & une poularde aux olives, dont il n'a point été fait mention dans le Procès-verbal.

Sur ces deux faifies, & fur l'intervention de la Communauté des Traiteurs, eft intervenu Sentence fur Délibéré ès mains de M. le Lieutenant Général de Police avec MM. les Gens du Roi, le 19 Janvier 1759, laquelle ordonne que les Statuts & Réglemens feront exécutés ; en conféquence, ainfi que de la preuve réfultante des informations, déclare nulle les deux faifies ; condamne les Jurés qui étoient en charge lors d'icelles, folidairement en fix livres de dommages-intérêts envers chacun defdits fieurs Lhofte & Lecocq, & en tous les dépens, qu'ils ne pourront employer dans leur compte de Jurande.

IV. Par Procès-verbal du 25 Juillet 1758, appert les jurés Rotiffeurs avoir faifi, rue S. Honoré, la quantité de quatre-vingt-neuf poulets, tant piqués que bardés, cuits & rotis à la broche, & un alloyau auffi roti à la broche, que portoient en ville les garçons du sieur Lepreftre, Maitre Traiteur.

Nota. Ce roti étoit accompagné d'un pâté chaud & d'une compote de pigeons, dont il n'a point été fait mention dans le Procès-verbal ; & le tout étoit deftiné pour le souper d'une Communauté Religieufe.

Du 19 Janvier 1759, Sentence fur Délibéré ès mains de M. le Lieutenant Général de Police avec MM. les Gens du Roi, entre la Communauté des Rotiffeurs & le fieur Lepreftre feulement, laquelle déclare la faifie nulle ; ordonne que les marchandifes faifies & les effets feront rendus, fi fait n'a été ; condamne la Communauté des Maitres Rotiffeurs aux dépens.

V. Par quatre Procès-verbaux du 2 Février 1758, appert les jurés Rotiffeurs s'être tranfportés chez les fieurs Minet, Duhan, Courteille & Lepreftre, Maitres Traiteurs, & avoir conftaté que chacun d'eux avoit à fon fervice des garçons qui avoient été apprentifs ou compagnons Rotiffeurs.

Le 20 Avril de la même année ils ont fait pareil Procès-verbal chez le fieur Aubry, Maitre Traiteur.

En conféquence de ces Procès-verbaux, les Rotiffeurs ont conclu contre les particuliers Traiteurs y dénommés, à ce qu'ils fuffent tenus de mettre hors de chez eux lefdits garçons, & à ce que défenfes fuffent faites à tous Maitres Traiteurs de recevoir chez eux aucuns apprentifs ou compagnons Rotiffeurs; conformément à l'article XI. des nouveaux Statuts des Rotiffeurs.

Sur ces demandes, & fur l'intervention de plufieurs compagnons & apprentifs Rotiffeurs, eft intervenu Sentence fur Délibéré, ès mains de M. le Lieutenant Général de Police avec MM. les Gens du Roi, le 19 Janvier 1759, qui déboute les Jurés & Communauté des Maitres Rotiffeurs de leurs demandes, & les condamne aux dépens.

Par la vigilance des foins & pourfuite des fieurs Barthelemy Tronet, Jean Courteille, Jean-François Lambert, & Pierre Mondamer, tous quatre Jurés de préfent en Charge de la Communauté, Cejourd'hui 7 Février 1759. Signé, TRONET.

F I N.

9 782329 345734